LIMITE

DU

DROIT DE RÉTENTION

PAR

L'ENFANT DONATAIRE RENONÇANT

—

ÉTUDES ET DISSERTATION

PAR M. COIN-DELISLE

AVOCAT A LA COUR D'APPEL DE PARIS

—

PARIS

LIBRAIRIE DE JURISPRUDENCE DE COTILLON

Rue des Grès, 16, près l'École de Droit.

1852

LIMITE

DU

DROIT DE RÉTENTION

PAR

L'ENFANT DONATAIRE RENONÇANT.

752. — Paris, imprimerie de GUIRAUDET et JOUAUST,
rue Saint-Honoré, 338.

LIMITE

DU

DROIT DE RÉTENTION

PAR

L'ENFANT DONATAIRE RENONÇANT

—

ÉTUDES ET DISSERTATION

PAR M. COIN-DELISLE

AVOCAT A LA COUR D'APPEL DE PARIS

PARIS

LIBRAIRIE DE JURISPRUDENCE DE COTILLON

Rue des Grès, 16, près l'École de Droit.

—

1852

A MONSIEUR DELANGLE,

PROCUREUR GÉNÉRAL A LA COUR DE CASSATION.

Monsieur,

Je crois avoir rempli un devoir en plaçant sous la protection du Premier Magistrat du parquet de la Cour, gardien des lois et de leur observation, non pas l'ouvrage, non pas l'opinion de l'auteur (qu'importerait-il au Bien public?); mais l'examen à faire encore d'une opinion autrefois consacrée par la Cour de cassation, et que ses arrêts semblent abandonner depuis quelques années.

Il m'en reste un autre à remplir envers la vérité, envers vous, Monsieur, et envers le Public : c'est de déclarer à tous que l'acceptation d'une dédicace sur une question de controverse judiciaire ne fait en rien présumer l'opinion du

magistrat qui l'agrée, et n'est de sa part qu'un engagement
de porter sur la question une attention nouvelle.

C'est beaucoup, Monsieur : car, si mon opinion est aussi
vraie que ma conviction est profonde, et si vos travaux
personnels vous amènent à la partager et à la défendre devant la Cour, la clarté de langage, l'exactitude de méthode
et la force de déduction logique qui caractérisent votre talent,
triompheront enfin d'une erreur passagère : et la Cour de
cassation, qui ne veut aussi que la vérité et la justice, ren-
dra grâces elle-même à une voix dont la puissance aura
donné une vie nouvelle à son ancienne doctrine.

Recevez, Monsieur le Procureur Général, mes sincères
remercîments et l'assurance des sentiments de profonde
considération avec lesquels j'ai l'honneur d'être,

Votre respectueux serviteur,

COIN-DELISLE.

Paris, 23 août 1852.

PRÉFACE.

Si le ministère de l'avocat est un ministère de vérité, à plus forte raison l'écrivain qui réfléchit froidement dans son cabinet sur une question que la pratique présente tous les jours doit-il être animé de l'amour de la justice, et ne donner au public que l'expression sincère de sa pensée.

C'est cette obligation sévère de vérité dans leurs écrits qui a fait regarder les jurisconsultes de l'ancienne Rome comme revêtus d'une espèce de sacerdoce. *Jus est ars boni et æqui, cujus merito quis nos sacerdotes appellet* (ULPIAN, *lib.* 1. *inst.*).

Le public a plus de confiance dans un écrit philosophique ou dogmatique sur une partie quelconque du droit que dans la doctrine d'une consultation. Il accepte plus facilement un ouvrage *ex professo*, parce qu'il n'y craint pas les séductions de l'intérêt privé; il lui semble que l'avocat ne peut pas toujours se séparer de l'intérêt de sa partie, dont il est le protecteur et le patron. La vérité sous sa plume est reçue avec défiance; on exige qu'elle déploie tous ses titres avant que de l'admettre; on craint de recevoir une étrangère.

Je dois donc avouer au public qu'une consultation a été l'occasion de cet ouvrage. Elle m'a été demandée sur un procès pendant devant un tribunal d'arrondissement vers le mois de juin 1851. Je ne l'ai délivrée qu'en janvier 1852, après de mûres réflexions, après avoir bien pesé si les motifs des nouveaux arrêts détruisaient ou laissaient subsister les causes de la jurisprudence unanimement accueillie en 1818, et m'être convaincu qu'il était de mon devoir de persister dans l'ancienne doctrine de la Cour de cassation.

Cette consultation m'a fait penser qu'un examen nouveau d'une question si vivement controversée aurait quelque utilité. Il s'agit d'une question de tous les jours.

Mais, en publiant mon travail, j'avertis le lecteur de l'occasion qui lui a donné naissance. Si cette occasion est une cause qui diminue sa confiance, et le rende plus attentif à la valeur des arguments, la probité littéraire m'impose le devoir de ne pas la lui laisser ignorer.

Au surplus, quand cet ouvrage serait une consultation, ce carac-

tère particulier n'ôterait rien à la crédibilité qui lui serait due : l'é-
crivain, comme l'avocat, peut se tromper lui-même ; ils peuvent
l'un et l'autre être poussés par l'amour-propre. On aime sa propre
opinion ; elle s'empare chez tous les hommes des avenues de la
raison, et repousse presque à notre insu les forces de la vérité.

Or, dans une consultation sur une question de droit pur il y a
quelque chose de plus saint et de plus sacré que dans l'opinion de
l'auteur d'un livre ordinaire. Il ne s'agit plus d'une satisfaction d'a-
mour-propre ; il s'agit de préparer le jugement des magistrats, et
de leur désigner quel doit être, quel est en effet le vrai propriétaire de l'objet en litige. L'auteur qui soutiendra habilement une
opinion erronée ne sera qu'un génie paradoxal, et le défaut d'intérêt actuel excusera ses jeux d'esprit. Quant à l'avocat consul-
tant, il n'est même pas un défenseur. Dès que la matière ne gît
qu'en droit, il est un témoin sur le droit et sur la manière juridi-
que de l'entendre suivant sa lumière et sa conscience ; et l'avocat
qui, en présence du droit de propriété de l'une ou de l'autre partie,
consulterait contrairement à sa conviction, ne serait même pas
un honnête homme.

Voilà donc une première raison pour que le public attache à la
doctrine d'une consultation plus d'importance qu'à l'opinion émise
par un auteur dans un ouvrage ordinaire.

Celle-ci admise, il y en a une seconde, justement celle qui cause
la défiance du lecteur : c'est que des intérêts actuels et réels sont
l'objet du travail.

En effet, c'est là un puissant aiguillon dans la recherche de la
vérité. Si la probité présente les raisons de douter, la probité com-

mande aussi de les examiner toutes, de les peser, d'en creuser le
fondement, de voir si elles sont assises sur une base solide, de les
respecter alors, et de donner un avis négatif. Or la nécessité d'un
intérêt réel à examiner rend l'esprit plus attentif à la valeur des arguments négatifs, et à la solidité des arguments positifs. On fait
pour une seule question réelle plus de recherches, plus de travail,
plus de comparaisons avec les parties analogues de la science, que
pour une thèse abstraite et dégagée d'intérêt actuel. Aussi arrive-t-
il souvent que les auteurs répètent leurs devanciers, jusqu'à ce
qu'un intérêt réel éveille l'attention, fasse examiner la loi de plus
près, combine le texte avec d'autres textes, et montre la question
sous son véritable jour.

Donc, selon moi, l'origine de cet ouvrage est pour le public un
garant de plus de la sincérité de l'auteur.

Il n'en défendra pas la forme, qui diffère beaucoup des autres
ouvrages qu'il a donnés au Public : il étudie la matière en présence
de ce juge. La marche du travail sera nécessairement traînante :
il fait l'histoire de la formation des textes, et les changements successifs qu'ils subissent ne peuvent être qu'ennuyeux ; il répond à
divers arguments presque toujours par un même principe, et tom-
bera dans des répétitions. Ce sont autant de fautes littéraires, qui
disparaîtraient en partie si je laissais dormir mon ouvrage pour le
refondre plus tard en entier.

Mais le temps presse ; l'erreur, ou ce que je crois être l'erreur,
fait des progrès. Il faut donc en arrêter la marche, s'il est possible.
On ne jugera pas une polémique judiciaire sur les règles d'un discours académique. A la parade, disait un écrivain déjà ancien

pour nous, on regarde au vain éclat des armes ; on les juge, au combat, sur la bonté de leur trempe. Si mes raisons sont bonnes, si elles contribuent à faire revivre la première jurisprudence de la Cour de cassation, je serai satisfait. Que le droit triomphe, et que l'ouvrage soit oublié !

ERRATA.

Page 17, ligne 28, supprimez la virgule.... le sens est : *sous promesse....* de ne pas troubler.

Page 25, ligne dernière, supprimez la virgule.... le sens est : *quand les dons....* contenaient.

Page 74, ligne 13, *en*, lisez *an*.

Page 134, ligne 8, *particulire*, lisez *particulier*.

Page 146, ligne 3, à la note, *part*, lisez *cette part*.

LIMITE

DU

DROIT DE RÉTENTION

PAR

L'ENFANT DONATAIRE RENONÇANT.

INTRODUCTION.

1. Une question de droit divise les tribunaux et les jurisconsultes ; on peut dire même qu'elle a divisé la Cour de cassation, qui l'a jugée en 1818 d'une manière opposée au sens dans lequel elle la résout aujourd'hui. Une jurisprudence se forme : mais la direction qu'elle prend est-elle bonne? Est-elle conforme à la vérité de droit, à l'intention du législateur? Si je crois qu'elle n'y est pas conforme, il est de mon devoir de la combattre. D'autres l'ont combattue, et n'ont pas réussi : les dissertations renfermées

1

dans les recueils périodiques, tout utiles et savantes qu'elles soient, passent trop souvent inaperçues : à leur apparition, on les lit sans intérêt, parce que la question ne préoccupe pas l'esprit du lecteur; on les feuillette légèrement si l'on a une opinion arrêtée; et, quand, plus tard, la question se présente, on se trouve les avoir oubliées.

J'ai donc résolu de faire un livre sur cette seule question : « *Sous le Code Napoléon, l'enfant donataire en avancement* » *d'hoirie peut-il, en renonçant à la succession, retenir sur* » *son don la portion disponible et une part d'enfant comme* » *réserve précédemment donnée.* »

Il y a matière suffisante. Quand une question divise de bons esprits, ce n'est pas en l'examinant dans son isolement qu'on parviendra à faire revenir ceux qui s'écartent du vrai : car souvent ils ont pris parti sur une question principale à cause d'une divergence d'opinion sur les éléments, sur la signification des termes. sur d'autres questions voisines ou analogues; ce peut être aussi sur l'histoire du droit qu'ils auront adopté une décision, en trouvant bon ou inconséquent que ce qui a été fait autrefois soit encore fait aujourd'hui, selon que l'esprit de la législation actuelle est en harmonie ou en désaccord avec les législations précédentes. Il se présentera donc au moins à effleurer une foule de questions sur la matière des réserves, de la portion disponible, des rapports, des successions et des donations; il se présentera l'occasion d'examiner des définitions et de s'efforcer à les rectifier; il se présentera la nécessité d'étudier l'histoire du droit antérieur, et peut-être d'en pénétrer l'esprit, pour savoir si aujourd'hui il est permis de conclure du passé au présent, de quelle manière, et à laquelle de nos institutions anciennes est empruntée la réserve de notre législation actuelle.

2. Notez bien que c'est le dissentiment des opinions qui nécessite tout ce travail, cette comparaison des législations, cet examen des définitions, cette critique de la jurisprudence. Si les idées sur la matière n'étaient pas devenues confuses, d'abord par tout cet attirail de l'ancien droit que la cupidité des enfants avancés a appelé à son aide, ensuite par la diversité d'idées que les mœurs de nos diverses provinces avaient formées dans la tête des interprètes du droit et des praticiens vivants à la publication du Code, enfin par les déviations insensibles que les décisions sur des questions analogues apportent dans une matière abstruse en elle-même, je croirais la question simple ; et tous le croiraient comme moi.

Car le législateur n'exige pas tant de science de ses sujets. La loi est écrite pour les hommes d'un médiocre entendement comme pour les savants et les docteurs, et les auteurs du Code civil n'ont pas condamné les citoyens à étudier les lois anciennes, les projets, les discussions, ni les opinions des orateurs, pour y chercher la règle de leur conduite.

Aussi, interrogé sur la question de savoir si l'enfant avantagé qui renonce à la succession pour se soustraire à l'obligation du rapport, peut retenir son don jusqu'à concurrence de la portion disponible et d'une part d'enfant, j'ai toujours cru devoir répondre que l'unique droit de rétention de l'enfant avancé est fixé par l'art. 845 ; qu'il retient son don jusqu'à concurrence de la portion disponible ; qu'aucune autre loi ne lui donne la faculté de retenir davantage ; qu'il n'a pas à se plaindre de n'avoir rien dans la réserve, puisque le plus qu'il avait à attendre de l'indulgence du législateur, c'était une part égale à celle des enfants acceptants ; et que pourtant, dans les cas ordinaires, il a au contraire une part plus forte que ses frères; que, dès que la loi de l'égalité entre frères est le système fondamental du Code civil, et que néanmoins ce Code fixe la compensation de celui qui ne veut pas rapporter, à la portion qu'un étranger pourrait garder, c'est-à-dire à la moitié, au tiers ou au quart des biens, il ne doit pas retenir davantage.

Telle est mon opinion : je la donne ici dans sa simplicité, et je déclare que je n'en ai pas changé.

3. L'ouvrage que je commence n'a pas précisément pour but de prouver cette opinion; il a pour but principal de l'examiner : car, devant des arrêts contraires à mon sentiment, je doute, et je cherche de nouveau la vérité : mais je crois bien qu'en résultat j'arriverai à la solution que je viens d'énoncer.

Je diviserai cet ouvrage en trois parties : 1° l'ancien droit, 2° le droit intermédiaire et les travaux préparatoires du Code civil, 3° puis le droit sous le Code civil.

Les deux premières parties seront purement historiques; la dernière consistera en histoire de la jurisprudence, en démonstration et en discussion.

PREMIÈRE PARTIE.

ANCIEN DROIT.

—

CHAPITRE I.

De la Légitime et des Rapports ou Collations en droit romain.

SOMMAIRE.

4. Pouvoir absolu du père de famille.
5. Etablissement de la Légitime comme remède au pouvoir testamentaire.
6. Comment elle s'étendit aux dots et aux donations.
7. Elle était alimentaire. Quelles personnes y eurent droit.
8. Conséquences de la nature de cette légitime. — Quote des biens, non de l'hérédité. — Due individuellement. — Dépourvue d'accroissement. — Hors de l'atteinte des créanciers. — N'imprimait pas la qualité d'héritier à l'enfant qui la détenait. — Le donataire retenait sur son don sa part de légitime.
9. *Collatio in medium.* Combien elle différait de nos rapports. — Inconnue sous l'ancien droit. — Des donations aux héritiers siens et à l'enfant émancipé.
10. Succession prétorienne : elle n'ordonne la collation que de la part des enfants émancipés.
11. Altération du droit et analogie avec nos rapports s'établissant peu à peu jusqu'au temps de Justinien.
12. Néanmoins les collations conservent toujours des traces du droit précédent.

4. Les Romains ne connaissaient ni portion disponible

ni réserve. Dans nos pays de droit écrit, ces mots étaient aussi des termes inconnus.

Le principe de la législation civile des Romains était dans la puissance despotique du père de famille sur ses biens et sur ses enfants, et, par voie de conséquence, sur les biens qu'acquéraient les enfants en sa puissance.

Le père de famille pouvait abuser du droit de tester au détriment de ses enfants ou d'un ou de plusieurs d'entre eux, pourvu que son testament prouvât que tous ses enfants avaient occupé sa pensée et qu'aucun d'eux n'y fût prétérit. A cette condition, tout ce qu'il faisait était juste (*justa sententia*), c'est-à-dire conforme au droit, quoique contraire quelquefois à l'équité naturelle.

Non seulement il pouvait laisser peu à chaque enfant, il pouvait même les exhéréder ; et ce n'est que par la suite des temps que le législateur a déterminé et limité les causes d'exhérédation.

5. Un des principaux remèdes au pouvoir excessif du père a été *la Légitime*, quand les testaments étaient valables. La légitime n'était pas connue dans l'ancien droit ; c'est une œuvre du temps et de l'opinion.

Elle fut du quart de la portion que l'enfant aurait eue si son père fût mort intestat.

On voit de là que, dans l'origine, l'enfant légitimaire n'avait aucun recours contre les donataires entre vifs. La donation était un contrat, et, pendant sa vie, le citoyen avait pu contracter aussi bien à titre gratuit qu'à titre onéreux.

Cette légitime du QUART était bien modique quand il y avait un grand nombre d'enfants. Plus tard, la légitime fut fixée au TIERS de la propre substance du défunt, s'il ne laissait qu'un, deux, trois ou quatre enfants; elle fut fixée à la MOITIÉ s'il en laissait cinq ou un plus grand nombre (*Nov.* 18, *cap.* 1).

6. La légitime, qui, comme on le voit, n'était qu'un remède introduit contre l'abus du droit de tester, s'étendit enfin sur les donations entre vifs.

On comprend que l'amour de l'homme pour la liberté de disposer ait révolté son orgueil contre l'établissement de la légitime, et que, par une conséquence de cette révolte, il se soit plu à faire des dispositions entre vifs inattaquables dans leur forme, dût-il en souffrir lui-même, s'il vivait plus long-temps qu'il ne l'aurait cru.

Le remède vint après l'accroissement du mal. On rechercha enfin si les donations entre vifs avaient été faites en haine de la légitime pour en priver les enfants ou quelques uns d'entre eux, et l'on en chercha la preuve dans l'étendue des donations, dans la modicité de l'institution pour les enfants, et dans le soin de grever de legs et de fidéicommis la modique parcelle d'hérédité laissée aux enfants institués : dans tous ces cas, quoique les donations fussent valables, les empereurs décidèrent qu'elles seraient réductibles de manière à fournir toujours aux enfants la quatrième partie des biens. La réduction se faisait à l'imitation de ce qui avait lieu pour le testament (*V. C. LL.* 1 *et seq., De inofficiosis donat.*); et cela s'étendait même aux dots excessives, d'après la loi unique au Code, *De inofficiosis dotibus.*

7. L'exiguïté de la légitime prouve dans quel esprit elle fut établie. Elle s'introduisit, non parce que les Romains croyaient que le père fût tenu de donner ses biens à ses

enfants, mais parce que le droit naturel semblait commander qu'il leur laissât des aliments : *Necare videtur*, dit un de leurs jurisconsultes en jouant sur les mots, *qui alimonia denegat*. De sorte que la légitime était considérée comme un mode légal d'assurer des aliments aux enfants ; comme une créance au profit des enfants nés et à naître, prenant sa source dans le mariage même, recevant son être à la naissance de chaque enfant et son exigibilité au jour du décès du père, tant sur la succession que sur les biens dont elle avait été apauvrie par donations entre vifs. Elle était due à tout enfant qui n'avait pas encouru l'exhérédation.

La même raison avait fait admettre la légitime, en droit romain, au profit des ascendants, à défaut d'enfants qui dussent les aliments (*L.* 14 *et* 15 *C.*, *De inoff. donat.*) ; mais elle n'était pas due aux collatéraux, si ce n'est aux frères et sœurs, sur les biens laissés par testament, quand l'héritier institué était noté d'infamie (*L.* 27 *C.*, *De inoff. test.*).

8. De cet état du droit romain découlaient certaines conséquences sur lesquelles tous étaient d'accord.

1° Bien que la légitime, surtout celle des enfants, dût être laissée à titre d'institution, l'institution était plutôt dans ce cas un titre d'honneur qu'un titre réel de succession, et la légitime n'était pas une partie de l'hérédité ; elle était une quote des biens du père, une portion de sa substance.

Il fallait bien qu'il en fût ainsi. La succession résidait sur la tête de l'héritier institué, et d'ailleurs ne pouvait se trouver que dans les biens laissés au décès : *Hereditas nihil est aliud quam successio in universum jus quod defunctus habuit* (*L.* 24 *ff.*, *De verb. signif.*). Les biens donnés n'étaient retranchables que contrairement aux lois primitives des donations. La légitime n'était donc réclamée que par une dérogation au droit.

2° Elle était due à chaque enfant individuellement, en sa qualité d'enfant privé d'une succession à laquelle il aurait eu droit si son père fût mort intestat. Comme l'enfant venait plutôt en qualité de créancier des aliments que comme héritier, il ne pouvait réclamer que sa part virile.

3° L'héritier ou le donataire était donc libéré envers chaque enfant qu'il avait rempli de la légitime individuelle qui lui était due. Il ne pouvait y avoir de droit d'accroissement dans la légitime, si l'un des enfants y renonçait ou négligeait de la réclamer : *Singulis debebatur*.

4° Les créanciers de la succession n'avaient aucune action sur les biens retranchés des donations pour cause de légitime. Il n'y avait aucun doute sur ce droit des enfants : ils n'étaient point héritiers ; ils étaient créanciers eux-mêmes, et créanciers sur des biens qui n'avaient jamais fait partie de l'hérédité.

5° L'enfant était si peu considéré comme héritier à cause de sa légitime, que, s'il s'abstenait de la succession, et qu'il détînt, comme donataire, des biens qui n'auraient pas excédé sa légitime, les créanciers n'auraient pu, pour ce seul fait, le faire déclarer héritier.

6° Si l'enfant donataire s'abstenait de la succession, il retenait son don comme un étranger l'aurait retenu, et par conséquent n'était tenu que de parfaire la portion légitimaire de chacun de ses frères, suivant la Novelle 92.

C'est cette règle, indubitable en droit romain, qui cause tout le trouble d'esprit dans la question qui fait l'objet de cette dissertation. Je la fais ressortir de suite, afin que le lecteur saisisse bien le point de difficulté. Je ne suis encore

qu'historien, et je le serai long-temps avant que de m'occuper des conséquences de l'histoire du droit.

9. Du droit spécial de la légitime des enfants, je passerai
à la *collatio* des choses données, qui ressemble beaucoup
à notre matière des *rapports à succession :* car il est également
ment important de bien faire remarquer que, quoique la
plupart des règles des rapports aient été empruntées ou
plutôt imitées du droit romain, jamais les Romains n'ont
connu ce que nous avons appelé *donations en* AVANCEMENT
D'HOIRIE.

Les Romains même n'ont pas connu le nom de *rapport.*
Le mot *collatio*, par lequel nous rendons en latin le mot
rapport à succession, offre une idée toute différente.

Sous l'ancien droit, tout rapport à succession était impossible. Le père acquérait pour lui et pour sa famille,
c'est-à-dire pour les enfants héritiers siens qu'il aurait au
temps du décès. Ce que les enfants en puissance acquéraient d'ailleurs appartenait au père; et s'ils avaient reçu
de leur père quelques biens à titre de pécule, les enfants
n'en avaient que l'usage et l'administration, à l'exception
des pécules castrense et quasi-castrense, qui formaient
leur propriété absolue, et des biens adventices, dont les fils
de famille eurent dans les derniers temps la propriété et le
père l'usufruit.

Non que le père ne pût donner au fils d'une manière
absolue. Il le pouvait à l'égard du fils émancipé; mais par
cela même que la loi civile n'appelait pas le fils émancipé à
la succession paternelle, le don que l'enfant émancipé recevait de son père ne pouvait être un avancement d'hoirie;
le fils émancipé recevait entre vifs, comme aurait reçu un

étranger, sans aucune relation à une succession future.

Le père pouvait même donner au fils étant en sa puissance; mais cette donation était inutile pendant la vie du père; elle était révocable et n'acquérait d'effet que par sa mort; de sorte que, si le père mourait intestat, la chose donnée était, dans le partage de l'hérédité où le père l'avait laissée, attribuée à l'enfant donataire en dehors de sa part héréditaire. Ce n'était donc pas une donation en avancement (*V. la loi 2 C., De inoff. donat.*; *la loi 18 au Code, Famil. erciso.*, et Vinnius, *Tract. de Coll.*, cap. 15, *n.* 3); c'était un préciput.

10. Plus tard, l'Edit du Préteur appela les enfants émancipés à la possession des biens *contra tabulas*, dans le cas où le père les avait prétérits par son testament; il les appela à la possession des biens *unde liberi*, quand le père mourait intestat, pour faire partager les biens également entre tous les enfants héritiers siens et les enfants émancipés, si ceux-ci voulaient venir à la succession.

De cette égalité de partage entre les enfants devait naître une injustice à l'égard des héritiers siens. Ceux-ci avaient passé leur vie à acquérir pour leur père, et, sauf le pécule castrense et quasi-castrense, ils n'avaient pu se créer des biens personnels. On leur ôtait donc sans équivalent une partie de la succession que la loi civile leur attribuait, tandis qu'ils avaient contribué par leurs soins à grossir le patrimoine. Le Préteur y pourvut; et, par le même édit qui donnait aux émancipés un droit à la possession des biens, il ordonna que, s'ils en voulaient profiter, ils communiqueraient aux enfants héritiers siens les biens qu'ils avaient acquis depuis l'émancipation (non compris les castrenses et quasi-castrenses) : car, s'ils fussent restés en puissance, tout ce qu'ils auraient ainsi acquis l'eût été pour le père de famille. Les enfants émancipés avaient donc l'option, ou de ne point réclamer la succession prétorienne, ou de la réclamer en augmentant la masse de la succession de tous les biens qu'ils avaient acquis, et qui, sans cela, n'auraient pas cessé de leur être personnels et propres.

C'est tout le contraire de nos rapports. Ce que les émancipés ajoutaient à la masse, par l'opération appelée *collatio in medium*, ne provenait pas toujours de l'auteur commun; les travaux de leurs frères étaient *une mise* dans le fonds commun; avant de le partager, les émancipés devaient y apporter eux-mêmes *pour mise* ce qu'ils avaient acquis par travail et par bonheur : *Jure veteri non nisi propria bona in collationem venisse*. Les héritiers siens n'y apportaient rien.

11. Mais nous allons voir successivement la *collatio in medium* se rapprocher de nos *rapports* au moyen de ce qu'on a coutume d'appeler les progrès du droit, et qui n'est au fond qu'une révolution contre un système législatif fortement conçu.

La première dérogation fut celle qui ordonna à la fille mariée, mais restée sous la puissance paternelle, de mettre en commun avec les héritiers siens ou émancipés de son père la dot qu'elle avait reçue de lui. Elle vint d'un rescrit d'Antonin le Pieux adressé à Ulpius Adrien, allégué dans la loi 1 ff., *De dot. collat.* Jusque là, la fille émancipée seule devait rapporter à la masse la dot reçue lors du mariage, non comme pécule profectice, mais parce que tous les biens acquis depuis l'émancipation devaient être communiqués à la succession. La fille dotée, mais restée en puissance, ne rapportait rien, d'après l'édit du Préteur, qui ne s'adressait qu'aux enfants émancipés ; d'ailleurs sa dot était une donation *ob causam* qui aurait dû lui appartenir par préciput (V. n. 9, *in fine*). L'Empereur a regardé cette différence comme une bigarrure, quoique fondée sur le droit ; et, pour la faire disparaître, il a ordonné la collation des dots par les filles qui venaient à la succession de droit civil, comme l'édit du Préteur l'avait ordonnée à celles qui venaient à la succession prétorienne ; et il a voulu que cette collation eût lieu non seulement au profit des émancipés, mais encore au profit des autres enfants héritiers siens.

Plus tard s'introduisit la donation *propter nuptias ;* et, comme elle ressemblait à la dot, l'empereur Léon, dans le cinquième siècle, en ordonna la collation par esprit de similitude. Il alla plus loin ; il voulut que la collation eût lieu même dans la succession des mères, quoique les enfants en puissance n'eussent jamais acquis pour grossir les biens maternels (*L.* 17 *C., De Coll.*). Ainsi s'introduisirent des cas où la collation ou mise en commun fut imposée aux enfants en puissance à l'égard de tous les autres enfants copartageants sans distinction, quand les biens procédaient de l'auteur dont la succession était ouverte (*ex substantia ejus profecta*).

A l'aide de ces dérogations s'introduisit insensiblement la règle que le rapport était dû de tout ce qui provenait de l'auteur *commun*, entre tous les enfants venant à la même succession ; ce que Justinien étendit à la succession testamentaire, comme à la succession *ab intestat*, par la Novelle 18, à moins que le père n'eût défendu le rapport ou n'en eût fait remise ; et comme les lois impériales (V. surtout *L.* 6, 7, 8, *C., De bon. q. lib.*) attribuaient aux enfants la propriété des biens adventices dont l'usufruit seulement demeurait au père, il devenait injuste que les émancipés vinssent apporter à la masse commune une nature de biens que les enfants héritiers siens retenaient comme propres et comme distincts des biens paternels, et Justinien, par une conséquence du changement de législation, a restreint l'apport en commun aux biens qui provenaient du parent auquel on succédait, soit comme émancipé, soit comme fils en puissance (*L. 21 C., De Coll.*).

12. Voilà le dernier état du droit romain, qui se rapproche beaucoup de notre droit actuel. On y sent l'influence du droit des peuples vaincus et incorporés sur le droit de la nation qui se les est assimilés; mais reste toujours une empreinte de l'origine romaine, du droit testamentaire, de la puissance paternelle, et de la différence entre la famille civile et la famille prétorienne.

CHAPITRE II.

Esprit général des Coutumes sur les successions.

SOMMAIRE.

13. Division des personnes et des choses en nobles et roturières. — Préciput de l'aîné. — Egalité entre les puînés. — Propres. — Amour des coutumes pour la conservation des biens. — Indisponibilité.

14. Aversion contre les institutions testamentaires. — Permission de legs particuliers. — Penchant vers les institutions par contrat.

15. Des pactes ou renonciations conventionnelles aux successions futures. Elles motivaient le droit de rétention.

16. Partage égal en roture. — Dérogations à ce droit par imitation des mœurs des nobles.

17. Idées générales sur la puissance paternelle et amour des pères

. pour la conservation des biens. — Haine de l'inégalité entre frères fondée sur la jalousie fraternelle.

13. Du droit romain, qui, dans son dernier état, a fait le fondement du droit municipal de nos provinces du midi, il faut passer à notre ancien droit coutumier.

Il est difficile de le bien saisir : car, outre le nombre et la diversité des coutumes, elles n'ont été écrites que fort tard : elles avaient éprouvé déjà, avant leur rédaction, des changements notables par le changement successif des mœurs; elles en ont subi d'autres lors de leur réformation. Cependant on parvient à saisir leur esprit général à travers ces révolutions.

Les coutumes ont dû se ressentir et de la conquête et de la féodalité. De là est venue la division des hommes et des choses en nobles et roturiers. Pour la noblesse et pour la roture ont dû s'établir des coutumes, semblables sur certains points, différentes sur d'autres.

Dans les successions des nobles, l'aîné avait presque partout un préciput, généralement la moitié des biens nobles, quelquefois les deux tiers; mais le restant était partagé *également* entre tous.

Il y avait nécessité de maintenir les terres dans les familles qui en avaient été primitivement investies; de là l'ancienne doctrine des *propres,* par laquelle tous les immeubles provenus d'une ligne retournaient à la ligne dont ils étaient sortis, quand cessait, dans la branche qui les avait reçus, la descendance de celui qui les avait mis dans la famille.

Le même amour de la famille et de la conservation des biens avait amené la défense de donner les propres (sauf certaines limitations). Généralement, on regardait chacun comme maître absolu de ce qu'il avait personnellement acquis; mais les biens de famille devaient être respectés. Que leur propriétaire les aliène pour ses besoins, pour ses affaires, c'est un légitime usage du droit de propriété; mais qu'il les dissipe en libéralités, sans égard aux générations qui suivent, lui qui les tient des générations précédentes, c'est un abus que les coutumes réprimaient par l'indisponibilité des biens à titre gratuit.

14. Les mêmes causes ont aussi empêché dans la France coutumière d'admettre les institutions d'héritier. Les peuples du Nord ne connaissaient pas les testaments proprement dits; mais chez des peuplades où la possession était tout, on comprend que les mourants aient mis un ami en possession de certains biens sous promesse fiduciaire d'en faire la distribution aux personnes absentes que désignait le maître des biens : telle est l'origine des exécuteurs et de leur saisine, qui ont précédé chez nous les testaments par écrit. Quand la connaissance des testaments et des institutions d'héritier par ce moyen parvint dans nos provinces françaises, elles repoussèrent les formes romaines, en adoptèrent de plus simples, et rejetèrent l'institution testamentaire. Dieu et le sang faisaient les héritiers; mais il fut permis, suivant le génie particulier aux diverses provinces, de donner par testament certaines portions de ses biens ou de telle nature de biens; de sorte qu'il y eut toujours quelque chose de réservé à la famille, surtout quand il y avait des propres.

Ce qu'il y eut de particulier à notre ancien droit, c'est qu'il affectionnait l'institution d'héritier par contrat, soit par association (comme on en voit des restes dans la coutume d'Auvergne), soit en mariage (comme nous le faisons

encore aujourd'hui). L'institution d'héritier contractuelle
était une sorte d'adoption, quant aux biens seulement, par
laquelle on appelait le donataire à la succession future,
comme s'il eût été un enfant, en l'investissant sur-le-champ
et éventuellement de la possession.

15. Car on admettait en général (contrairement à notre
droit actuel) la liberté de stipuler sur une succession future,
avec le consentement de celui d'où elle proviendrait. Il en
était de même en droit romain. Mais ce n'est pas une raison pour que la règle provint du droit civil ; il vaut mieux
croire qu'elle a été dictée à nos aïeux par le droit naturel,
qui sanctionne la liberté des conventions.

De cette liberté de stipuler sur une succession future vin-
rent les renonciations à succession du vivant même des
parents. Si un noble quittait sa patrie pour une entreprise
périlleuse, on comprend qu'il pouvait obtenir une donation importante, en promettant de laisser à ses frères la
succession paternelle. On fit surtout usage de ces renon-
nonciations en mariant les filles : elles passaient dans une
famille étrangère.

Donc, alors, rien de plus naturel que le droit de rétention : le droit public permettant de renoncer à la succession
du donateur de son vivant et par contrat fait avec lui-même, la donation affectée d'une clause de renonciation n'é-
tait qu'un contrat aléatoire ; et, en l'absence de lois prohi-
bitives, il eût été contraire à la bonne foi de répéter ce que
l'enfant avait reçu sous promesse de ne pas venir à la succession, et de ne pas troubler ses frères dans le surplus.

16. J'ai dit que, pour les enfants des nobles, les Coutumes établissaient l'inégalité entre l'aîné et les puînés ;
au contraire, la règle générale en roture était le partage

égal entre enfants. Elle a cependant subi une foule de modifications, parce que, dans les villes surtout, où la bourgeoi-
sie avait été constituée en commune et avait acquis des ri-
chesses, elle sentit aussi le besoin d'avoir des chefs de famille importants, protecteurs-nés de leurs frères moins riches, mais mieux appuyés ; de sorte qu'en certaines Coutumes il y eut un droit d'aînesse même en roture. Il y eut
aussi des pays où le droit d'aînesse s'établit dans l'intérêt
de l'agriculture, pour attacher l'aîné au sol paternel et l'engager à aider son père pendant les premières années des
puînés, comme l'Auvergne. Toutes nombreuses qu'elles fussent, ces Coutumes étaient des exceptions.

. Le même amour de la conservation des biens fit passer
en coutume, pour les roturiers comme pour les nobles, le
système des propres, le rejet des institutions d'héritier
par testament, les limitations du pouvoir de disposer par
testament ou donation, les institutions contractuelles, et
les renonciations à succession par convention, surtout par
contrat de mariage ; et tout cela avec cette bigarrure qui
résultait de la diversité des intérêts locaux, de l'amour de
l'imitation, de la haine innée de certaines habitudes antipathiques aux goûts d'une province, et des circonstances
particulières qui donnaient lieu à chaque établissement de
Coutume.

17. Partout, dans la France coutumière, régnait sur le
pouvoir du père de famille une idée générale toute contraire
à celle du droit romain. Dans les provinces françaises, le
père n'avait pas la même puissance qu'en pays de droit
écrit sur la personne de ses enfants ni sur les biens par
eux acquis ; et c'est surtout à cause des biens qu'est venu
l'adage « Puissance paternelle n'a lieu », car la révérence

et le respect étaient aussi grands en pays coutumier qu'ailleurs. Le père se croyait dépositaire et conservateur des
biens de la famille, surtout des biens anciens ; il les regardait comme frappés d'une substitution perpétuelle au profit de sa descendance, et même au profit des autres branches issues du même tronc. D'un autre côté, et surtout aux
champs, les enfants étaient naturellement jaloux des pré-
férences. L'unique moyen de contenir des enfants livrés aux
mêmes occupations était l'égalité entre eux. Ils souffraient
plutôt un don à un étranger qu'une libéralité envers un
frère.

CHAPITRE III.

Division des Coutumes sur le droit de rétention des donations.

SOMMAIRE.

18. Coutumes *d'égalité parfaite ;* leur petit nombre. — Ancien droit
commun de la France. — Elles n'empêchaient ni le prêt ni la donation pour l'établissement des enfants.

19. Du mot *rapport.* Il est tout français d'origine. — Se disait même de ce que nous appelons *réduction* des donations.

20. Questions diverses sur le rapport en Coutumes d'égalité parfaite.

21. Coutumes *de préciput.* — Leur caractère. — Leurs avantages
sur les Coutumes d'égalité parfaite. — Coutumes de préciput forcé
rejetant tout rapport des choses données.

22. Coutumes *d'option* ou *d'égalité en partage.* Pothier convient
qu'elles se sont établies sur une subtilité.

23. Fausseté de l'opinion qui les regarde comme plus conformes à la
liberté du donateur que les autres.

24. Nécessité de remonter avant la réformation de 1580 pour étudier
le droit de rétention.

18. De ces idées générales, il faut passer à des détails plus précis.

Les Coutumes françaises proprement dites demandaient anciennement l'égalité absolue entre enfants d'un même père. Nous les appelons *Coutumes d'égalité parfaite*. Il n'en restait plus qu'un petit nombre dans le dernier état du droit français (Anjou, art. 260 et 334; Maine, art. 346; Touraine, art. 309; Dunois, art. 64; Lodunois, ch. 29, art. 12). Mais au commencement elles formaient le droit général : c'est ce qu'attestent Pothier (*Traité des Successions*, p. 508 de l'édition in-12), et tous les anciens auteurs. Elles avaient pour règle ce principe : « Personne coutumière ne peut directement ni indirectement avantager un de ses héritiers plus que les autres. » En effet, l'avantage ou avancement devenait nécessaire quand un enfant quittait la famille pour s'établir, soit par mariage ou aùtrement. Le père avait alors deux moyens généraux de pourvoir à son établissement, le prêt ou la donation : le prêt, payable à l'ouverture de sa succession, qui conservait à l'égard de tous, même à l'égard des créanciers futurs, la propriété de la chose baillée et l'action en restitution ; et la donation, qui, à l'égard des tiers, créanciers postérieurs, faisait passer la chose sur la tête de l'enfant comme avancement de succession, mais la soumettait *au rapport* envers les autres frères, même si le donataire refusait d'être héritier.

19. Car, sous l'ancien droit, on se servait du mot *rapport* même quand l'enfant n'était pas héritier, et cette expression était exacte et purement française ; elle n'a pas du tout été empruntée au mot latin *collatio*; elle a été transportée du sens physique du mot français *rapporter* (« *apporter une chose du lieu où elle se trouve au lieu d'où on l'avait tirée auparavant* »), et c'est de l'usage vulgaire que les légistes coutumiers l'ont prise et l'ont fait passer dans la langue du droit, témoin ce passage de Beaumanoir : « Cil qui veut » partir au descendement, et avait *porté* quelque chose du » père et de la mère, doit *rapporter* tout entièrement » ce qu'il *emporta*. » Laissons au purisme des docteurs à faire une distinction scientifique entre le *rapport* et la *réduction* des donations ! Nos pères confondaient souvent ces mots quand les donations étaient faites à l'enfant; par exemple la loi du 17 nivôse an II s'est servie de la même locution à l'égard des héritiers renonçants : « Art. 9. Les succes- » sions..... qui s'ouvriront à l'avenir seront partagées éga- » lement entre les héritiers..... Ils ne pourront, *même en* » *renonçant* à ces successions , *se dispenser de rapporter* ce » qu'ils auront eu à titre gratuit. »

Ainsi, même l'enfant renonçant *rapportait* son don à

l'ouverture de la succession dans les Coutumes de parfaite égalité. C'est un point qui ne laisse aucun doute.

20. Le don fait à l'enfant, en Coutume d'égalité parfaite, devait-il profiter même aux créanciers de la succession ? L'enfant renonçant pouvait-il retenir sur ce don sa propre part d'enfant ? Dans le cas où la succession était nulle, pouvait-il le partager avec ses frères ? Je n'ai pas trouvé de documents certains sur ces questions ; les auteurs des derniers temps du droit coutumier semblent faire entendre que, la donation étant nulle dans l'esprit de ces Coutumes, les créanciers pouvaient se venger sur la donation ainsi rapportée, et que, loin de pouvoir retenir sa part d'enfant, l'enfant renonçant devait tout restituer à ses frères acceptants. On prétend même que c'est ainsi que les auteurs de la loi du 17 nivôse an II l'ont entendu pour cette loi. Cependant je ne le crois pas. L'avancement à titre de donation était une donation véritable, quoique soumise au rapport : donc le rapport ne devait pas profiter aux créanciers, et l'esprit d'égalité entre enfants dans ces mêmes Coutumes résistait à ce que l'enfant avancé ne retînt pas sa part d'enfant sur ce qu'il détenait à titre de donation (*),

---

(*) Ce n'est pas sans autorités que j'adopte cette opinion. La première est celle du bon sens, qui dit qu'une donation est une donation, et que l'enfant n'en peut être entièrement dépouillé, même quand il renoncerait à la succession : alors il ne doit en être privé qu'en tant qu'elle nuirait à l'égalité. A cette autorité, qui pourtant est quelquefois trompeuse, je joindrai celle de quelques auteurs.

Choppin (*Sur la Coutume d'Anjou*, liv. 3, chap. 1, *Des Rapports*, n° 4) décide la question relativement aux créanciers : « Si un père n'a » laissé qu'un seul fils, dit-il, lequel, se tenant à la donation que son

puisqu'il n'avait pas comme chez nous UNE PORTION DISPONI-
BLE *à retenir.*

» père lui a faite, renonce à la succession d'icelui, savoir s'il pourra
» être contraint par les créanciers de son père de leur rapporter ce
» qui lui a été donné? Mon avis est que les paroles de la Coutume,
» qui, pour conserver l'égalité entre les enfants et héritiers présomp-
» tifs, a ordonné le rapport des choses données (par les art. 260 et
» 337), ne doivent être étendues ni appliquées aux étrangers, s'il se
» présente des créanciers du défunt : car, si, en faveur des parents
» héritiers, notre Coutume prévient la fraude d'une donation immense
» faite à l'un d'eux, laquelle il se voudra conserver au préjudice des
» autres sous prétexte de la renonciation, art. 334, il y a différence
» entre le créancier étranger, en fraude duquel on ne remarque au-
» cune chose avoir été faite. » (*Traduction de* TOURNET.)

Pocquet de Livonière, dans ses notes sur Dupineau, art. 334 de la
Coutume d'Anjou, ordonnant le rapport par l'enfant roturier renonçant, décide la question entre les enfants : « Pour ce qui est des co-
» héritiers, il n'y a pas de doute qu'ils sont bien fondés à demander
» que l'héritier avancé rapporte à leur profit *ce qui excède sa portion*
» *héréditaire,* nonobstant qu'il renonce à la succession du donateur...
» De sorte que, si un roturier, après avoir marié et avancé deux de
» ses enfants, décède accablé de dettes qui absorbent le surplus de
» son bien, laissant deux autres enfants qui n'ont point été avancés,
» ceux-ci pourront obliger les autres de leur faire part de leur avan-
» cement et de le partager par portions égales. »

Il n'y avait donc pas nullité de la donation excessive, même dans les
pays d'égalité parfaite, et le renonçant retenait sa portion héréditaire
sur son don.

Basnage (*Sur la Coutume de Normandie,* art. 434) développe
fort bien cette doctrine : « La Coutume en cet article a fermé autant
» qu'elle l'a pu toutes les avenues à la gratification des pères : l'éga-
» lité entre les enfants lui a paru si favorable, qu'il est très difficile de

21. Une seconde classe de Coutumes sur la matière des rapports est celle qu'on appelait *Coutumes de préciput.*

Elles étaient imitées du dernier état du droit romain, et, quoique le partage égal fût la loi générale de la succession, on y tenait que le père de famille avait le pouvoir de dispenser de rapport ou de donner expressément par préciput, de manière à ce que l'enfant avancé gardât son don et partageât dans la succession sans rapporter, sauf l'action en retranchement pour la légitime.

Ces Coutumes étaient peu nombreuses (Nivernois, ch.

» l'empêcher à l'égard des biens qu'elle ordonne être partagés éga-
» lement entre eux. Il est vrai que nous n'avons pas d'héritiers né-
» cessaires; mais la renonciation d'un enfant dans la vue de profi-
» ter de l'avantage qui lui a été fait ne le dispense pas de rapporter
» ce qui lui a été donné *en cas qu'il excède sa portion héréditaire.*
» Cet art. 434 en donne la raison, parce, dit-il, que toutes donations
» faites par les père et mère à leurs enfants sont réputées avance-
» ment d'hoirie, *ubi naturæ debitum, ibi successio;* dans la suite,
» *quod fuit donatio, fit hæreditas;* et la chose vient à un point où elle
» n'a pu commencer, *res devenit ad eum casum à quo incipere non*
» *potuit.* »

Enfin, sur la loi du 17 nivôse an II, qui reproduisait les principes des Coutumes d'égalité parfaite, Bergier (l'éditeur et le commentateur de Ricard) a pensé que les donations excessives n'étaient que réductibles, et non pas d'une nullité absolue; qu'ainsi le renonçant n'était tenu que de rapporter l'excès : « On n'a jamais pensé, dit-il, que les
» dispositions qui excédaient la quotité disponible fussent nulles pour
» le tout à raison de cet excès, lorsqu'elles étaient *postérieures* à la
» loi du 17 nivôse an II; elles étaient seulement considérées comme
» *réductibles*, par argument de l'art. 14 de cette loi. » (*Instruction*
» *facile sur la loi du 4 germinal an VIII*, p. 4.)

27, art. 11; Berry, tit. 19, art. 42; Bourbonnais, art. 368),
et j'avoue qu'elles sont plus conformes à l'équité naturelle
et au gouvernement de la famille que les Coutumes d'égalité parfaite. Celles-ci enlevaient, quant aux biens, la ma-
gistrature domestique des mains du père de famille, en le
privant totalement des moyens de récompenser, de pu-
nir, et même d'adoucir des malheurs de fortune immérités; elles blessaient la dignité du père de famille,
en le dépouillant de la faculté de marquer une préférence, qui peut être exagérée, mais qui n'est pas toujours
injuste, et que la loi lui laissait pourtant le droit d'exercer envers des étrangers. Aussi Coquille, qui vivait sous
une Coutume de préciput, en relève les avantages, en dé-
plorant le sort des pères vivant sous les Coutumes d'égalité
parfaite. « Il me semble (dit-il, *sur l'art. 7 du tit. 27 de la*
» *Coutume de Nivernois*) que l'inconvénient est plus grand
» de mettre les pères et mères en cette misérable servitude et
» sujétion envers leurs enfants, qu'ils ne puissent disposer
» en pleine liberté de leurs biens envers leurs enfants, com-
» me ils le peuvent à l'égard des étrangers; et comme la li-
» berté est en recommandation à chacun de nous pour faire
» du sien ce qu'il lui plaît, ainsi est-il plus grief de n'en
» pouvoir disposer à l'égard de ceux qui nous doivent
» obéissance..... et les enfants pourront dire ne tenir rien
» par bienfait de leurs pères, qui ne leur auraient laissé
» que ce qu'ils ne pouvaient leur ôter. »

A ces Coutumes de préciput, il convient de joindre quelques Coutumes du nord (Gouvernance de Douai, tit. 2,
art. 16; Artois, art. 48; Valenciennes, art. 107), dont
M. Merlin fait une quatrième classe (*Répert.*, au mot *Rapport*, § 1). Elles rejetaient absolument le rapport, même
quand les dons étaient faits en avancement d'hoirie, et con-

tenaient virtuellement ou expressément la promesse de rapporter. On voit que ces Coutumes se sont introduites dans
les Flandres, pays de commerce où l'immutabilité des conventions a paru le parti le plus avantageux ; d'ailleurs,
elles rentraient dans les Coutumes de préciput en ce sens,
que l'enfant gardait sa donation comme préciput et partageait les biens présents, sans retranchement sur sa donation, à moins qu'elle ne fût atteinte par la légitime. La
différence consistait surtout en ce que le préciput n'avait
nul besoin d'être exprimé, et en ce que le rapport était prohibé, ce qui dispensait d'en exprimer l'exemption : ces
différences ne valaient pas la peine d'en faire une classe à
part.

22. Enfin la troisième classe de Coutumes (et dans les
derniers temps c'était la plus nombreuse) se composait
de celles que les auteurs appelaient *Coutumes d'égalité*, et
qu'il faut nommer *Coutumes d'égalité en partage* ou *Coutumes d'option :* telles étaient celles de Paris et d'Orléans,
surtout depuis la réformation.

Elles défendaient au père de famille de rien donner par
préciput et de dispenser du rapport; puis, contrairement
à cet esprit d'égalité, elle permettaient à l'enfant avantagé
de s'abstenir de la succession, en retenant les libéralités,
la légitime individuellement réservée aux autres.

De sorte que, par ce système menteur, le père était censé
ne pouvoir rompre l'égalité par sa volonté; mais le donataire, contre la volonté du père, pouvait retenir la moitié
de la fortune, plus sa part de légitime. C'est le résultat des
art. 303 et 307 de la Coutume de Paris, réformée en 1580.

Pothier (*Traité des Successions*, ch. 4, art. 3, § 2) reconnaît que par cet art. 307 la Coutume paraît avoir abandonné

l'esprit de notre ancien droit, et en avoir seulement retenu la lettre, *par cette subtilité*, que, la loi défendant les avantages aux héritiers, celui qui renonçait à la succession, n'étant point héritier au moyen de sa renonciation, ne se trouvait plus compris dans la prohibition de la loi.

Pothier a bien raison, c'est une subtilité : car l'art. 124 de l'ancienne Coutume de Paris, en défendant d'avantager l'enfant venant à succession, pouvait tout au plus permettre aux père et mère d'avantager celui qui offrirait lors de la donation un pacte de renonciation à la succession future; car la renonciation postérieure au décès n'est pas et ne peut être considérée comme l'œuvre ni comme la volonté du père de famille. Aussi l'ancienne Coutume n'avait pas de texte semblable à l'art. 307.

23. Pothier et les autres auteurs qui ont écrit depuis la réformation ont donc tort quand ils attribuent l'art. 307 à un rapprochement vers la liberté du droit naturel, qui nous permet de disposer de nos biens à notre volonté et de témoigner une affection particulière à ceux de nos parents qui ont mieux mérité de nous (*Traité des Successions, ibid.*), et quand ils disent que, par la disposition de ces coutumes, on concilie la liberté que tout homme doit avoir de disposer de son bien, soit en faveur des étrangers, soit en faveur de ceux de ses enfants qui auront mérité davantage son affection, avec un autre devoir non moins sacré, que la nature dicte à tous les pères, de réserver à leurs enfants les biens qu'ils ont reçus de leurs ancêtres, et ceux que leur propre industrie y a ajoutés. (LEVASSEUR, au *Nouveau Denisart*, au mot *Avantage prohibé*, n. 3, *in fine.*) Ces raisons sont vraies pour les Coutumes *de préciput*, car alors c'est la volonté du père qui prédomine en dispensant du rap-

port ; elles sont fausses pour les Coutumes *d'option* , parce qu'alors c'est la volonté du donataire qui agit contrairement à la volonté présumée du donateur, qui avait stipulé le rapport.

24. Pour bien pénétrer cette matière, il ne faut pas nous contenter du dernier état du droit coutumier, où il était faussé par l'art. 307 ; il faut même se reporter avant la rédaction des Coutumes, et se demander ce qui devait alors se passer ; puis arriver aux écrits des jurisconsultes qui ont précédé la réformation.

Car je ne prétends pas que le droit de retenir un don de la part du donataire ne date que de 1580 ; je dis seulement que le droit de le retenir au delà de la part d'enfant quand il était fait *in anticipationem successionis* ne devait exister que s'il y avait eu pacte de renonciation, ou si la donation était faite *purè ac simpliciter*, ou avec cause.

25. En effet, dans un temps où toute la famille réunie vivait dans la *celle* (dans la maison du père de famille) , si un enfant quittait la maison et voulait vivre à part, ce que le père lui donnait pour s'établir devait n'appartenir qu'à cet enfant, s'il le prenait pour part héréditaire et renonçait à revenir partager avec les autres. (Voilà le cas de renonciation anticipée.)

De plus, si le père donnait purement et simplement, comme on donne à un étranger, quelquefois même à titre de récompense d'un service rendu, alors, en l'absence de tout texte, l'enfant ainsi gratifié pouvait fort bien ne pas venir à partage pour retenir son don, qu'on n'aurait pas eu le droit d'aller chercher dans les mains d'un tiers.

Ainsi, puisqu'il a toujours été de principe en France

qu'il n'y a pas d'héritiers nécessaires, et que « *n'est héritier qui ne veut* »; puisque, d'un autre côté, la donation pure et simple était un titre de propriétaire, l'enfant avait, en l'absence de disposition contraire dans la Coutume, le droit de retenir tant qu'il ne se présentait pas à partage. Et c'est ce qu'atteste Beaumanoir, en nous apprenant que de son temps même, où les Coutumes n'avaient pas encore adopté la légitime, les juges avaient le pouvoir d'examiner si la donation était excessive et d'en retrancher l'excès (*).

26. Mais ceci ne regardait pas les donations faites *expressément* en avancement sur la succession future. Dans le principe, quand une donation était faite purement et simplement, elle devait n'être pas regardée comme un avancement d'hoi-

---

(*) BEAUMANOIR, *ch. XIV*, *Des héritages.*

15. « Il est dit ci-dessus qu'il est loisible à celui que père et mère
» marient de ne pas venir à partage, et de se tenir, s'il lui plaît, à ce
» qui lui a été donné. Pourtant le don pourrait être si excessif, qu'il ne
» devrait pas subsister : car il n'est pas licite aux père et mère de don-
» ner tant à l'un de leurs enfants, que les autres en demeurent orphe-
» lins et déshérités. Donc il faut entendre la règle d'un don raisonna-
» ble, selon ce qu'ils ont, de manière que leurs autres héritiers n'en
» soient pas déshérités; car il arrive souvent que les père et mère ai-
» ment l'un de leurs enfants plus que les autres, qu'ils voudraient
» qu'il pût être héritier de tout le leur, et ainsi demeureraient les au-
» tres sans terre. Néanmoins la Coutume souffre même que l'enfant
» marié par père et mère ait plus qu'il n'emporterait pour sa part ;
» mais que ce ne soit pas par trop d'excès : et cet excès doit être res-
» treint par le juge à la requête des autres héritiers, après la mort du
» père ou de la mère : car, tant qu'ils vivent, ils peuvent et doivent
» garantir à leur enfant doté ce qu'ils lui ont donné en mariage. »

rie. C'est ce que nous enseigne Vinnius (*Tract. de Collat.*, *cap.* 3, *n.* 3, *in fine*), avec la loi pénultième au Code, § 1, *De Collat.*

Le droit changea sur ce point en pays coutumier à cause des lods et ventes et des autres devoirs envers le seigneur. En succession directe, pas de droits à payer. « Quand au-
» cun fief échet par succession de père, mère, aïeul ou
» aïeule, il n'est dû au seigneur féodal dudit fief, par les
» descendants en ligne directe, que la bouche et les mains
» avec le serment de féauté » (art. 2 de la Cout. de 1510).
Il en était de même (art. 17) pour l'héritage *donné* au fils par père, mère, aïeul ou aïeule *en avancement d'hoirie*, « ne
» plus que si ledit fief était échu par le trépas et succession
» de ses père, mère, aïeul ou aïeule. » Et pour lever tout doute, en matière fiscale, sur les donations qui n'auraient point été qualifiées *avancement d'hoirie*, l'art. 159 établis-sait une présomption légale d'anticipation de succession :
« Quand père ou mère ont donné à leurs enfants, ou aucuns
» d'eux, aucun héritage, tel héritage EST RÉPUTÉ donné en
» avancement d'hoirie. »

27. C'est en cet état que sont venus les travaux de Du-moulin, et il est utile de connaître sa doctrine pour bien apprécier l'avancement d'hoirie ; l'on y verra qu'avant la réformation, Dumoulin avait sur ce point des idées aussi absolues que celles qu'on attribue aux Coutumes d'égalité parfaite, sans cesse restrictives du droit de rétention.

La donation en avancement d'hoirie est (dit-il sur l'art. 17 de l'anc. Cout.) celle que le père fait au fils, comme à son futur héritier, en considération de ce qu'il espère l'a-voir pour héritier, et afin de hâter pour lui les avantages de sa succession future..... C'est cette espèce de donation qui est exempte de relief et d'autres droits féodaux.

Si le père donnait à un autre qu'à un présomptif héritier, les droits seraient dus.

Si le père donnait à son fils à tout autre titre qu'en avancement d'hoirie, les droits seraient encore dus au seigneur.

Si le texte de la Coutume (art. 159) n'eût pas formellement établi que les donations faites par père à enfants, présomptifs héritiers, sont réputées avancement d'hoirie, la donation faite *purè ac simpliciter* à l'enfant aurait dû être sujette aux droits de relief. C'est le texte même de l'art. 159 qui l'en exempte par présomption légale, à défaut de qualification contraire. Cela est si vrai que le dernier état du droit coutumier offre des vestiges que le droit des seigneurs s'exerçait autrefois quand le père n'exprimait pas qu'il donnait par avancement d'hoirie. L'art. 63 de la Coutume de Melun porte : « *Quand aucun* donne à sa fille » un ou plusieurs fiefs par traité de mariage, *et autrement* » *qu'en avancement d'hoirie*, le mari paiera rachat au sei- » gneur féodal. » Nous avions même des Coutumes qui vou- laient que le fils payât le relief à raison de ce qui excédait sa portion héréditaire. (V. Montfort, art. 183 ; Mantes, art. 173 ; Reims, art. 75 ; Laon, art. 179.)

Il y avait donc des donations aux enfants qui n'étaient point avancements d'hoirie, et d'autres faites par avance- ment d'hoirie.

Les donations par avancement d'hoirie étaient de deux espèces : les donations en avancement exprimé ; les dona- tions en avancement présumé.

28. Quand l'avancement était exprimé dans la donation, non seulement les droits n'étaient pas dus, mais la dona- tion devait être rapportée lors de l'ouverture de la succes-

sion par une sorte de résolution ; et Dumoulin déduisait de cette circonstance les conséquences rigoureuses des Coutumes d'égalité parfaite. Dès que la considération d'avoir l'enfant pour héritier a été la cause finale de la donation , et que l'acte contient l'expression de cette cause , la donation se trouvera résolue, faute d'accomplissement de la cause, si dans la suite le fils ne veut pas se porter héritier, *quià dictâ causâ expressâ, si posteà filius donatarius non velit esse hœres, resolvitur donatio tanquam causâ finali non secutâ ;* et la chose donnée retournait à la masse de la succession , au profit même des collatéraux les plus éloignés et pour l'avantage des créanciers, sauf à eux, à défaut d'héritiers acceptants , à faire nommer un curateur aux biens ou à la succession vacante : *Et res revertetur ad corpus successionis, ad commodum quorumcumque, etiam remotiorum et collateralium hœredum, vel etiam ad commodum creditorum , qui , fortè nullo se gerente pro hœrede, facient deputari curatorem bonis, seu hœreditati jacenti.* Donc, dans le cas d'une donation expressément faite en avancement d'hoirie , il n'était pas permis au fils de se tenir à son don en s'abstenant de la succession ; il lui fallait absolument venir à partage ou restituer la chose donnée. Seulement il aura fait siens les fruits perçus pendant la vie du père donateur : *Non licet igitur hoc casu filio se tenere ad donationem sibi factam, abstinendo à successione ; sed necesse habet vel adire vel rem donatam restituere, et solùm lucratur fructus perceptos durante vitâ patris donatoris.* (V. DUMOULIN , *sur l'art.* 17 *de l'ancienne Coutume* , p. 363 *de l'édition de* 1681, § 26 *de la nouvelle Coutume* , *n.* 4.)

29. Mais quand la donation ne portait pas mention d'avancement d'hoirie, Dumoulin faisait une sous-distinction :

ou la donation ne portait aucune cause, ou la donation exprimait une tout autre cause que l'anticipation de succession.

Si la donation ne portait aucune cause, il y avait présomption de la loi (art. 159) qu'elle était faite en avancement d'hoirie. Cette présomption de la loi devait être respectée; et par conséquent, en recevant une donation tacitement faite en avancement d'hoirie, l'enfant s'était soumis tacitement à rapporter et à partager également : donc il devait restituer s'il s'abstenait de la succession.

Au contraire, si, sans parler de sa succession future, le père, en donnant à son fils, exprimait une cause différente, par exemple, l'établissement de son fils, son mariage, la récompense de services rendus, et que ces causes fussent exprimées de bonne foi, alors disparaissait la présomption de la loi devant l'existence d'une autre cause de donation, et la donation, quoique sujette à rapport par l'enfant venant à la succession, pouvait néanmoins être retenue par l'enfant qui s'abstenait : *Alioquin quum appareat de alia specifica causa donandi, non erit nec præsumetur donatio in anticipationem successionis, et expressum facit cessare tacitum vel alias præsumptum.*

Car, il faut bien le remarquer, quelle que fût la cause de la donation, tant que cette cause n'était pas de nature à donner à l'enfant une action en justice, la donation ne constituait ni créance ni préciput; elle était entièrement rapportable : tout ce que l'enfant pouvait espérer par une donation causée, c'était l'option entre la rétention de sa donation ou le rapport *pour avoir part égale.*

30. L'esprit général de la doctrine de Dumoulin est donc celui-ci : L'égalité parfaite entre enfants est la règle du

droit français. C'est là le droit commun : donc, tant qu'un père ne fait qu'anticiper expressément ou tacitement sur la distribution que la loi doit un jour faire de ses biens, l'enfant ne reçoit qu'à charge de ne pas rompre cette égalité, et s'y oblige envers ses frères et sœurs ; donc il ne pourra s'en tenir à son don. Au contraire, si le don lui a été fait pour une cause autre que l'avancement d'hoirie, l'enfant sera libre de le retenir, s'il ne vient pas à succession. Mais s'il demande le partage, il sera tenu au rapport, parce que le droit de rétention n'est pas un droit de préciput.

Tel était l'état du droit coutumier à Paris sur les rapports au temps de Dumoulin. Il est à croire que dès lors l'opinion publique tendait à le changer, et on le changea effectivement par l'art. 307 de la Coutume réformée', qui, dans les termes les plus généraux et les plus clairs, et sans distinction entre la donation par avancement d'hoirie, la donation simple, rémunératoire ou causée, permit à l'enfant de retenir son don en s'abstenant de l'hérédité, la légitime réservée aux autres. — Mais c'était tellement nouvelle coutume, et Dumoulin avait si clairement démontré le sens de l'ancienne, que sur l'art. 307, le procès-verbal porte : « *pour avoir lieu, sans préjudice de ce qui s'observait par le passé.* »

31. Depuis ce temps, les praticiens se sont évertués à conseiller, dans les familles considérables, des dons assez étendus à l'enfant chéri, pour inspirer à sa cupidité de préférer la donation à la part de succession : de sorte qu'à partir de la réformation, un père de dix enfants pouvait, sous le titre d'avancement d'hoirie, donner plus de la moitié de ses biens à l'un de ses fils, sûr qu'il serait assez mauvais frère pour opter en faveur de la

donation et ne laisser à chacun des neuf autres qu'un ving-
tième des biens paternels, dont il retiendrait onze vingtiè-
mes. Depuis ce temps, un père comptant sur l'union et
sur la tendresse de ses fils, un père qui avait donné dans
un temps de prospérité et avait espéré en l'avenir pour do-
ter les autres enfants, croyait de bonne foi n'avoir donné
qu'à charge de rapport, ou, s'il était instruit des effets de
la loi locale, mourait déchiré de remords d'avoir privé de
l'avantage de sa succession tous ses enfants pour un seul.
C'était pire que le préciput, où le donateur agissait par la
détermination de sa volonté. La loi était pervertie : c'était
l'enfant seul qui s'attribuait à lui-même une préférence.

32. On vient de voir que l'art. 307 mentionne la *Légitime*,
et j'en ai parlé ci-dessus en droit romain. Me voilà donc revenu à un autre ordre d'idées, celui des précautions de la
loi pour empêcher un père d'absorber par des libéralités
le patrimoine de la famille. Pour obtenir ce résultat, les
interprètes du droit romain n'avaient trouvé que la Légitime. Les Coutumes ont été plus ingénieuses ; elles ont créé
des moyens de plusieurs espèces, et ce n'est que fort tard
qu'elles y ont ajouté la légitime, à l'exemple du droit romain.

CHAPITRE IV.

Des limites apportées par les Coutumes à la liberté de disposer.

SECTION I.

DES RÉSERVES COUTUMIÈRES.

SOMMAIRE.

33. Division des biens en biens disponibles et en biens réservés. — Diversité des réserves coutumières. — En quelques pays, elles frappaient d'autres biens que les propres.

34. Réfutation de l'erreur moderne, qu'il ne peut y avoir de réserve que là où il existe un système de propres.

35. Réfutation de l'erreur moderne, que les réserves et même les propres n'avaient été établis qu'en faveur des collatéraux.

36. Les réserves ou légitimes coutumières limitaient le droit du propriétaire, et composaient ou augmentaient la succession.

37. Leur parallèle avec la légitime du droit romain. Les réserves étaient la base et le principe du droit de succession locale.

38. Il fallait être héritier pour les recueillir, et l'héritier en était saisi de plein droit.

39. Elles appartenaient à tous les héritiers de la ligne collectivement. — La part du renonçant accroissait aux autres. — Le renonçant n'avait pas le droit de rétention sur sa part dans la réserve.

40. Ressemblances avec la légitime. Pas de réductions à craindre, s'il n'y avait ni légitimaires ni héritiers de la ligne.

41. Le retranchement pour les réserves s'opérait de la même manière que pour la légitime.

42. Pourquoi, malgré l'étendue des réserves, se sont-elles trouvées insuffisantes pour les enfants?

33. Le principal de ces moyens, c'est la division des biens en *Portion disponible* et en *Réserve* fixée par la Coutu-

me : de sorte que, si le propriétaire se trouvait, au temps du décès, avoir aliéné à titre gratuit plus que ne lui permettait la loi locale, les héritiers du sang faisaient rentrer l'excédant dans la succession.

Nos pères divisaient les biens en *acquêts*, biens acquis par nos travaux ou par les libéralités d'étrangers; et en *propres*, biens immeubles réels ou par la détermination de la loi, que le défunt avait recueillis dans la succession directe de ses parents, ou qu'il tenait d'eux en avancement d'hoirie exprimée ou présumée.

Sur la fixation des réserves, les Coutumes présentaient une prodigieuse variété. Dans les unes, telles que la Coutume de Paris, la réserve n'affectait que les dispositions testamentaires : car, suivant l'art. 272, la faculté de donner entre vifs s'étendait jusque sur les propres; seulement, en cas de donations testamentaires, la loi locale ne permettait de disposer que des acquêts et du quint des propres (art. 292).

D'autres coutumes étendaient leurs prohibitions même au cas de donations entre vifs, mais en laissant plus de liberté pour les donations entre vifs que pour les dispositions testamentaires, car le législateur savait combien on a de peine à se dépouiller actuellement : telles étaient les Coutumes de Reims, art. 232 et 292; de Vermandois, art. 51, et de Calais, art. 51 et 84.

En général, les réserves frappaient surtout les propres; mais certaines coutumes les étendaient même aux acquêts. M. Merlin en a fait l'énumération au Répertoire, au mot *Réserves coutumières*, § 1, art. 2; d'autres assujettissaient aux réserves les propres, les acquêts et les meubles (*ibid.*, art. 3); enfin, il y avait des coutumes où les réserves, instituées pour restreindre dans l'origine l'aliénation des propres,

venaient frapper les acquêts et les meubles quand le dé-
funt ne laissait pas de propres, telles que les Coutumes de
Touraine, d'Anjou, du Maine, de Poitou (*ibid.*, art. 4).
On les appelait *Coutumes de subrogation*.

34. Quoiqu'il soit aujourd'hui à peu près inutile de connaître quelle était l'étendue de la réserve dans telle ou dans
telle coutume, et quelle nature de biens en étaient frappés,
néanmoins le détail dans lequel nous venons d'entrer était
nécessaire pour détruire une erreur de nos jeunes juristes.
Ils pensent que les réserves étaient intimement liées au
système de la succession des propres, et qu'il ne peut plus
exister de réserve là où il n'existe plus de succession aux
propres; ils pensent encore que les propres n'avaient été
établis que pour conserver des biens à une branche collatérale, en cas d'extinction de la ligne directe.

C'est là une double erreur, qu'il importe de rectifier.

Oui, les réserves étaient liées au système des propres, non pas comme cause, mais seulement comme
moyen. Or un moyen, tout efficace qu'il soit pour atteindre un but, n'est pas le but lui-même, et ne dépend pas
du système. Il est toujours emprunté d'ailleurs; il a son
existence indépendante. Dire que les réserves sont *intimement* liées au système des propres, et qu'il ne peut pas y
en avoir là où il n'y a point de succession aux propres,
c'est dire avec emphase une puérilité brillante.

C'est une puérilité démentie par l'histoire du droit. Dès
qu'il y avait des Coutumes qui frappaient de réserve les propres, les acquêts et les meubles, et d'autres qui, à défaut
de propres, établissaient la réserve sur les acquêts, et subsidiairement sur les meubles mêmes, il faut bien reconnaître que la *réserve coutumière* n'était qu'un moyen pour con-

traindre principalement la génération présente à laisser une partie de ses biens à la génération suivante ; et que , lorsque ce moyen s'étendait spécialement aux propres , il était employé pour conserver les biens à plusieurs branches de la ligne descendante du premier possesseur, quoique par sa nature il eût pu être restreint à une seule.

Redescendez le cours du temps , et dites-nous ce qu'a fait la loi du 17 nivôse an II quand elle a limité au dixième des biens la faculté de donner à titre gratuit pour tout homme ayant des enfants ? Certes, elle n'a pas établi par là une légitime. Elle a fait dans les biens de chacun une *réserve* de neuf dixièmes au profit des descendants. Si tel est son sens évident, il est encore évident que l'art. 62 de la même loi a explicitement aboli le système de la succession aux propres. Il est donc certain que la loi de nivôse a aboli les propres, en même temps qu'elle a établi une réserve légale!... Alors qu'on ne vienne pas nous dire : «Les réserves ont disparu avec les propres auxquels elles étaient intimement liées... » On ne sait pas le mal qu'on fait dans la pratique avec ces maximes doctorales.

35. La seconde erreur est que les propres n'aient été établis que pour conserver les biens aux lignes collatérales. Le but principal des Coutumes a toujours été le soin de la postérité.

Le bon sens le prouve, le législateur n'a pas pu penser aux collatéraux avant que d'avoir pensé aux enfants : c'était donc pour les enfants surtout , et dans l'espoir que les enfants les conserveraient eux-mêmes à leur postérité, qu'il était défendu de donner aux étrangers les biens qu'on avait reçus de ses pères ; et quand la postérité venait à manquer en ligne directe, s'il y avait échute en collatérale ;

c'était justement au profit de la branche descendante de celui-là même qui avait mis les biens dans la famille. Qu'importe qu'entre enfants il n'y eût pas toujours à distinguer entre les propres et les acquêts, puisqu'ils succédaient à tous les biens du défunt? La défense d'aliéner les propres à titre gratuit n'en était pas moins faite dans leur intérêt.

Les textes des Coutumes le prouvent aussi, puisque les réserves s'y trouvent quelquefois plus fortes quand il y a des enfants que lorsqu'il n'y en a pas. Telle était la Coutume de Vermandois, qui, permettant de donner entre vifs tous les biens meubles, acquêts et conquêts immeubles et tous héritages procédant du naissant roturier ou féodal du donateur qui n'avait pas d'enfants, ajoutait : « et où il y aurait » enfants, peut donner la moitié des héritages de son nais- » sant seulement, avec tous ses biens, acquêts et meubles » conquêts, et en disposer à sa volonté par actes entre » vifs » (Vermandois, art. 51). Voilà donc une réserve spéciale établie en faveur des enfants exclusivement. Il n'était donc pas contraire à la nature des réserves d'être faites en faveur des enfants.

Ces erreurs réfutées, entrons plus avant dans la nature des réserves coutumières et dans leur esprit.

36. Le père de famille devait être essentiellement conservateur. Malgré son droit absolu de propriété à titre onéreux, il devait se considérer comme usufruitier de la portion de biens à lui dévolue par droit de succession, même des biens acquis par fortune ou par travail, si le statut local le voulait ainsi. Au statut local seul il appartenait de limiter la puissance du père de famille sur ses biens; et, quand il avait statué, la puissance dominicale cessait.

Les Coutumes opéraient ainsi par réserve, c'est-à-dire en frappant d'indisponibilité les biens dans l'intérêt d'une classe d'héritiers, et principalement dans l'intérêt de la postérité.

Ces réserves (*retro servata*, biens conservés même rétro-activement à la disposition qu'on en aurait faite) s'appelaient encore *légitimes coutumières*, par imitation du nom de *légitime* donné en droit romain à la part de biens que les enfants avaient droit de réclamer comme aliments sur les biens de leur père.

Mais elles avaient un caractère bien différent.

« Les parts et portions que les Coutumes assurent aux
» héritiers *dans les propres* ou AUTRES BIENS (dit LEBRUN,
» *Traité des Successions*, liv. 2, ch. 4) s'appellent ordinai-
» rement la *légitime coutumière*, et l'on oppose ces deux
» légitimes (la légitime de droit et la légitime coutumière)
» l'une à l'autre en diverses rencontres. Cependant, à pro-
» prement parler, celle-ci n'est point une légitime, mais
» un droit qui *compose* ou qui *augmente* la succession *ab*
» *intestat* : car, si quelqu'un a disposé de ses propres *au*
» *delà* de ce qui est permis par la Coutume, cela se trouve
» *de plein droit* dans la succession *ab intestat*, à cause de la
» nullité d'une partie de la disposition qui ne subsiste
» qu'à proportion qu'elle n'est pas contre la disposition
» expresse de la loi municipale, au lieu que la légitime ne
» s'obtient que contre des donations qui subsistent d'elles-
» mêmes et qui sont d'ailleurs conformes à la Coutume. »

Cet énergique passage, conforme à l'opinion de tous les auteurs, nous met à même d'établir les différences essentielles et caractéristiques entre la légitime du droit romain et la légitime coutumière ou réserve.

37. La légitime du droit romain était un tempérament de grâce et de faveur contre la rigueur du droit, pour faire prévaloir le droit naturel des enfants à des aliments contre la rigueur du droit absolu de domaine du père de famille.

Les réserves, au contraire, étaient des institutions municipales nées des besoins de chaque province pour constituer la famille. Elles étaient la base et le principe du droit civil de succession dans chaque localité.

La légitime n'était qu'une part des biens. L'enfant ne la réclamait que parce que, *re ipsa*, il n'était pas héritier, quoique par honneur, et parce qu'en principe il fallait que l'enfant fût expressément institué ou expressément exhérédé, le légitimaire dût être institué dans sa légitime, ou du moins dans un effet certain qui en faisait partie.

Mais les réserves faisaient partie de la succession même : elles *composaient* la succession, comme l'a dit Lebrun, quand le défunt n'y laissait rien autre chose ; elles *l'augmentaient* quand le défunt laissait quelques biens de la nature de ceux réservés, et qu'il avait disposé au delà du disponible. Les réserves appartenaient donc à la succession *ab intestat ;* elles y rentraient nécessairement : les donations n'étaient qu'apparentes, ou du moins n'avaient été que temporaires. Le donateur, contre la volonté de la Coutume, avait donné ce que la loi locale déclarait indisponible, ce qui appartenait à la famille, ce dont il avait été possesseur, mais dont il n'avait joui que par une sorte de substitution *de eo quod superfuerit*, dont le défunt avait été grevé au profit de ses héritiers.

38. Puisque les réserves faisaient partie de la succession, *elles ne pouvaient être recueillies qu'à titre héréditaire, et*

quoiqu'elles appartinssent en collatérale aux parents de tel côté et ligne, il fallait se porter héritier pour y avoir droit. L'héritier renonçant n'avait jamais droit aux réserves.

Une conséquence certaine de ce que les réserves coutumières faisaient partie de la succession était que les héritiers appelés à les recueillir en étaient saisis de plein droit par l'effet de la règle coutumière: *Le mort saisit le vif*, ce qui n'a jamais fait de doute quant aux réserves, quoique les docteurs disputassent entre eux sur la question de savoir si la légitime de droit saisissait le légitimaire, du moins quant à la possession. (V. MERLIN, au mot *Légitime, sect.* 2, § 1.)

39. Autre conséquence de ce que les réserves étaient une partie de la succession. Elles appartenaient collectivement à *tous les héritiers* de la ligne. Le titre de succession est un titre universel ; tous ceux qui sont appelés à y prendre part ont chacun droit à cette universalité. C'est parce qu'ils ont tous un droit à l'universalité et à chacune de ses parties, que ceux qui s'y présentent partagent également : *partes fiunt concursu*; et que, s'il y en a qui s'abstiennent de la succession ou y renoncent, le droit qu'ils n'exercent pas accroît *jure non decrescendi* aux héritiers qui acceptent.

Il en était autrement pour la légitime de droit : l'enfant légitimaire n'était qu'un créancier individuel d'une quote de biens ; il ne pouvait donc exercer que son droit individuel ; la part des autres enfants ne lui accroissait pas, et de là vient que, si l'un des légitimaires renonçait à sa légitime ou ne la réclamait pas, les autres légitimaires ne pouvaient réclamer du donataire chacun que sa portion virile ; et que, si le donataire était l'un des légitimaires, ne venant pas à la succession parce qu'il jugeait sa part moins profitable que la rétention de l'objet donné, il pouvait retenir sur la chose donnée sa part de légitime comme enfant; tandis que l'héritier aux propres, quoique donataire, ne pouvait, en renonçant, rien retenir au préjudice des héritiers de sa ligne. (V. Pothier, *Traité des Donations entre vifs*, sect. 3, art. 6, § 1.)

40. Remarquons maintenant quelques traits de ressemblance entre les réserves coutumières et la légitime des Romains.

Comme l'une avait été établie en faveur de l'enfant et les autres en faveur des héritiers de telle ou telle ligne, on ne pouvait les mettre en action, l'une s'il n'y avait pas d'enfants, l'autre s'il n'y avait pas d'héritiers de la ligne de laquelle procédaient les biens.

Ainsi, quelque démesurées qu'aient été les donations, il n'y avait pas d'action en retranchement pour la légitime, si le donateur n'avait pas d'enfants au temps du décès.

Ainsi, s'il n'y avait pas d'héritiers de la ligne d'où provenaient les biens donnés, il ne pouvait y avoir lieu à réduction des donations; et les héritiers d'une autre ligne, qui, à défaut d'héritiers de la ligne d'où venaient les biens, auraient succédé au défunt, n'auraient pas été recevables à demander que les donations de propres faites par le défunt fussent réduites à la portion dont la Coutume permettait de disposer. Ainsi, si les héritiers de la ligne renonçaient tous à la succession, ni le curateur à la succession vacante, ni les créanciers du donateur, ne pouvaient demander la réduction des donations faites sur les propres. La loi n'avait pas été faite en leur faveur.

41. Un autre trait de ressemblance, c'est que le retran-

chement des donations faites sur les propres, et contrairement aux réserves, s'opérait comme celui des donations
inofficieuses, qui attaquaient la légitime, en commençant
par la dernière et toujours en remontant.

On vient de voir que les réserves coutumières s'étendaient, suivant la variété des Coutumes, sur telle nature de
biens, et quelquefois sur toutes; que généralement elles
portaient sur les propres, comme biens les plus précieux
et les plus faciles à conserver; mais que cette limitation,
assez générale, ne naissait pas de la nature des réserves;
que les réserves avaient été établies pour le maintien des
biens dans la famille, et par conséquent dans l'intérêt de
la postérité plus que des collatéraux, et que même quelques Coutumes peu nombreuses avaient une réserve plus
étendue pour les enfants; enfin qu'elles étaient recueillies
à titre héréditaire, que la renonciation à la succession y
faisait perdre tout droit, et que le renonçant même ne
pouvait les conserver par voie de rétention.

42. Les réserves coutumières étaient considérables relativement aux biens qui en étaient frappés, les trois
quarts, les deux tiers, les quatre quints. Néanmoins elles
étaient souvent insuffisantes pour assurer des ressources
aux enfants: en effet, elles ne portaient ordinairement que
sur les propres, et dans certaines Coutumes, comme à Paris, les propres pouvant être donnés entre vifs, même en
totalité, la réserve ne portait plus que sur les donations
testamentaires. Dans les coutumes où il n'était permis de
donner que le quint, le quart ou le tiers des propres, il
était possible que le donateur fût un homme nouveau, arti-
san de sa fortune qui n'aurait consisté qu'en acquêts; il
était possible encore que les propres eussent été vendus.

Quels moyens ont employés les Coutumes pour venir alors
au secours des enfants?

SECTION II.

DU DOUAIRE PROPRE AUX ENFANTS; DU TIERS COUTUMIER EN NORMANDIE;
ET DES DÉVOLUTIONS COUTUMIÈRES.

SOMMAIRE.

43. Ce que c'était que le douaire des femmes. — Quelques Coutumes
en donnaient la propriété aux enfants.
44. Définitions du *douaire propre aux enfants*. — Incompatibilité
des deux qualités d'héritier et de douairier.
45. Divisibilité du douaire. — Pas de droit d'accroissement. —
Pourquoi celui qui accepte conserve-t-il sa portion de douaire,
sans être douairier?
46. *Du tiers coutumier.* — Analogies avec le douaire propre aux
enfants.
48. *Dévolutions coutumières.* Elles ne sont rappelées que pour mémoire.

43. Le premier moyen coutumier fut le douaire de la
femme, quand la loi ou la convention le déclarait propre
aux enfants.

Suivant nos anciennes mœurs, un père avait tout fait
pour sa fille quand il l'avait mariée, et elle ne pouvait plus
prétendre à aucune succession directe ni collatérale. A
mesure que les mœurs se sont adoucies, ce droit s'est cependant perpétué par les renonciations des filles en contrat de mariage, quand cela convenait aux arrangements de
famille. La femme n'ayant pas de prétentions sur les biens
de la famille dont elle sortait, il était juste de lui assigner
en cas de veuvage sa subsistance sur les biens de son mari.

L'usage s'introduisit donc de stipuler lors du mariage que, si la femme devenait veuve, elle jouirait sa vie durant d'une portion des biens que le mari possédait au tempsdu maria-ge. Cette convention s'appelait *douaire* ; elle était un avantage matrimonial dont la femme était saisie par le fait même du mariage : les biens du mari en étaient affectés dès ce moment. Le douaire dépendait absolument de la convention. Philippe-Auguste introduisit un douaire ordinaire et réglé à la jouissance de moitié des biens qu'avait le mari au jour du mariage. Les Coutumes à leur tour ont fixé le montant du douaire, de sorte qu'il fut de deux espèces : légal ou coutumier quand il n'y avait pas de convention ; conventionnel quand le contrat de mariage en stipulait l'étendue.

En certaines Coutumes, comme la Coutume de Paris, art. 255, on trouva juste d'attribuer aux enfants la propriété du douaire dont la femme n'avait que l'usufruit.

44. Pothier a justement défini le douaire des enfants « une espèce de légitime que la loi ou la convention assi-» gne, dans les biens de l'homme qui se marie, aux enfants » qui naîtront du mariage, pour pourvoir à leur établisse-» ment, à la charge d'en laisser jouir leur mère pendant sa » vie, et qu'elle charge l'homme de leur conserver, sans » qu'il en puisse rien vendre ni engager, ni y donner au-» cune atteinte. » (*Tr. du Douaire*, n. 293.)

Mais, comme c'était une ressource pour les enfants, la qualité de douairiers était en eux incompatible avec la qualité d'héritiers : car nul ne peut être héritier et douairier ensemble (Paris, art. 251). Ce n'était que quand les enfants venant du mariage ne se portaient point héritiers et s'abstenaient de prendre part à la succession, que le douaire appartenait auxdits enfants purement et simplement, sans payer aucunes dettes procédant du fait de leur père, créées depuis ledit mariage (art. 250).

45. Dès que le douaire appartenait aux enfants à titre de propriété ou de créance sur la succession, et non pas à titre d'hérédité, il en résultait que le douaire était dû à chacun divisément pour sa part et portion. Il y a bien un droit d'accroissement entre les héritiers quand l'un d'entre eux renonce à un droit universel qui n'appartient qu'aux héritiers ; mais une créance, quelque étendue qu'elle soit, se divise entre ceux qui y ont droit.

Ainsi, supposons qu'un père ait eu deux enfants, dont l'un, craignant les chances d'un procès dirigé contre la succession, renonce à la qualité d'héritier pour réclamer son douaire, et l'autre, ayant confiance dans le titre de créance laissé par son père, accepte la succession purement et simplement : dans ce cas, l'enfant renonçant pourra-t-il réclamer la totalité du douaire, ou seulement la moitié ? Il n'en pourra réclamer que la moitié, parce qu'il n'était propriétaire ou créancier du douaire que pour moitié, et que son frère en était créancier pour la seconde moitié. Seulement l'enfant qui acceptait la succession gardera la seconde moitié comme héritier, parce que son acceptation de la succession a fait confusion en lui de la créance que la loi municipale avait établie à son profit comme enfant.

Ce n'est pas ici le droit de rétention que nous avons vu pour la légitime, droit qui appartient à celui-là même qui renonce à la succession ; le droit est plus radical : l'enfant douairier et renonçant n'a personnellement qu'un droit divis et fractionnel. L'autre a un droit absolument semblable ; mais comme il se porte héritier, et qu'en conséquence

il est tenu *ultra vires* de toutes les dettes que les tiers ré-
clameront de la succession, il ne serait pas juste qu'il per-
dît la portion de créance qu'il tient de la loi contre la succession; ainsi, au lieu de posséder cette portion de biens
comme créancier et douairier, il la possédera comme héritier.

46. En parlant du douaire propre aux enfants, il est convenable de dire un mot du tiers coutumier de Normandie,
qui y ressemble beaucoup, et fera mieux comprendre ce
que je viens de dire.

Là, la Coutume donnait pour douaire à la femme l'usufruit du tiers des choses immeubles dont le mari était saisi
lors des épousailles, et de ce qui lui échéait en ligne directe
pendant le mariage (Normandie, art. 367); la propriété
(mais sans aucun droit de disposition) en était acquise aux
enfants (art. 399). D'un autre côté, la propriété du tiers
des biens que la femme avait lors du mariage, ou qui pendant le mariage lui écherraient en ligne directe ou en collatérale, ou qui lui appartiendraient par droit de conquêts,
appartenait à ses enfants, aux mêmes charges et conditions
que le tiers du mari (art. 404).

Ce tiers coutumier était bien, comme notre douaire propre aux enfants, une espèce de légitime et un droit né sur
les biens dès le mariage ou dès le jour de leur acquisition
par le père ou la mère... On ne pouvait le réclamer pour
les enfants qu'autant que tous ensemble renonçaient à la
succession paternelle (ou maternelle) en rapportant les donations et avantages reçus du *de cujus* (art. 401); mais l'u-
sage et la jurisprudence (que l'art. 89 des *placités* a sanc-
tionnés) avaient reconnu qu'il était impossible d'enchaîner
la volonté de l'un des enfants à la volonté des autres, et

qu'il fallait donner effet aux renonciations partielles ; en conséquence, la Cour déclara que « les enfants n'auraient » pas le tiers entier si tous n'avaient renoncé ; mais, » ajouta-t-elle, *celui qui aura renoncé*, aura la part audit » tiers qu'il aurait eue si tous avaient renoncé. »

Ce sont les mêmes principes que pour le douaire propre aux enfants sous la Coutume de Paris. Quand on se porte héritier, le tiers coutumier se confond dans le droit héréditaire ; quand tous les enfants renoncent, le tiers se partage entre eux selon les règles des successions fixées par la Coutume ; quand un seul renonce à la succession, il prendra sa part du tiers, mais rien au delà, comme s'il partageait avec d'autres enfants renonçants la propriété que la loi leur a attribuée, non à titre d'héritiers, mais à titre d'enfants seulement, dans les biens, et non dans la succession des père et mère. L'acceptation de la succession par les autres enfants ne peut en rien augmenter les droits du renonçant dans le tiers coutumier.

47. On ne s'arrêtera pas ici aux *dévolutions* que quelques Coutumes du Nord de la France prononçaient au profit des enfants d'un premier mariage. Après la mort de l'un des époux, ces Coutumes affectaient les biens du survivant de manière à ce qu'il n'en pût plus disposer, et l'obligeaient de les conserver aux enfants issus de ce mariage, à l'exclusion de ceux qui pourraient naître d'un mariage qu'il contracterait ensuite. On mentionne seulement ici ces dévolutions parce qu'elles étaient un mode légal de transmission des biens aux enfants privés de l'un de leurs parents, et afin de ne rien omettre d'important dans les modes de transmission coutumiers en faveur des enfants ; mais ce cas est trop particulier pour exercer quelque influence dans l'exa-

men de la question qui fait le fond de cet ouvrage. Ceux qui voudront examiner ces dévolutions, les diversités des Coutumes sur ce point et leurs effets, liront avec fruit le § 2 du mot *Dévolution coutumière*, au Répertoire de M. Merlin, et les autorités qu'il cite. Voir aussi le second chef de l'Edit de François II du mois de juillet 1560, et les explications qu'en a données Ricard dans son *Traité des Donations*, 3ᵉ partie, ch. IX, glose VI, nᵒˢ 1374 et suivants.

SECTION III.

DE LA LÉGITIME DE DROIT EN PAYS COUTUMIER.

SOMMAIRE.

48. Introduite en pays coutumier bien avant la réformation des Coutumes.

49. Inconséquence de la gradation de la légitime de Justinien. — Correction de ce droit par l'art. 298 de la Coutume de Paris.

50. La légitime de droit, en passant en pays coutumier, y a conservé son ancien caractère de grâce et de faveur.

51. Cependant l'enfant en était saisi comme des réserves coutumières, et devait se porter héritier pour la réclamer.

52. Il pouvait retrancher les donations, sans recours des créanciers contre lui, s'il prenait la précaution du bénéfice d'inventaire.

53. La même règle s'était établie pour l'héritier aux propres, quant au retranchement des donations pour sa réserve.

54. La légitime de droit était due distributivement et individuellement.

55. Le renonçant pouvait la retenir par exception. — Nov. 92. — Art. 307 de la Coutume de Paris. — Art. 34 de l'ordonnance de 1731. — Passage important de Ricard, pour la comparaison des deux droits.

48. J'arrive donc à l'introduction de la *légitime de droit* dans les Coutumes.

Ce n'est que lors de la réformation que quelques Coutumes, notamment la Coutume de Paris, insérèrent un article exprès sur la légitime des enfants. Cela ne veut pas dire que la légitime n'ait été connue en pays coutumier qu'en 1580. Non : le lecteur a vu plus haut, n° 25, par un passage de Beaumanoir, que, dans les Coutumes de Beauvoisis, on laissait, au XIII° siècle, à l'arbitraire du juge de fixer la somme à restituer par l'enfant trop avantagé qui voudrait s'abstenir pour ne pas rapporter. L'étude du droit romain se répandant, les magistrats, qui cherchaient une règle d'équité, crurent la trouver dans le droit de Justinien ; ils admirent donc, à côté des réserves (ou *légitime coutumière*) la *légitime de droit* telle qu'elle était fixée par le droit romain, et l'on sent qu'on n'avait recours à la légitime de droit que lorsqu'il n'y avait pas assez de *propres* pour que la légitime coutumière présentât un résultat plus avantageux.

49. J'ai parlé de la novelle 18, ci-dessus n° 7 : elle accordait à chaque enfant UN TIERS de la part qu'il aurait eue *ab intestat*, quand ils étaient au nombre d'un, de deux, de trois ou de quatre..... de sorte que l'enfant unique devait avoir le *tiers* de tous les biens ; celui qui avait un frère, le *sixième* ; celui qui en avait deux, le *neuvième* ; celui qui en avait trois, le *douzième*. Elle accordait à chacun LA MOITIÉ de sa part quand il y avait cinq enfants ou un plus grand nombre ; de sorte que, lorsqu'il y avait cinq enfants, chacun avait pour sa légitime un *dixième* ; s'il y en avait six, un *douzième*.... et la légitime, par une bizarrerie résultant des termes de la loi, produisait moins à chaque enfant quand ils n'étaient que quatre que lorsqu'ils étaient cinq.

Nos pères ont été frappés de cette bizarrerie, et l'ont évitée, lors de la réformation de 1580, par l'addition de l'art.

298 de la Coutume : « La légitime est la moitié de telle part
» et portion que chacun eût eue en la succession desdits
» père et mère, aïeul ou aïeule ou autres ascendants, si
» lesdits père et mère ou autres ascendants n'eussent dis-
» posé par donation entre vifs ou de dernière volonté, sur
» le tout déduit les dettes et frais funéraux. »

50. Sur cet article, qui est devenu le droit commun de
la France, je ferai les remarques suivantes :

Pour être écrite dans les Coutumes, et quoique le taux en
fût plus élevé qu'en droit romain, la légitime ainsi introduite n'en a pas moins été constamment regardée comme
légitime de droit, différente par sa nature et distincte par
ses règles des *réserves* ou *légitimes coutumières*.

La légitime coutumière ou réserve était le droit primitif
du pays. Donc, quand elle était suffisante, on n'avait pas à
recourir à ce droit d'origine étrangère : en conséquence,
quand l'enfant trouvait dans la succession, même aux
mains des donataires, des biens *réservés* excédant ceux
qu'il aurait pu obtenir par la légitime de droit, même
écrite dans la Coutume, cette légitime cessait. L'enfant ne
pouvait cumuler les deux légitimes.

La légitime de droit, même fixée par la Coutume, était
une légitime de grâce et de faveur, comme en droit romain ;
elle suivait donc en général les règles de la légitime du
droit romain.

51. Cependant, comme elle s'était glissée dans la Coutume sous l'influence des réserves coutumières, dont les enfants se trouvaient saisis de plein droit, et qu'on ne pouvait recueillir qu'en qualité d'héritier, on regardait, en
droit coutumier, l'enfant comme saisi de la légitime de

droit aussi bien que des réserves, et la règle générale était qu'il fallait être héritier pour demander la légitime de droit fixée par l'art. 298 de la Coutume de Paris et autres semblables.

52. Une conséquence directe de cette déviation du droit romain aurait dû être de faire regarder l'enfant légiti-maire comme tenu dans tous les cas, sur sa légitime même, des dettes de la succession, et cela ne faisait aucun doute pour les biens qui se trouvaient aux mains du défunt à l'époque du décès (« *sur le tout déduit les dettes et frais fu-néraux* », dit l'art. 298). Mais pourtant il en fut autrement des biens retranchés sur les donations entre vifs, quand l'enfant prenait la précaution de n'accepter la succession que sous bénéfice d'inventaire (RICARD, *Donations*, n° 984 et 986 ; LEBRUN, *Successions*, liv. 2, ch. 3, sect. 1, n° 10). La jurisprudence se fonda sur cette raison toute puissante d'é-quité : que les créanciers postérieurs à la donation retran-chée n'ont aucun sujet d'envier au légitimaire ce qu'il a ob-tenu des donataires, contre lesquels ils n'auraient pu eux-mêmes rien demander.

53. Cette raison d'équité influa même sur les réserves ou légitimes coutumières, comme je l'ai dit en quelques mots n° 40. « Régulièrement ce que l'héritier de la ligne retran-
» chait sur les donations entre vifs faites au delà de la per-
» mission de la Coutume aurait dû souffrir l'atteinte des
» créanciers ; cependant, dans les Coutumes qui soumet-
» tent les donations entre vifs à une réserve, l'héritier de
» ligne, en prenant la précaution du bénéfice d'inventaire,
» conserve les retranchements faits sur les donations en-
» tre vifs » (V. POTHIER, *Donations entre vifs*, sect. 3, art.

6, § 3) , sans en devoir compte à ceux qui n'ont acquis leurs droits que postérieurement à la donation, créanciers ou légataires. On s'était habitué à dire que ces choses retranchées ne faisaient pas partie de la succession, et l'on trouve dans les meilleurs auteurs, et sans correctif, ce motif de décider, si conforme à la loi en droit romain, si contraire à la loi en droit coutumier, où l'héritier était saisi de la réserve, même quant à la possession de droit; tandis qu'il était si facile de distinguer en disant que les choses données et retranchables n'étaient pas dans la succession à l'égard des créanciers et légataires. (V., ci-après, n°s 144 et suiv.)

64. La légitime de droit fixée par la Coutume était due à l'héritier distributivement et individuellement. Si l'un des héritiers bénéficiaires ne revendiquait pas sa légitime de droit, elle n'accroissait pas aux autres héritiers.

Cette doctrine, contraire au mode général de l'exercice des réserves coutumières, n'en était pas moins certaine. Dès que la légitime de droit pour les enfants était empruntée au droit romain, il était conséquent qu'elle en suivît les règles; et, d'un autre côté, les textes coutumiers étaient précis et distributifs : « moitié de telle part et portion » que chacun eût eue.... » (art. 298).

65. Puisqu'il fallait être héritier pour réclamer la légitime de l'art. 298 , l'enfant qui n'avait pas reçu sa légitime, et qui renonçait à la succession, ne pouvait demander sa légitime à personne, ni aux légataires, ni aux donataires, ni aux héritiers.

Mais l'enfant qui s'abstenait de l'hérédité, et qui avait reçu une donation excessive, avait, comme nous l'avons vu n°s 22 et suiv., la faculté de retenir sur sa donation, non seulement ce qui aurait pu être donné à un étranger, mais encore sa propre légitime. Outre que c'était une imitation du droit romain (*), c'était une conséquence de ce que cette légitime était individuelle; c'était une conséquence directe de l'art. 307, formant coutume nouvelle et conférant le droit de retenir par voie d'exception « *la légitime réservée aux autres.* »

Enfin, l'ordonnance de 1731 en avait un texte formel dans son art. 34, lequel s'appliquait à la légitime de droit, tant en pays de droit écrit que dans les pays coutumiers (**). Mais on ne l'a jamais appliqué aux réserves coutumières.

(*) « Licet autem ei qui largitatem meruit abstinere ab hæredi-
» tate, dummodo suppleat ex donatione, si opus sit, cæterorum por-
» tionem. » (*Nov.* 92.)

(**) Voici cet art. 34 de l'ordonnance des donations.

« Si les biens que le donateur aura laissés en mourant sans en
» avoir disposé, ou sans l'avoir fait autrement que par des dispositions
» de dernière volonté, ne suffisent pas pour fournir la légitime aux
» enfants, eu égard à la totalité des biens compris dans les donations
» entre vifs par lui faites, et de ceux qui n'y sont pas renfermées, la-
» dite légitime sera prise premièrement sur la dernière donation et
» subsidiairement sur les autres, et en remontant des premières aux
» dernières; *et en cas qu'un ou plusieurs des donataires soient du
» nombre des enfants du donateur qui auraient eu droit de deman-
» der leur légitime sans la donation qui leur a été faite,* ils ne
» tiendront *les biens à eux donnés* jusqu'à concurrence *de la valeur
» de leur légitime, et ils ne seront tenus de la légitime des autres
» que pour l'excédant.* »

Ainsi, on aperçoit clairement que, d'après l'histoire du droit, le droit de rétention de la *légitime* par l'enfant renonçant était certain en France ; que ce droit n'existait pas pour l'héritier qui n'agissait qu'en vertu des *réserves coutumières ;* et que cette différence naissait de la différence caractéristique des deux institutions.

Je terminerai cette partie par un passage de Ricard qui démontre bien ma pensée : il ne parle que de legs, parce que Ricard écrivait sous la Coutume de Paris, qui permettait la donation entre vifs de tous les biens propres, meubles et acquêts, et ne faisait de réserves que pour les donations testamentaires.

L'auteur pose ainsi la question : « Si le legs sujet à re-
» tranchement, aux termes de nos Coutumes, en consé-
» quence de ce qu'il excède (par exemple) les meubles et
» acquêts et le quint des propres dont elles permettent de
» disposer, est fait en faveur de l'un des présomptifs héri-
» tiers des propres, celui-ci a-t-il le droit de *retenir* non
» seulement ce dont le testateur avait la liberté de dispo-
» ser au profit de toutes personnes indifféremment, mais
» aussi la part qui est destinée par la Coutume dans les
» quatre quints sujets à récompense ? »

« Si nous consultons l'usage, nous trouverons qu'il est
» absolument contraire, pour notre question, à ce qui
» s'observe dans l'espèce de la légitime ; et lorsque l'un
» des habiles à succéder a été fait légataire universel, ou
» d'une certaine espèce de biens, il abandonne à *ceux qui*
» *acceptent* la succession SA PART dans les quatre quints des
» propres, quoique les termes de la disposition faite en sa
» faveur puissent s'y étendre. » — Puis, pour répondre
à l'usage, Ricard allègue les arguments ordinaires, « qu'il
» n'est pas nouveau en droit de faire réussir par le moyen

» de l'exception ce qu'on n'aurait pu entreprendre par
» voie d'action ; que les héritiers n'ont pas à se plaindre si
» le testateur leur a conservé les portions qu'ils auraient
» eues si l'autre héritier fût venu à la succession, etc.,
» etc. » Or, voici la réfutation de ce grand jurisconsulte :

« Quoique ces raisons soient apparentes, je crois néan-
» moins qu'il s'en faut tenir à l'usage, et qu'il est facile de
» concilier la différence qui s'y rencontre à l'égard du par-
» tage de la légitime et celui des quatre quints des propres,
» si l'on considère que la légitime nous a été transmise du
» droit civil, et que nous n'avons pas d'autres principes
» pour la régler que les maximes du même droit, qui n'a
» pas reconnu l'incompatibilité des qualités d'héritier et de
» prélégataire ; mais pour ce qui est du retranchement des
» quatre quints des propres, ou d'une autre qualité de
» biens du testateur, en faveur des héritiers du sang, il
» est purement de l'invention du droit français, aussi bien
» que l'incompatibilité des deux qualités ; tellement qu'il
» n'y a point lieu de s'étonner si, en expliquant et prati-
» quant nos coutumes, nous en avons suivi absolument
» l'esprit et établi un usage qui n'est point contesté, et
» duquel nous ne devons pas nous départir, que *celui qui*
» *n'est pas actuellement héritier* ne doit point prendre part
» dans les quatre quints des propres, *soit par droit de ré-*
» *tention, soit autrement,* — nos coutumes ne donnant en
» effet ce droit *qu'à ceux qui portent le titre d'héritiers* ; ce
» qui ne convient pas à un légataire qui renonce à la succes-
» sion à laquelle il était appelé pour conserver la disposi-
» tion faite en sa faveur. » (Ricard, *Donations*, part. 3,
nº 1460 à 1463.) Et ce qu'il dit au nº 1468, pour le cas où
la prohibition des Coutumes porte sur les donations entre
vifs des propres ou autres qualités de biens, est con-

cordant avec ce qu'il vient de dire en cas de legs excessif.

L'on voit d'après tout cela que la grande, la vraie question de cette étude, est de savoir si les auteurs du Code civil ont voulu prendre pour base de la législation la *réserve* proprement dite, ou la *légitime* de droit.

DEUXIÈME PARTIE.

LÉGISLATION INTERMÉDIAIRE
ET TRAVAUX PRÉPARATOIRES DU CODE CIVIL.

—

CHAPITRE I.

Jusqu'à la loi du 17 nivôse an II.

SOMMAIRE.

56. Changement de législation. Abolition des partages inégaux en raison de la qualité des biens et des personnes.

57. Egalité des partages. Abolition même entre roturiers des distinctions d'âge et de sexe dans les successions; abolition des exclusions coutumières, et des dévolutions aux enfants d'un premier mariage.

58. Abolition des substitutions, et de la faculté de disposer en ligne directe.

59. Lois du 5 brumaire et du 17 nivôse an II.—Egalité des partages. — Etablissement d'une faible portion disponible au profit des étrangers. — Abolition des lois, coutumes, usages et statuts relatifs à la transmission des biens par succession ou à titre gratuit. — Règles uniformes du droit de succession.

60. Esprit de la loi du 17 nivôse an II. — Cette loi exagère les Coutumes d'égalité parfaite.

61. Si les donations en avancement étaient nulles quand l'égalité n'était pas rompue.

62. Si, sous la loi de nivôse, les créanciers pouvaient demander le rapport et en profiter.

63. Si le renonçant pouvait retenir sa part héréditaire.

64. Quels étaient les effets des donations faites aux enfants.

65. L'avancement d'hoirie exprimé était regardé comme stipulation de retour.

66. Le système des successions et des dispositions à titre gratuit changea complétement à la chute de la monarchie.

Plus complétement qu'on ne le croit communément. Il semble à beaucoup que, lors de la discussion du Code civil, on n'avait, sur la matière, qu'à choisir entre les lois du pays coutumier et les lois du pays de droit écrit, comme dans les autres matières. Cela n'est pas : il y avait eu intermédiairement une législation complète ; et lors de la discussion du Code civil il s'agissait de modifier, non pas les Coutumes, non pas le droit écrit, sur les successions et les donations, mais la loi du 17 nivôse an II.

Tous priviléges, toute féodalité et nobilité des biens ayant été détruits, la conséquence naturelle était l'abolition tant des droits d'aînesse et de masculinité à l'égard des fiefs, domaines et aleux nobles, que des partages inégaux à raison de la qualité des personnes. Cette abolition fut prononcée par le décret du 15 mars 1790, sanctionné le 28 : en conséquence, toutes les successions, tant directes que collatérales, tant mobilières qu'immobilières, ont dû dès lors, sans égard à l'ancienne qualité noble des biens et des personnes, être partagées entre les héritiers suivant les lois, statuts et coutumes qui réglaient les partages entre les citoyens non privilégiés, et toutes lois et coutumes à ce contraires ont été en même temps abrogées et détruites.

67. Il ne s'agissait encore que de la noblesse des personnes, et de la nobilité des biens. L'œuvre se poursuivit contre les

distinctions en roture. «*Toute inégalité* résultant ci-devant,
entre héritiers *ab intestat*, des qualités d'aînés ou puînés,
de la distinction des sexes ou des exclusions coutumières,
soit en ligne directe, soit en ligne collatérale, fut abolie ;
tous héritiers en égal degré durent succéder *par portion
égale* aux biens qui leur étaient déférés par la loi ; le partage devait se faire de même *par portions égales* dans chaque souche, dans les cas ou la représentation était admise,
et la représentation fut ordonnée à l'infini en ligne directe
descendante dans toutes les Coutumes et pour toute espèce de biens; les dispositions des Coutumes ou statuts qui
excluaient les filles ou leurs descendants du droit de succéder avec les mâles ou descendants des mâles furent abrogées, ainsi que les dispositions coutumières qui, dans le
partage des biens, tant meubles qu'immeubles, établissaient des différences entre les enfants nés de divers mariages. (*Décret du 8 avril 1791, sanctionné le 14, art. 1 et 2.*)

58. Il y avait encore deux obstacles au nivellement désiré : les substitutions et le droit de donner par testament
ou entre vifs ; ils furent bientôt aplanis. Les décrets *des
25 octobre et 14 novembre 1792* prohibèrent les substitutions à l'avenir, abolirent et déclarèrent sans effet les substitutions non ouvertes à l'époque de la publication des décrets, et dispensèrent de restitution ceux qui auraient alors
recueilli l'effet des substitutions; puis le décret *du 7 mars
1793* abolit entre les mains du père de famille le droit de
disposer en faveur d'un de ses enfants : « La Convention
» nationale décrète que la faculté de disposer de ses biens,
» soit à cause de mort, soit entre vifs, soit par donation
» contractuelle EN LIGNE DIRECTE, est abolie ; en conséquen-
» ce, que *tous les descendants* auront *un droit égal* sur le

» partage des biens *de leurs ascendants*»; et en même temps elle renvoyait d'autres propositions à son comité de législation pour lui en faire rapport, notamment pour lui présenter un projet de loi sur les enfants APPELÉS naturels, qui se termina par la loi du 12 brumaire an II, leur accordant les mêmes droits de successibilité qu'aux autres enfants.

59. L'ouvrage était donc accompli par parties dès le décret du 7 mars 1793; un autre décret, du 5 brumaire an II, vint lui imprimer un caractère monstrueux en restreignant la faculté de disposer à titre gratuit au sixième des biens si l'on n'avait pas d'enfants, au dixième si l'on en avait, et en faisant rétroagir au 14 juillet 1789 toutes les dispositions des lois nouvelles.

Tel était l'état de la législation lors de la célèbre loi du 17 nivôse an II, qui n'a été que la *codification* du système nouveau établi par étapes depuis 1789. Je ne parlerai pas, en l'analysant, de son effet rétroactif, emprunté à la loi du 5 brumaire an II, parce qu'il a été rapporté par les lois des 9 fructidor an III et 3 vendémiaire an IV.

Le premier principe qu'elle pose pour les successions *qui s'ouvriront à l'avenir*, c'est qu'elles seront partagées *également* entre les enfants, descendants ou héritiers en ligne collatérale, nonobstant toutes lois, coutumes, donations, testaments et partages déjà faits; qu'en conséquence, les enfants, descendants et héritiers en ligne collatérale, ne pourront, *même en renonçant à ces successions*, se dispenser de rapporter *ce qu'ils en auront eu* à titre gratuit (art. 9).

Le mariage d'un des héritiers présomptifs, soit en ligne directe, soit en ligne collatérale, ni les dispositions contractuelles faites en le mariant, ne pourront lui être opposées pour l'exclure du partage égal, à la charge par lui de rapporter ce qui lui aura été donné ou payé lors de son mariage (art. 11).

Les avantages entre époux obtiendront leurs effets, soit qu'ils résultent des dispositions matrimoniales, soit qu'ils proviennent d'institutions, dons entre vifs ou legs faits par un mari à sa femme ou par une femme à son mari, sauf néanmoins leur conversion ou réduction en usufruit de moitié, dans le cas où il y aurait des enfants (art. 14).

Les dispositions générales de cette loi ne font point obstacle pour l'avenir à la faculté de disposer du DIXIÈME de son bien (*si l'on a des héritiers* EN LIGNE DIRECTE), ou du SIXIÈME (*si l'on n'a que des* HÉRITIERS COLLATÉRAUX) , au profit d'autres *que des personnes appelées* par la loi *au partage* des successions (art. 16).

Toutes lois, coutumes, usages et statuts relatifs à la transmission des biens par succession ou à titre gratuit, sont déclarés abolis, sauf à procéder au partage des successions à venir, selon les règles que la loi va établir (art. 61).

La loi ne reconnaît aucune différence dans la nature des biens ou dans leur origine pour en régler la transmission (art. 62, V. l'art. 732 du Code civil).

Il y a trois espèces de successions pour les parents : descendants, ascendants ou collatéraux (art. 63. V. le Code civil, ch. 3, sect. 3, 4 et 5).

Les enfants succèdent *également* (art. 64. V. C. civ., art. 745); Les petits-enfants viennent par représentation (art. 65 à 68).

Les père et mère ne viennent à la succession de leurs enfants qu'à défaut de frères, sœurs ou neveux du défunt; les autres ascendants n'héritent que s'il n'y a pas de collatéraux descendant d'eux ou d'autres ascendants du même degré, et succèdent toujours par tête; et pourtant les biens qu'ils ont donnés sans stipulation expresse de retour ne leur reviennent pas en cas de prédécès de l'enfant (art. 69 à 74). Les collatéraux succèdent dans tous les autres cas; la représentation a lieu à l'infini dans la ligne collatérale. La succession se divise en autant de parties qu'il y a de branches appelées à la recueillir, et la subdivision se fait de la même manière entre ceux qui sont appelés à recueillir la part d'une branche (art. 75 à 90).

60. Tel est en abrégé cette loi trop fameuse; et si l'on est entré ici dans le détail de son système, c'est pour bien faire connaître l'esprit qui la domine : Division des fortunes à l'infini par les moyens les plus sûrs et les plus rapides; destruction complète des donations dans la famille; destruction de la puissance paternelle, dépouillée du droit de récompense.

C'est sous ce dernier rapport que nous avons à examiner la loi.

Une conséquence de son système général, et surtout de l'art. 61, c'est que les lois romaines sont abrogées en ce qui concerne la légitime; que les Coutumes le sont pareillement, tant en ce qui concerne la légitime de droit que sous le rapport des légitimes coutumières ou réserves, tiers coutumier, douaire propre aux enfants, dévolutions, droit de retour légal des ascendants, et partages inégaux : car les légitimes, les réserves, les dévolutions, sont des modes de transmission des biens par succession ou à titre gratuit.

Parmi les divers modes législatifs de conserver des biens pour les héritiers présomptifs, la loi du 17 nivôse a préféré la voie des réserves à celle de la légitime; elle ordonne à chacun, par l'art. 16, de réserver neuf dixièmes de son bien à ses enfants, cinq sixièmes seulement à ses collatéraux ; elle crée donc une portion disponible d'un dixième dans un cas, d'un sixième dans un autre, et une portion dont on ne peut disposer, ou *Réserve*.

Elle adoptait la doctrine des Coutumes d'égalité parfaite ; elle était même plus rigoureuse, en ce qu'elle conservait les droits des collatéraux à l'infini et qu'elle imitait ces Coutumes jusque dans leur plus dure interprétation. Elle défendait de donner aux enfants ou autres successibles : car, si le droit de donner entre vifs a toujours été chez nous un droit réglé par la loi civile, on pouvait conclure que la déclaration portée en l'art. 16 : « La loi ne fait pas obstacle à la faculté de disposer du dixième ou du sixième au profit de personnes autres que celles appelées par la loi au partage des successions », entraînait cette conséquence : que la même loi faisait obstacle à la faculté de disposer même du dixième au profit d'un enfant, puisqu'un enfant était toujours une personne appelée par la loi à la succession du père donateur.

Il suffisait aussi de cet article 16 et de l'art. 64, qui ordonnent le partage égal, pour soumettre au rapport des donations l'enfant même renonçant. Si l'art. 9 s'exprima sur ce point, c'est parce qu'il avait à parler tant de l'avenir que des donations faites par le passé. Il eût été inutile si l'on n'eût pas voulu régler l'effet rétroactif de la loi.

61. Beaucoup de personnes pensent que toute donation faite sous la loi de nivôse à l'enfant était nulle, comme défendue par la loi. Je ne le crois pas (*V. ci-dessus n*. 20, *à la note*), car l'expression de *nulle et non avenue* qui se rencontre souvent dans son texte me paraît se rapporter aux actes

faits avant sa publication. Comment dire que la donation du père à l'enfant était proscrite, quand l'art. 74 porte que les biens donnés par les ascendants à leurs descendants avec la stipulation de retour ne font pas partie de la succession du descendant décédé avant le donateur. La proscription du retour légal et coutumier que l'ascendant n'exerçait qu'à titre de succession, et la faculté de stipuler le retour conventionnel, prouvent que les père, mère et autres ascendants avaient, nonobstant la dureté de l'art. 16, le droit de donner à leurs enfants, mais à charge de rapport, dont le donateur ne pouvait dispenser par aucune clause, et dont le donataire ne pouvait se dispenser par aucune renonciation.

D'ailleurs, les art. 62 à 90 de la loi du 17 nivôse an II étaient textuellement extraits d'un projet de Code civil présenté à la Convention par Cambacérès, comme rapporteur du comité de législation, le 9 août 1793. Il est donc naturel de prendre ce projet comme interprétation de la loi du 17 nivôse, qui en était extraite. Or, si l'art. 24 du projet de Code civil portait : « Il n'est pas permis de donner, soit entre vifs, soit à cause de mort, à aucun de ses héritiers », l'art. 25 expliquait cette règle : « Les avantages faits par l'un des ascendants aux descendants.... ne sont pas compris en la précédente prohibition, attendu qu'ils sont sujets à rapport »; et l'art. 94 du projet portait : « L'héritier présomptif ne peut se dispenser du rapport en renonçant à la succession pour s'en tenir à son don, au préjudice de ses cohéritiers. »

En combinant tous ces éléments, il me semble que les donations étaient valables comme avancement d'hoirie, sauf rapport aux autres cohéritiers, car aucune loi n'a pu défendre aux pères d'établir leurs enfants. La loi défendait de donner à quelqu'un des héritiers, parce qu'elle voulait qu'ils fussent tous également apportionnés dans la même hérédité ; mais elle ne défendait pas de leur avancer une portion de cette hérédité.

62. Dans les idées du même projet de Code civil, les créanciers du défunt n'avaient pas plus que sous l'ancien droit l'action en rapport. « Le rapport, disait l'art. 95, ne peut néanmoins être exigé que par les cohéritiers, et non par les créanciers du défunt. »

Mais ce texte ne disait pas si le rapport une fois fait à *la succession* de ce qui avait été donné au préjudice des cohéritiers (*art.* 87 *du projet de* 1793) profitait ou ne profitait pas aux créanciers. Je suis porté à croire qu'il devait leur profiter, malgré les errements contraires de l'ancien droit en matière de réserves coutumières, parce que les successions devaient être ou acceptées ou répudiées, et que l'inventaire ne conférait qu'un droit, celui d'avoir toujours la faculté de renoncer à la succession. Pour jouir réellement du bénéfice d'inventaire quand la succession était insuffisante, il fallait le terminer par une renonciation à la succession : d'où il me semble suivre que tout ce qu'on avait fait rentrer dans la succession par les rapports appartenait à la masse. (*V. les art.* 78 *et suiv. du projet de* 1793.)

Seulement, il est certain, d'après cet art. 95 du projet de 1793, que, si tous les enfants renonçaient, les créanciers, agissant par un curateur à la succession vacante, n'avaient pas contre eux l'action en rapport ; ils ne l'avaient pas non plus contre l'enfant donataire renonçant. Ses frères seuls pouvaient l'exercer.

63. Une autre question plus ardue, c'est de savoir si

l'enfant donataire renonçant avait droit de rétention jusqu'à concurrence de sa part héréditaire sur le don qu'il
était tenu de rapporter. Beaucoup de jurisconsultes en
doutaient, parce que la loi imitait les réserves coutumières,
et que l'héritier de la ligne qui renonçait ne pouvait retenir les donations, qui accroissaient au corps même de la
succession.

On n'avait même pas la ressource d'examiner si l'enfant
avait reçu avec l'intention antérieure de préférer son don à
la part héréditaire : car la loi du 17 nivôse an II avait annulé les renonciations à succession, même par contrat de
mariage, faites du vivant du donateur ; et si elle ne
s'exprimait que sur les renonciations antérieures à la loi,
son esprit n'en était pas moins qu'on n'en pourrait pas faire
à l'avenir ; ce qu'exprimait clairement l'art. 84 du projet
de 1793 : « On ne peut renoncer à la succession d'un homme vivant, même par contrat de mariage. »

64. Ainsi, le droit établi par la loi de nivôse an II était
en résumé la législation des Coutumes d'égalité parfaite,
avec les idées conséquentes de Dumoulin, mais avec cette
différence qu'il n'y avait plus de distinction à faire entre
les avancements d'hoirie exprimés et les avancements
d'hoirie présumés : toute donation à l'enfant était nécessairement avancement d'hoirie.

65. Il est vrai que la jurisprudence a cherché à rétablir
cette distinction de Dumoulin ; mais c'était dans un autre
sens que ce jurisconsulte.

En abolissant toutes les lois sur la transmission des biens
par succession, la loi de nivôse avait détruit le retour légal établi par les Coutumes en faveur de l'ascendant dona-

teur, et son art. 74 regardait le retour conventionnel comme une clause licite dans le contrat de donation. La haine qu'inspira l'injuste abolition du retour légal fut si forte, que, toutes les fois qu'un ascendant avait exprimé donner en *à-compte sur sa succession future*, on disait que, sous une législation d'égalité parfaite, la qualification d'*avancement d'hoirie* ou la clause d'*à-compte sur la future succession* serait complètement inutile dans l'acte de donation, si elle n'avait pas un sens plus étendu que l'obligation de rapporter déjà exprimée par la loi ; qu'en conséquence, il fallait faire produire effet à ces termes; et qu'ils n'en pouvaient avoir d'autres que d'exprimer l'intention de ne donner qu'autant que l'enfant donataire recueillerait la succession du donateur; de ne pas donner s'il prédécédait et ne pouvait pas la recueillir. On trouva donc, dans ces clauses de l'acte l'expression d'une condition résolutoire en cas du prédécès du donataire sans enfants, équivalente à la clause de retour conventionnel, pour lequel la loi n'a établi ni formule ni termes sacramentels (*).

(*) V. arrêts de Rennes, 19 *floréal* an *IX* et de Rejet, sect. civ. 11 *brumaire* an *XI*. S. an XI, 1. 117; N. D. t. 5, p. 582; de Nîmes, 20 *août* 1808. S. 1810. 2. 563. N. D. t. 5, p. 583; Grenoble, 18 *mai* 1818, et Rejet, 10 *août* 1820. S. 1821. 1. 194. D. 1821. 1. 166. P. t. 2 de 1821, p. 289; Montpellier, 22 *juin* 1829, et Rejet, 28 *juin* 1831. S. 1831. 1. 294.

CHAPITRE II.

Jusqu'au projet de Code civil appelé projet Jacqueminot.

SOMMAIRE.

66. Projet *Cambacérès* du 22 fructidor an II. — Il établit nettement la doctrine de réductibilité.

67. Projet *Cambacérès* de messidor an IV. — Augmentation de la portion disponible au préjudice des collatéraux.

68. Continuation infructueuse de travaux préparatoires du Code civil jusqu'au projet *Jacqueminot* du 30 frimaire an VIII.

69. Textes de ce projet en ce qui concerne la *portion disponible*, et conférence avec le projet de la commission du gouvernement en l'an VIII, ou projet *Tronchet*.

70. Textes du même projet en ce qui concerne les *Successions*, et conférence avec le projet de la commission.

71. Comparaison des projets aux points de vue de la question principale de cette Étude.

66. Dans le second projet du Code civil présenté à la Convention le 23 fructidor an II, le système est le même que dans la loi de nivôse précédent; mais les idées sont mieux élaborées. Le projet procède toujours par portion disponible : « Celui qui n'a pas de parents *peut* donner » tout son bien (95). »—« On *ne peut* donner au delà du » *dixième* quand on a des parents en ligne directe, et du » *sixième* quand on n'a que des parents collatéraux (96). » Ce projet ne parle plus de nullité des donations excessives; il établit leur réductibilité : « Toute donation faite à autre » qu'un successible est réductible à la portion *dont la loi* » *permet de disposer* (97). » — « Les donations faites à des

» héritiers successibles sont aussi *réduites* à *la portion lé-*
» *gale* du donataire dans la succession du donateur (98).
» Celui qui est appelé à une succession doit rapporter
» les avantages, soit directs, soit indirects, qu'il a reçus du
» défunt (130). — Le rapport a lieu *entre cohéritiers*, sans
» qu'aucun d'eux puisse s'en dispenser en renonçant à la
» succession (131). »

67. Un troisième projet fut présenté au Conseil des Cinq
cents par M. Cambacérès au mois de messidor an IV, au
nom de la commission de la classification des lois. Il est fait
à peu près dans les mêmes vues que le précédent ; mais on
y reconnaît déjà que la faculté de disposer à l'égard des
étrangers avait été dérisoirement restreinte par la loi du
17 nivôse an II. Le projet nouveau en défendant de donner, au préjudice de ses héritiers en ligne directe, au delà
du *dixième* de ses biens, propose de permettre à ceux qui
n'ont que des parents collatéraux de disposer entre vifs de
la moitié de leurs biens en toute-propriété, des *deux tiers*
s'ils s'en réservent l'usufruit ; mais ils ne pourront disposer que *du tiers* seulement par donation à cause de
mort (').

68. Pendant les quatre années suivantes, il y eut encore
dans les Conseils des commissions chargées de préparer un

(') Extrait du 3ᵉ projet de Cambacérès :

Aʀᴛ. 541. Celui qui n'a pas de parents peut donner tous ses biens.

Aʀᴛ. 542. Nul ne peut donner entre vifs ou à cause de mort, au
préjudice de ses héritiers en ligne directe, que la dixième partie de ses
biens.

Aʀᴛ. 543. Celui qui n'a que des parents collatéraux peut disposer

Code civil ; mais le renouvellement des commissions, mais le désir de chacune de faire mieux que celle qui l'avait précédée, mais les difficultés de la matière, mais la mobilité même des idées, tout retardait l'instant du rapport. Une motion d'ordre du 8 prairial an VII demanda l'impression du projet présenté par Cambacérès en l'an IV, et celle des travaux faits en l'an VI par la commission ; le maintien des membres de la commission nommée en l'an VI, avec adjonction de quelques membres pour remplacer ceux qui étaient sortis du conseil, et la continuation régulière des travaux sur le projet de l'an IV et sur les observations que la commission y croirait devoir ajouter.

Survint le 18 brumaire en VIII. Le gouvernement changea de forme. Les deux Conseils nommèrent une commission dont l'un des objets fut de préparer un Code civil. La section de législation des Cinq-Cents, composée de MM. Jacqueminot, Girot-Puzzols, Gaudin, Bara, Thiessé, Cholet, Ludot et Villetard, de concert avec le ministre de la justice, choisit MM. Tronchet, Crassous et Vermeil, dont les deux premiers avaient été députés au Corps législatif, pour l'aider dans ce travail pénible, et, dans la séance du 30 frim. an VIII, M. Jacqueminot présenta au nom de la section les

---

par donation entre vifs de la moitié de ses biens, et du tiers seulement par donation à cause de mort....

Art. 545. Toute donation *qui excède la portion disponible* doit être réduite à cette portion.

Art. 643.... Le rapport a lieu sans qu'aucun des cohéritiers puisse s'en dispenser, même en renonçant à la succession.

Art. 644 Le rapport ne peut être exigé par les créanciers du défunt.

projets de différents titres du Code, notamment le titre *Des Donations entre vifs et à cause de mort*, et le titre *Des Successions* (*).

C'est ce projet qu'on appelle ordinairement le projet *Jacqueminot*.

Dans ce projet on a procédé évidemment, comme dans la loi du 17 nivôse et dans les trois projets de *Cambacérès*, par l'établissement d'une portion disponible, et non par l'établissement d'un droit de légitime ; mais la réserve ne s'étend plus à tous les parents indéfiniment, elle est graduée selon leur qualité ; de plus, le projet permet de donner la quotité disponible aux successibles par préciput exprimé, et, au titre *Des Successions*, le projet s'exprimait discrètement sur ce que l'héritier renonçant pourrait retenir.

69. Il n'est donc pas inutile de mettre ici sous les yeux du lecteur ces textes du projet *Jacqueminot*. Comme on cherche ici de bonne foi le sens du Code civil, on doit s'imposer l'obligation d'examiner en détail les termes et l'esprit des projets successifs, comme tout ce qui s'est passé lors de la discussion du Code civil. Tous ces documents me paraissent être les pièces du grand procès que j'instruis par écrit.

(*) Ce travail est d'autant plus remarquable, qu'il a passé presque entier dans le projet de la Commission nommée le 24 thermidor suivant, composée de MM. Tronchet, président du tribunal de cassation, Bigot-Préameneu, commissaire du gouvernement près ce tribunal, et Portalis, commissaire au conseil des prises, aux conférences desquels serait appelé M. Malleville, membre du tribunal de cassation, pour remplir les fonctions de secrétaire rédacteur.

EXTRAITS DU PROJET JACQUEMINOT.

.....TITRE DES DONATIONS.

Section II. — *De la portion de biens dont il est permis de disposer, et de la réduction en cas d'excès.*

§ 1. — DE LA PORTION DISPONIBLE.

Art. 16. « Les donations, soit entre vifs, soit à cause de mort, ne peuvent excéder le *quart* des biens du donateur s'il laisse à son décès des enfants ou descendants, la *moitié* s'il laisse des ascendants ou des frères et sœurs, les *trois quarts* s'il laisse des oncles ou grands-oncles ou des cousins-germains.

« A défaut de parents dans les degrés ci-dessus exprimés, les donations peuvent épuiser la totalité des biens du donateur. »

(Cet article a passé dans le projet de la commission de l'an VIII, *liv.* 3, *tit.* 9, *ch.* 2, *art.* 16, avec cette modification : « la moitié s'il laisse des ascendants ou » des frères et sœurs, les trois quarts s'il laisse des neveux ou nièces, enfants » au premier degré d'un frère ou d'une sœur. »)

Art. 18. « La donation de la quotité disponible peut être faite en tout ou en partie, même en faveur des enfants et autres successibles du donateur. »

Art. 19. « Cette donation n'est pas rapportable par le donataire venant à succession, pourvu qu'elle ait été faite expressément à titre de préciput et hors part. »

(Les art. 18 et 19 du projet du gouvernement sont les mêmes. Ils ont concouru à former l'art. 919 du Code civil. On n'y trouve pas l'expression de la faculté de faire un préciput après coup.)

§ 2. — DE LA RÉDUCTION DES DONATIONS, DE LA MANIÈRE DONT ELLE S'OPÈRE ET DE SES EFFETS.

Art. 20. « Toute disposition, soit entre vifs, soit à cause

de mort, qui excède la quotité disponible, n'est pas nulle, mais seulement réductible à cette quotité. »

(Semblable au projet du gouvernement. V. l'art. 920 du Code civil.)

Art. 21. « La donation entre vifs conserve tout son effet pendant la vie du donateur. »

(Semblable au projet du gouvernement. Supprimé au Code civil.)

Art. 22. « Au décès du donateur, la réduction de la donation, soit entre vifs, soit à cause de mort, ne peut être demandée que par ceux des héritiers venant à succession au profit desquels la loi a restreint la faculté de disposer. »

(V. l'art. 921 du Code civil.

L'art. 22 du projet du gouvernement de l'an VIII a essayé de prévoir toutes les opérations auxquelles donnerait lieu son système compliqué de réserves. En voici le texte :

« Au décès du donateur, la réduction de la donation, soit entre vifs, soit à
» cause de mort, ne peut être demandée que par ceux des héritiers venant à
» succession au profit desquels la loi a restreint la faculté de disposer, et que
» proportionnellement à la part qu'ils recueillent dans la succession.

» Ainsi les créanciers, donataires et légataires du défunt, ne peuvent deman-
» der cette réduction.

» Dans le cas où la loi partage la succession par moitié entre les deux lignes
» paternelle et maternelle, la réduction n'a lieu que pour la moitié de la quo-
» tité fixée par la loi, s'il n'y a que l'une des deux lignes dans laquelle il se
» trouve des héritiers ayant la qualité à laquelle la loi attache le droit de de-
» mander la réduction.

» Si, dans l'une ou l'autre ligne, ou dans chacune de ces lignes, il y a plu-
» sieurs héritiers dont les uns aient et les autres n'aient pas le droit de deman-
» der la réduction, elle n'a lieu qu'au profit de ceux à qui la loi accorde ce
» droit, et ceux-ci ne peuvent la demander que proportionnellement à la part
» qu'ils prennent dans la succession. Si, par exemple, il se trouve dans la mê-
» me ligne un oncle du défunt et un neveu de ce même défunt qui concourent
» comme étant en égal degré, la réduction ne pourra être demandée que par le
» neveu; et sa portion héréditaire n'étant que du quart au total de la succes-
» sion, ou de trois douzièmes, il ne pourra demander la réduction que pour les
» trois douzièmes de la quotité à laquelle la donation est réductible au profit
» des neveux.

» Dans le cas où, suivant les art. 48 et 50 du même titre *Des Successions*, les
» frères ou sœurs consanguins ou utérins, concourant avec des frères germains,

« ne partagent que dans la portion attribuée à leur ligne, la réduction de la
» donation se partage entre eux dans la proportion de leurs portions hérédi-
» taires. »

Art. 23. « Pour déterminer la réduction dont peuvent être susceptibles les donations, soit entre vifs, soit à cause de mort, on forme une masse de tous les biens existants au décès du donateur; on y réunit fictivement toutes les donations faites entre vifs, d'après l'état des biens donnés à l'époque de la donation, et d'après leur valeur à l'époque du décès du donateur; on fait déduction de toutes les dettes; et, comparativement à la valeur du patrimoine net du défunt, on vérifie, eu égard à la qualité des héritiers qu'il laisse, quelle est la portion dont il a pu disposer. »

(Cet article a passé entièrement dans l'art. 23 du projet du gouvernement de l'an VIII. Il est devenu, après quelques modifications de style, l'art. 922 du Code civil.)

Art. 24. « Il n'y a jamais lieu à réduire les donations entre vifs qu'après avoir épuisé les donations à cause de mort. »

(Passé dans l'art. 24 du projet du gouvernement. C'est, au Code civil, la première partie de l'art. 923.)

Art. 25. « S'il est reconnu que la valeur des donations entre vifs excède la quotité disponible, toutes les donations à cause de mort sont caduques, et celles entre vifs sont réduites, en commençant par la dernière jusqu'à ce qu'elle soit épuisée, et ainsi de suite, en remontant des dernières aux plus anciennes.

» Si la donation qui se trouve dans le cas d'être réduite a été faite à l'un des successibles, celui-ci est autorisé à retenir sur les biens donnés la valeur de la portion qui lui appartiendrait comme héritier dans les biens indisponibles. »

(Entièrement pareil dans l'art. 25 du projet du gouvernement. Cet article a formé les art. 923 et 924 du Code civil.)

70. .....DU TITRE DES SUCCESSIONS.

(Placé dans le projet de la commission du gouvernement comme le titre Ier du liv. III.)

CHAPITRE Ier, SECTION II. — *De la saisine légale des héritiers.*

Art. 12. « La loi seule défère les successions ; elle règle l'ordre de succéder entre ceux qui doivent les recueillir, et y appelle successivement, au défaut les uns des autres :

1° Les héritiers du sang,

2° L'époux survivant,

3° La République. »

Art. 13. « A l'instant même de l'ouverture des successions, les héritiers du sang sont saisis de plein droit de tous les biens, droits et actions du défunt, et ils sont tenus de toutes les charges de la succession. »

Art. 14. « Cette saisine légale n'est pas accordée à l'époux survivant, ni à la République ; ils doivent se faire envoyer en possession des biens de la succession par la justice et dans les formes qui seront déterminées ci-après. »

(Art. 12, 13 et 14 du projet de la commission, entièrement semblables. Ils ont produit les art. 723, 724 et 770 du Code civil.)

CHAPITRE III. — *Des divers ordres de succession.*

Art. 28. « Il y a trois espèces de succession pour les parents : la succession qui échoit aux descendants, celle qui échoit aux ascendants, et celle à laquelle sont appelés les parents collatéraux. »

Art. 29. « La loi ne considère ni la nature ni l'origine des biens pour en régler la succession.

» Néanmoins, toute succession échue à des ascendants ou à des collatéraux se divise en deux parties égales : l'une pour les parents de la ligne paternelle, l'autre pour les parents de la ligne maternelle, sauf les deux cas énoncés aux art. 45 et 50 ci-après. »

(Projet du gouvernement, art. 26 et 27; art. 731 et 732 du Code civil.)

SECTION II. — *De la succession des descendants.*

Art. 42. « Les enfants légitimes ou leurs ascendants succèdent à leurs pères et mères, aïeuls, aïeules ou autres ascendants, sans distinction entre eux de sexe ni de primogéniture.

» Ils leur succèdent par égales portions, et par tête ou par souche, lorsqu'ils viennent par représentation, et ce encore qu'ils soient issus de différents mariages. »

(Art. 39 du projet du gouvernement, conforme à l'art. 745 du Code civil.)

CHAPITRE V. — *De l'acceptation et de la répudiation des successions.*

SECTION I. — *De l'acceptation.*

Art. 77. « Nul n'est tenu d'accepter la succession qui lui est échue. »

(Art. 79 du projet du gouvernement, art. 775 du Code civil.)

Art. 84. « La donation, vente ou transport fait par l'un des héritiers à tous ou à quelques uns de ses cohéritiers, emporte acceptation de la succession.

» Il en est de même : 1° de la renonciation, quoique gratuite, que fait l'héritier au profit d'un seul de ses cohéritiers;

» 2° De la renonciation qu'il fait, même au profit de tous ses cohéritiers indistinctement, lorsqu'il reçoit un prix pour sa renonciation. »

(Art. 86 du projet du gouvernement; art. 780 du Code civil, qui y a ajouté la renonciation au profit d'un étranger.)

Section II. — *De la renonciation aux successions.*

Art. 88. « L'héritier qui renonce purement et simplement est censé n'avoir jamais été héritier. »

Art. 89. « La part du renonçant accroît à celui ou à ceux qui devaient concourir avec lui, et, s'il est seul, elle est dévolue au degré subséquent. »

Art. 90. « On ne vient jamais par représentation de l'héritier du renonçant. »

Mais si le renonçant est seul héritier dans sa ligne, ou si tous les cohéritiers égaux en degré renoncent, leurs enfants viennent de leur chef remplacer ceux dont la renonciation fait vaquer le degré.

(Mieux rédigés dans le projet de la commission du gouvernement, où l'art. 90 correspond à 88, l'art. 91 à 89, l'art. 92 à 90.

— 90. « L'héritier qui renonce est censé n'avoir jamais été héritier », devenu l'art. 785 du Code civil.

— 91. « La part du renonçant accroît à celui ou à ceux qui devaient concou- » rir avec lui ; et, s'il est seul, elle est dévolue au degré subséquent », devenu l'art. 786 du Code, qui porte par laconisme : accroît à ses cohéritiers.

— 92. Il est, dans le projet de la commission du gouvernement, semblable à l'art. 90 du projet Jacqueminot. — L'art. 787 du Code civil l'a bien peu modifié et offre le même sens.)

Art. 95. « On ne peut, même par contrat de mariage, renoncer à la succession d'un homme vivant, ni aliéner les droits éventuels qu'on peut y avoir. »

(97 du projet de la commission de l'an VIII, et 791 du Code civil.)

CHAPITRE VI. — *Du partage et des rapports.*

Section II. — *Des rapports.*

Art. 151. « Tout héritier venant à la succession doit rapporter tout ce qu'il a reçu du défunt par donation entre vifs, directement ou indirectement, et ne peut réclamer le

legs à lui fait par le défunt , à moins que ces dons ou legs
ne lui aient été faits expressément par préciput et hors part,
ou avec dispense de rapport ».

(157 du projet de la commission du gouvernement. **V.** l'art. 843 du Code civil.)

Art. 152. « Dans le cas même où le don et le legs ont été
faits avec dispense du rapport, l'héritier qui vient à partage ne peut les retenir que jusqu'à concurrence de la quotité disponible ; ce qui excède cette quotité est toujours sujet au rapport. »

(158 du projet de la commission du gouvernement. **V.** l'art. 844 du Code civil.)

Art. 153. « Les dispositions des deux articles précédents
ont lieu en toute succession, directe ou collatérale, la loi
établissant la même égalité entre tous les héritiers quelconques qui viennent au partage d'une même succession. »

(Devenu l'art. 159 du projet de la commission du gouvernement. Non reproduit au Code civil, quoique le droit y soit incontestablement le même.)

Art. 154. « L'héritier présomptif qui renonce à la succession peut retenir le don entre vifs, ou réclamer le legs à
lui fait, ainsi qu'un étranger pourrait le faire, jusqu'à concurrence de la portion disponible. »

(Textuellement le même, art. 160 du projet du gouvernement. **V.** l'art. 845
du Code civil.)

---

71. Quelques mots de comparaison sur les projets.

Les projets *Cambacérès* ont cela de nmun avec le projet *Jacqueminot*, qu'aucun n'établit de *légitime de droit*. Ils
procèdent par l'établissement d'une *portion disponible*, et,
par la raison des contraires, ils établissent en même temps
une réserve ou portion dont il n'est pas permis de disposer
efficacement au préjudice des héritiers.

Mais quant au droit de disposer au profit des héritiers,

le projet *Jacqueminot* n'est pas conçu dans le même esprit que les projets Cambacérés.

Il y avait quatre partis à prendre à l'égard des dons faits aux enfants :

1° Rendre impossible toute renonciation calculée, en ordonnant le rapport ou la restitution, même en cas de répudiation de la succession : c'était le système de la loi de nivôse.

2° Réduire, en cas de renonciation, la donation à une portion égale à celle de chaque héritier acceptant ; système plus doux et conforme à l'égalité entre frères, de sorte qu'alors l'enfant qui se serait abstenu de la succession aurait pu retenir le don *jusqu'à concurrence de sa portion héréditaire*, en se considérant suffisamment pourvu à l'avance. C'était, selon moi du moins, l'esprit des projets Cambacérés.

3° Permettre à l'enfant donataire renonçant d'examiner s'il valait mieux pour lui être considéré dans la succession comme étranger donataire que comme enfant héritier : c'est ce qu'a fait le projet Jacqueminot, en lui donnant le droit de retenir, en renonçant, le don *jusqu'à concurrence de la portion disponible*, ainsi qu'un étranger pourrait le faire.

4° Permettre à l'enfant renonçant de retenir le don jusqu'à concurrence à la fois de sa portion héréditaire et de la portion disponible. Mais il est impossible que personne attribue ce sens au projet Jacqueminot.

Enfin, le projet de la commission du gouvernement est conçu dans le même esprit que le projet Jacqueminot, dont il n'est que la copie.

CHAPITRE III.

De la loi provisoire du 4 germinal an VIII.

SOMMAIRE.

72. Causes qui ont nécessité cette loi provisoire. Texte de la loi.

73. Elle n'accordait pas à l'enfant donataire renonçant le droit de cumuler la réserve et la portion disponible. Il ne pouvait que retenir la portion disponible.

72. Les travaux nécessaires à la confection d'un Code civil devaient encore demander du temps, et les changements apportés au mécanisme constitutionnel empêchèrent l'examen et la discussion du projet *Jacqueminot.*

Néanmoins la faculté de disposer ne pouvait pas rester garrottée dans les chaînes étroites imposées par la loi du 17 nivôse an II.

Une réserve indéfinie au profit des parents éloignés, fussent-ils au trentième degré, était contraire aux sentiments de tous.

Et la puissance paternelle détruite réclamait que le père eût le pouvoir de déroger à l'égalité des partages entre ses enfants, afin de récompenser les services et l'affection, et réparer les malheurs immérités.

D'ailleurs, il était constant que la loi de nivôse était éludée par une foule de transactions, et que, pendant qu'elle a régné en France, les fraudes de toute nature se sont multipliées pour la violer.

Le gouvernement crut donc devoir proposer une loi provisoire concernant les libéralités par acte entre vifs ou de dernière volonté.

LOI DU 4 GERMINAL AN VIII.

Art. 1. A compter de la publication de la présente loi, toutes libéralités qui seront faites, soit par actes entre vifs, soit par actes de dernière volonté, dans les formes légales, seront valables lorsqu'elles n'excéderont pas le quart des biens du disposant, s'il laisse à son décès moins de quatre enfants; le cinquième, s'il laisse quatre enfants; le sixième, s'il en laisse cinq, et ainsi de suite, en comptant toujours, pour déterminer la portion disponible, le nombre des enfants, plus un.

Art. 2. Sont comptés, dans l'article précédent, sous le nom d'enfants, les descendants en quelque degré que ce soit; néanmoins, ils ne seront comptés que pour l'enfant qu'ils représentent dans la succession du disposant.

Art. 3. Vaudront pareillement les libéralités qui seront faites dans les formes légales, soit par actes entre vifs, soit par actes de dernière volonté, lorsqu'elles n'excéderont pas:

La moitié des biens du disposant, s'il laisse soit des descendants, soit des frères ou sœurs, soit des enfants ou petits-enfants des frères ou des sœurs;

Les trois quarts, lorsqu'il laisse, soit des oncles ou grands-oncles, tantes ou grand'-tantes, soit des cousins germains ou cousines germaines, soit des enfants desdits cousins ou cousines.

Art. 4. A défaut de parents dans les degrés exprimés ci-dessus, les dispositions à titre gratuit pourront épuiser la totalité des biens du disposant.

Art. 5. Les libéralités autorisées par la présente loi pourront être faites au profit des enfants ou autres successibles du disposant sans qu'ils soient sujets à rapport.

Art. 6. Toutes lois contraires à la présente sont abrogées; néanmoins, il n'est dérogé ni à celles qui règlent l'ordre des successions *ab intestat*, ni à celles qui concernent les dispositions entre époux.

73. Cette loi établit, comme le projet *Jacqueminot*, une portion disponible, et par conséquent, par opposition, une réserve.

Dès qu'elle établit une réserve, et que, d'après la loi du 17 nivôse an II, la réserve ou portion non disponible est la succession elle-même et se partage également entre les héritiers, la loi du 4 germinal an VIII, qui, suivant son art. 6, ne déroge pas aux lois qui règlent l'ordre des successions *ab intestat*, suivra pour le partage de la réserve les règles de partage des successions établies par la loi du 17 nivôse an II.

Sous cette loi, l'enfant donataire pouvait-il réunir à la fois le don et la part d'enfant? Oui, si l'enfant donataire acceptait la succession... Il avait, dans ce cas, part d'enfant comme héritier, et pouvait, comme donataire, retenir son don jusqu'à concurrence de la portion disponible, c'est-à-dire jusqu'à concurrence de la fraction diviseur formée du nombre d'enfants plus un; et si la donation était excessive, il obtenait sur sa donation jusqu'à deux parts. Mais si l'enfant répudiait la succession, pouvait-il garder et sa part d'enfant et la part qu'aurait eue un étranger? Je ne le crois pas, 1° parce qu'aucun texte ne le dit; 2° parce que celui qui renonce, n'étant pas héritier, ne peut rien garder de la succession, si une loi formelle ne lui en donne le droit; 3° parce qu'enfin le rapport du tribun Duveyrier a entendu cette loi dans un sens tout contraire aux effets de l'ancienne légitime.

« Sans doute l'ancien droit (à l'égard de la puissance du
» père de disposer au profit d'un seul enfant) était abusif
» et méritait d'être réformé. Dans les pays encore gouver-
» nés par les lois romaines, le père pouvait instituer un de
» ses enfants héritier universel et lui donner tout son bien,
» sauf la légitime réservée aux autres avec le stérile hon-
» neur de l'institution d'héritier. En pays coutumier, le
» père pouvait faire à l'un de ses enfants le même avantage
» sous le titre de donation contractuelle, donation entre
» vifs, sauf la légitime des autres enfants et les réserves
» coutumières dont nous avons parlé (les propres paternels
» et maternels). L'enfant donataire ou légataire, pour con-

» server ses avantages, *n'avait qu'à renoncer à la succes-*
» *sion,* que ces avantages pouvaient absorber. *Cette faculté*
» *était abusive, parce qu'elle était illimitée....*

» Le nouveau projet de loi paraît avoir pris un juste
» milieu : il permet au père de récompenser... Mais, en ce
» cas, IL BORNE cette récompense ou cette libéralité à la
» portion que ce même projet de loi déclare disponible. »

CHAPITRE IV.

Discussion du projet de Code civil.

SOMMAIRE.

74. Publication du projet de la commission de l'an **VIII**. — Ce n'est,
quant aux lois qui font l'objet de cette étude, que le projet Jacqueminot. — Les tribunaux d'appel, dans leurs *Observations*, paraissent n'avoir pas même soupçonné que la question du cumul pût
s'élever.

75. Transition à la discussion en séance publique.

76. Observation sur l'art. 724, en ce qui concerne la saisine des héritiers à réserve.

77. Adoption des art. 731, 732, 734, 745, 773, 785, 786, 843,
844, 845, au *titre des Successions*. Texte des art. 843, 844, 845.

78. Observations sur les différences avec le projet *Tronchet*.

79. Le titre des Successions était arrêté au Conseil avant toute discussion sur la réserve. — Les discours officiels ne font pas soupçonner de difficultés sur l'art. 845.

80. Projet spécial de la section de législation sur la *Légitime* des enfants et des ascendants, et la *Réserve* des frères et sœurs, différent
des projets *Jacqueminot* et *Tronchet*. — Texte du contre-projet.

81. Différences essentielles du contre-projet avec le projet précédent.

93. Cette question était étrangère à celle de savoir si l'enfant renonçant pouvait retenir son don en tout ou en partie.

94. Elle est décidée ce jour-là au profit des créanciers.

95. Autre résolution du même jour, sans trace de discussion aux procès-verbaux : « *L'action en réduction aura lieu contre les enfants donataires.* »

96. *Séance du 12 ventôse an XI.* M. Tronchet fait revenir le Conseil sur la suppression de l'art. 24. Il fait au contraire adopter en principe l'article 22 du projet de la commission qu'il avait présidée.

97. Ce changement est radical : il a converti le projet de lég"ime en projet de réserve.

98. *Séance du 3 germinal an XI.* Présentation du projet amendé. Adoption avant la communication officieuse au Tribunat. —Modifications résultant de la nouvelle rédaction.

99. Observations du Tribunat communiquées au Conseil d'état et délibération du Conseil le 24 germinal an XI, notamment sur l'art. 921.

100. Texte du Code, rédaction définitive.

101. Discours officiels invoqués par les partisans du cumul.

74. C'est depuis cette loi que le projet de la commission de l'an VIII a été élaboré et publié. On a vu ci-dessus que, sous le rapport qui m'occupe, il a reproduit presque entièrement le projet Jacqueminot.

Si du projet Jacqueminot il ne peut pas résulter que ses auteurs aient voulu donner à l'enfant renonçant la faculté de retenir à la fois la réserve et la portion disponible, il faut déduire la même négation du projet de la commission du gouvernement, lequel lui était entièrement semblable.

Il a été ainsi entendu par les Tribunaux d'appel, quand le gouvernement leur a demandé leurs observations sur le projet. Dans ces observations, que j'ai soigneusement relues et vérifiées, je n'ai pas lu un mot de nature à faire soupçonner que l'idée du cumul de la portion disponible et de la réserve se soit présentée à un seul des Tribunaux d'appel. Or, il y en avait qui désiraient l'égalité absolue : Angers Bruxelles, Caen, Rennes, Rouen. Qu'auraient-ils dit sur cette inégalité lucrative, s'ils s'en fussent aperçus? N'auraient-ils pas signalé cette bizarrerie qui favorise l'enfant renonçant à l'égal de l'enfant donataire par préciput acceptant la succession? Il y a plus. Une Cour d'appel, celle de Limoges, qui aurait désiré l'établissement du droit de rétention sur la portion disponible et sur la réserve, a fort judicieusement remarqué que le projet n'agissait pas par légitime individuelle; qu'au contraire, il procédait par l'établissement d'une portion disponible et d'une réserve, tandis que la Cour aurait proposé « de déterminer la por- » tion qui devrait être réservée, soit aux enfants, soit aux » ascendants, soit aux frères et sœurs, POUR LEURS LÉGITIMES, » au lieu de déterminer, comme on l'avait fait, la portion » de biens dont on peut disposer. » (FENET, *t. 4, p.* 20.) C'était tout bonnement le droit ancien que la Cour de Limoges proposait de rétablir; le droit des donataires l'aurait emporté sur le droit de succession, et chaque enfant serait allé demander sa légitime comme une créance individuelle. Pour avoir subi cette critique, il fallait bien que le projet fût clair et exclusif de l'idée de légitime; il fallait bien que tout le monde comprît alors que tout ce qui n'était pas portion disponible rentrait dans la succession *ab intestat*, la *composait* ou l'*augmentait*, et que les héritiers en étaient saisis, même entre les mains des donataires.

75. Il faut maintenant passer à la discussion du Code civil, pour examiner s'il y a réellement trace dans cette discussion que le législateur ait changé de volonté.

76. *Sur le titre des successions.* Le chapitre 1ᵉʳ du projet de la section de législation fut présenté au Conseil d'état le 25 frimaire an XI.

La seule remarque à faire sur cette séance (en ce qui concerne l'objet de cette étude), c'est que l'art. 8, aujourd'hui 724 du Code civil, tiré de l'art. 13 du projet Jacqueminot et de l'art. 13 du projet de la commission sur la saisine des héritiers du sang, fut approuvé par le consul Cambacérès en soi, mais attaqué dans sa rédaction absolue, parce qu'il préjugeait contre les effets de l'institution d'héritier par testament ou par contrat de mariage : dans le droit écrit, l'institution excluait d'abord l'héritier naturel, et l'on ne peut pas saisir l'héritier du sang sans préjuger le contraire des effets de l'institution. On pourrait inférer d'un pareil article que la libre disposition des biens ne serait plus admise, au moins en collatérale. Or le testament, disait M. Portalis, doit produire ses effets tant qu'il n'est pas annulé.

Les jurisconsultes coutumiers disaient, par l'organe de M. Treilhard, que la faculté de disposer serait vraisemblablement limitée, ne fût-ce que dans l'intérêt des héritiers en ligne directe; que l'institué n'avait aucun droit tant qu'il n'était pas reconnu par l'héritier légitime.

M. Tronchet, l'homme essentiel du projet, reconnaissait la différence des deux législations : il fallait en faire cesser la diversité, et le législateur, réduit à choisir, préférerait avec justice les habitudes les plus universelles dans le pays, celles des pays coutumiers; or, si en pays de droit écrit on pouvait disposer par testament de l'universalité de ses biens; en pays coutumier, *il existait* DES RÉSERVES: d'où il résultait que l'héritier naturel devait être saisi et délivrer les legs, afin qu'il pût examiner si le testateur n'avait pas passé les bornes que lui donnait la loi.

Le premier Consul dit avec raison que l'art. 7 (art. 723) suffisait pour éclairer la discussion, en prouvant que les dispositions du titre soumis au Conseil ne s'appliquent qu'aux successions *ab intestat*. Cette raison suffisait pour faire accepter l'article; mais le procès verbal lui fait demander d'ajourner au titre *Des Donations et Testaments* la difficulté qui s'est élevée.

L'article fut adopté et renvoyé à la section pour en réduire les dispositions aux successions *ab intestat*. (V. FENET, t. 12, p. 9.)

La section n'y fit pas de modifications : la remarque du premier Consul était juste. C'est au titre *Des Donations et Testaments* que l'institution d'héritier a été permise (art. 1002); et la saisine y a été maintenue sur la tête des héritiers du sang toutes les fois que, nonobstant l'institution, il y a des héritiers à qui une quotité des biens est réservée par la loi (art. 1004 et 1011).

77. Dans la même séance, on adopta les articles fondamentaux sur la division des divers ordres de succession et sur la règle de ne considérer ni la nature ni l'origine des biens pour en régler la succession (731, 732, 734 et suiv.) ; à la séance du 2 nivôse, le partage égal entre enfants (art. 745); à celle du 9 nivôse an XI, l'art. 773, qui confirme le principe coutumier, *N'est héritier qui ne veut*, et les art. 785 et 786 sur l'effet rétroactif de la renonciation et sur l'accroissement qu'il produit au profit des cohéritiers. Le tout sans la moindre observation.

A la séance du 23 nivôse an XI, vint le chapitre du *Par-*

tage, où les art. 131 du projet de la section (843 du Code civil), 132 (844) et 133 (845), furent aussi adoptés sans observation. On les rappelle ici, comme une des matières principales à examiner plus tard.

Art. 843. « Tout héritier, même bénéficiaire, venant à une succession, doit
» rapporter à ses cohéritiers tout ce qu'il a reçu du défunt par donation entre
» vifs, directement ou indirectement; il ne peut retenir les dons ni réclamer
» les legs à lui faits par le défunt, à moins que les dons et legs ne lui aient été
» faits expressément par préciput et hors part, ou avec dispense du rapport. »

Art. 844. « Dans le cas même où les dons et legs auraient été faits par préci-
» put ou avec dispense de rapport, l'héritier venant à partage ne peut les rete-
» nir que jusqu'à concurrence de la quotité disponible; l'excédant est sujet à
» rapport. »

Art. 845. « L'héritier qui renonce à la succession peut cependant retenir le
» don entre vifs, ou réclamer le legs à lui fait jusqu'à concurrence de la por-
» tion disponible. »

78. Les changements principaux que le projet de la section et le Code civil ont fait subir au projet Jacqueminot et à celui de la commission du gouvernement se réduisent à trois: la suppression de l'art. 153, qui déclarait la nécessité du rapport tant en collatérale qu'en directe; la suppression des mots : « ainsi qu'un étranger pourrait le faire », dans l'art. 154, devenu le 845ᵉ, et l'addition du mot «cependant» dans cet art. 845.

La suppression de l'art. 153 s'explique d'elle-même. L'art. 843 imposait *sans distinction* le rapport à tout héritier venant à une succession : cela comprenait l'héritier en collatérale comme l'héritier en ligne directe. L'article subséquent dans les projets était une superfluité.

C'est sans doute la même raison qui a fait supprimer ces mots : « *ainsi qu'un étranger le pourrait faire* », dans l'art. 845. Ces mots exprimaient, non une disposition, mais un motif jeté incidemment, et ce style de comparaison et d'excuse ne convient pas à la majesté des lois. *Nil frigidius quam lex cum prologo*, a dit Sénèque quelque part.

Enfin l'addition du mot *cependant* n'a pas eu lieu pour rattacher l'art. 845 à l'art. 844, car il n'est pas placé au commencement de l'article. Il est placé par opposition à la première partie de l'article, « *L'héritier qui renonce* », et signifie: *malgré sa renonciation*.

79. Au surplus, il est utile de remarquer que tout cela était adopté par le Conseil d'état dès le 23 nivôse an XI, avant les débats qui se sont engagés sur le chapitre *De la Portion disponible*, au titre *Des Donations et Testaments*, qui n'ont commencé qu'à la séance du 30 nivôse an XI. Communication du titre *Des Successions* avait été faite au Tribunat le 8 ventôse; ce projet fut examiné dans la séance des 23 ventôse et jours suivants. Aucune observation ne fut faite sur ces trois articles, tant on les trouvait alors simples et clairs, ni par l'orateur du gouvernement, M. Treilhard, ni par l'orateur du Tribunat, M. Siméon, et M. Chabot (de l'Allier) est le seul qui en ait parlé longuement dans son rapport, en termes dont on ne peut rien induire en faveur d'une opinion ou d'une autre (*).

(*) Voici les termes du rapport de M. Chabot (Fenet, t. 2, p. 203) :

« Le projet de loi autorise le donateur ou testateur à dispenser du rapport, mais seulement jusqu'à concurrence de la quotité qui était disponible de la part du testateur ou donateur. Et en effet, puisque la loi permet à l'homme de disposer en propriété d'une certaine portion de ses biens, même en faveur de ses héritiers, il est conséquent qu'il puisse dispenser du rapport de la chose qu'il donne, si elle

80. *Sur le titre des Donations et Testaments*, j'ai à rendre un compte encore plus détaillé des discussions.

La discussion de ce titre s'ouvrit dans la séance du 30 nivôse an XI par un rapport de M. Bigot-Préameneu sur les dispositions relatives à la *Légitime* des enfants, à *celle* des ascendants, et à la *Réserve* au profit des frères et sœurs.

N'EXCÈDE PAS LA PORTION DISPONIBLE ; autrement il n'en aurait pas réellement la disposition libre et entière.

» Le projet de loi dispense même formellement du rapport les donataires qui ne se trouvent pas successibles des donateurs au moment de l'ouverture des successions, et tous ceux qui ne viennent pas par représentation des donataires aux successions des donateurs.

» Mais *cette dispense ne peut toujours avoir lieu que jusqu'à concurrence de la portion disponible.*

» Ainsi, l'héritier qui renonce à la succession peut retenir le don entre vifs, ou réclamer le legs jusqu'à concurrence de la portion disponible.

» Dans le droit romain, la renonciation à l'hérédité dispensait pareillement du rapport : il était permis à la fille qui renonçait de réclamer sa dot.

» Le plus grand nombre des Coutumes avait une disposition semblable ; mais d'autres aussi avaient une disposition contraire, ou ne dispensaient du rapport l'héritier renonçant que dans certains cas.

» La dispense entière est admise dans tous les cas par le projet de loi ; et la raison qui la justifie, c'est que, « le rapport n'ayant d'autre » objet que d'établir l'égalité entre les cohéritiers, il ne peut être dû » que par les héritiers ; et l'on ne doit pas craindre que ce soit un » moyen de faire des avantages frauduleux, *puisque, la portion dis-* » *ponible étant fixée par la loi,* le donateur ou testateur aurait pu » lui-même en disposer, même en dispensant expressément du rap- » port. »

Cette partie du projet de la section de législation était toute différente du projet *Jacqueminot*, et du projet de la commission du Code civil, qui, ainsi qu'on l'a vu ci-dessus, page 83, établissait une *réserve* en ligne directe et collatérale, jusqu'à certains degrés, en graduant la quotité suivant le degré de parenté. Ce chapitre y était intitulé *De la Portion disponible*. Ici, la section de législation, avant que de proposer l'ensemble du titre des Donations et Testaments, fait présenter un article isolé, sans rubrique spéciale, pour proposer deux institutions différentes : la *Légitime* pour les enfants et pour les ascendants, la *Réserve* pour les frères et sœurs.

M. Bigot-Préameneu fit un magnifique rapport à ce sujet. Voici le texte de l'article :

« S'il y a des enfants ou descendants au temps du décès, ILS AURONT, A TI-
» TRE DE LÉGITIME, les trois quarts *de ce qui leur reviendrait par succession*
» *s'il n'y avait pas de donation entre vifs ou testamentaire.*

» A défaut de descendants, s'il y a des ascendants, leur légitime sera de moitié.

» A défaut de descendants et d'ascendants, s'il y a au temps du décès des frè-
» res et sœurs ou des descendants d'eux, la loi leur réserve le quart de ce qui
» leur reviendrait s'il n'y avait pas de donation entre vifs ou testamentaire ; sans
» néanmoins qu'à raison de cette réserve, les donataires par actes entre vifs
» autres que les successibles puissent être, en tout ou en partie, évincés des
» biens à eux donnés.

» A défaut de parents dans les degrés ci-dessus exprimés, les donations ou
» legs pourront épuiser la totalité des biens. »

81. On sent à la première lecture la différence essentielle entre cet article et celui du projet définitif. Celui-ci procédait par prohibition de disposer : « Les donations NE PEUVENT excéder. » Au contraire, le projet de la section procède par voie dispositive et attributive au profit des enfants et des ascendants, à cause de leur qualité seule et sans supposer qu'ils seront héritiers : ILS AURONT *à titre de légitime....*

La légitime aura des effets différents de la réserve, elle atteindra les donations entre vifs et les donations testamentaires ; mais la réserve des frères et sœurs, tout en se calculant sur la masse des biens donnés et des biens restants, ne pourra troubler les donataires dans leur possession.

La réserve même des frères et sœurs est une sorte de *légitime irrégulière* dans le sens du projet, qui ne procède pas du tout par prohibition de donner, mais qui, à l'égard des frères, leur donne le droit de retenir leur réserve et de refuser la délivrance des legs qui l'entamaient.

82. Il ne faudra donc pas s'étonner si l'on trouve le mot *légitime* sans cesse répété dans la discussion : il se trouve dans la proposition de la loi. D'ailleurs les réserves coutumières portaient elles-mêmes dans l'usage commun le nom de *légitime* ; aujourd'hui encore on dit *légitime* pour réserve légale, *légitimaire* pour réservataire, qui révolte l'oreille. Les noms survivent aux choses et se conservent même quand elles ont changé ; ils nous empêchent même de sentir ce changement, et il faut une attention bien soutenue pour que la forme du langage ne nuise pas à la rectitude du raisonnement.

83. Dès cette première séance de 30 nivôse an XI, la discussion s'engagea sur la question de savoir *dans quelle latitude* on pourrait disposer lorsqu'il y aurait des héritiers en ligne directe. MM. Maleville et Portalis s'élevaient contre cette légitime des trois quarts qui resserrait trop les limites du pouvoir paternel. MM. Berlier et Tronchet, qui auraient mieux aimé une réserve, défendaient cette limitation. Le Consul Cambacérès, dont le caractère était porté aux transactions, proposa de graduer la latitude de dispo-

ser accordée au père de famille suivant le plus ou moins d'enfants qu'il laisserait; non pas que la loi dût s'occuper de tous les cas, parce qu'ainsi que l'avait dit M. Tronchet, prévoir toutes les variations dont ce nombre est susceptible serait statuer sur trop de cas particuliers : ainsi le Consul était d'avis de fixer la légitime aux trois quarts s'il y avait plus de deux enfants, au tiers s'il n'y en avait que deux, à la moitié s'il n'y en avait qu'un seul.

84. A la séance du 7 pluviôse an XI, M. Bigot-Préameneu présenta tout entier le titre *Des Donations entre vifs et des Testaments*. On ignore pourquoi la première discussion fut interrompue. Elle a pu l'être parce que dès lors, et d'après tout ce qui avait été dit à la séance précédente, il paraissait déjà certain qu'à titre de légitime ou de réserve il y aurait une portion de biens qui parviendrait aux enfants et aux frères et sœurs. Cette séance du 7 pluviôse porta surtout sur les *Dispositions générales*. Le Premier Consul était présent à la séance; et elle est un des premiers monumens de cet esprit de flatterie qui ne devrait jamais porter sur le genre de connaissances que les souverains ne peuvent avoir. La donation était, dans le projet, qualifiée de *contrat*. Le Premier Consul observa que le contrat imposait des obligations mutuelles aux deux contractants, qu'ainsi cette expression ne pouvait convenir à la donation. Personne n'osa dire ni que la donation engageait le donataire sous certains rapports, ni que d'ailleurs il y avait des contrats unilatéraux. Tronchet, le plus franc de tous, se contenta de signaler pour caractère différentiel entre le testament et la donation la révocabilité et l'irrévocabilité. M. Renaud de Saint-Jean-d'Angely, M. Galli, M. Béranger, soutinrent que la loi ne devait pas contenir

de définitions. M. Maleville, jurisconsulte de pays de droit écrit, et qui pensait sans doute, avec Furgole, que le donataire peut toujours répudier une donation pour en éviter les charges, proposa de substituer le mot *acte* au mot *contrat*; ce qui fut adopté, quoique plus tard le Code civil ait certainement compris la donation dans la définition donnée par l'art. 1105 des *contrats* de bienfaisance, et en ait parlé comme d'un contrat dans les art. 1339 et 1340.

85. On s'occupa beaucoup des *Substitutions* dans cette séance. On avait admis dans le principe une *Disposition officieuse* qui permettait au père dont l'un des enfants était dissipateur de donner la part de cet enfant aux petits-enfants, en lui laissant toutefois l'usufruit. Le Conseil revint à l'idée de permettre seulement les substitutions de la portion disponible à la charge du fils qui la rendrait à ses enfants nés ou à naître : cette idée est due au Premier Consul (V. Fenet, t. 12, p. 270). La question s'agrandit, et l'on demanda si l'on ne pourrait pas étendre à l'oncle au profit des neveux nés et à naître de son frère, ce que l'on permettait au père au profit des petits-enfants au premier degré. Dans cette première séance le Conseil adopta en principe que la légitime des enfants ne pourrait être frappée de substitution ; que le père pourrait transmettre à des petits-enfants à naître, mais au premier degré seulement, ses biens disponibles, et en laisser l'usufruit à son fils, sans néanmoins motiver sa disposition ; et l'on ajourna, jusqu'à ce qu'il eût été statué sur les réserves en collatérale, la question de savoir si ces principes seraient étendus à l'oncle et au neveu. La discussion continua pourtant à la séance suivante du 14 pluviôse, et l'on renvoya à la section la proposition de M. Tronchet tendant à déclarer d'abord

que la légitime ne peut être grevée; à consacrer ensuite dans la personne du père le droit de disposer de ses biens disponibles au profit de ses petits-enfants nés ou à naître au premier degré; à accorder la même faculté à l'oncle par rapport à ses neveux, aussi au premier degré, et à terminer la loi par la prohibition de substituer dans aucun autre cas. C'est ce qui a été réglé plus tard par les art. 1048, 1049 et suiv. du Code civil, et par l'art. 896, 1re édition.

86. Dans la séance du 21 pluviôse furent présentés les art. 18 à 21, composant la première section du chapitre *De la Portion disponible*.

L'art. 18 était celui qui vient d'être transcrit ci-dessus, p. 96.

Alors revint la proposition du Consul Cambacérès de graduer la légitime des enfants suivant leur nombre : la moitié, s'il n'en existe qu'un; deux tiers, s'il en existe deux ; trois quarts, s'il en existe trois ou plus (ce qui revient à une portion disponible de moitié, du tiers ou du quart).

M. Tronchet fit tout ses efforts pour ramener le Conseil au système de la loi du 24 germinal an VIII, en ce qui concernait les enfants seulement. Elle a pensé que c'était accorder aux pères tout ce que la raison et le vœu de la nature pouvaient tolérer, dans la profusion même avec laquelle ils pourront se livrer à des affections étrangères , que de leur permettre d'assimiler un étranger à l'un de leurs propres enfants ; et , dans la distribution intérieure que les pères pourraient faire de leur patrimoine entre leurs enfants, que de leur permettre de donner une double part de ce qui resterait aux autres. Ainsi cette échelle de disponible commençant du quart, en dégradant toujours proportionnellement

et également au cinquième, au sixième, au septième, et
ainsi de suite, suivant le nombre des enfants, suffirait à
l'égard des étrangers : elle eût été insuffisante à l'égard des
enfants, si la portion d'enfant disponible donnée à l'un
d'eux n'avait pas pu être retenue par lui en sus de sa part
égale dans le surplus indisponible (*). Ce système était préférable au droit romain, dont la première époque (liberté
absolue du père) offrait l'abus de la puissance paternelle ;
la seconde (légitime du quart), le pouvoir excessif, résultant de la même source, et la vanité de n'avoir qu'un héritier ; et la troisième (légitime calculée d'après le nombre
des enfants) offrait enfin une échelle trop régulière, dont
tout le monde a reconnu les inconvénients. Le système de
la loi de l'an VIII était préférable à la Coutume de Paris,
vraiment intolérable quand le nombre des enfants était
élevé. A huit enfants, un seul avait à lui seul neuf seizièmes : c'était l'abus de la vanité qui ne veut qu'un héritier,
un seul enfant dans l'opulence, les autres dans l'indigence.
Préférable à la loi de nivôse an II, abus d'une imagination
échauffée par une théorie brillante de métaphysique, destruction de toute autorité paternelle, égalité injuste qui
interdisait tout secours pour l'enfant disgracié par la nature ou frappé par l'inconstance de la fortune. Préférable
au projet de la section, où l'inégalité devient trop forte si
l'on suppose quatre, six enfants ou davantage, puisque,
dès qu'il y a quatre enfants celui qui est avantagé a quatre
fois autant que chacun de ses frères, quatre douzièmes et

(*) Qu'on remarque bien que M. Tronchet ne parle pas là du cas
de renonciation de l'enfant donataire à la succession, mais de l'enfant
héritier, qui pouvait être à la fois héritier et préciputaire, suivant
l'art. 5 de la loi.

demi contre un douzième et demi. Ainsi dans ce système il ne serait plus possible d'admettre le cumul de la portion disponible avec le partage du surplus (*), et il faudrait en revenir à permettre seulement au père de donner une part d'enfant pour préciput en comptant un enfant de plus.

La discussion continua sur ce terrain. M. Portalis, M. Maleville, M. Béranger, M. Boulay, se prononçaient pour laisser plus de latitude au père de famille. M. Berlier combattait cette étendue de pouvoir; il aurait voulu une disposition qui n'eût permis jamais à aucun enfant d'avoir plus de deux parts. Le Premier Consul dit que plus on se rapprocherait des lois romaines dans la fixation de la légitime, moins on affaiblirait le droit que la nature semble avoir confié aux chefs de chaque famille; qu'en disposant sur cette matière, le législateur doit avoir principalement en vue les fortunes modiques; que la trop grande division dans leurs biens met nécessairement un terme à leur existence; il aurait désiré qu'il fût possible de graduer la légitime sur les forces de la succession plutôt que sur le nombre des enfants.

On revint donc au projet et à la modification proposée par le second Consul. Il fut bien entendu alors qu'on n'entendait pas encore statuer sur la question de savoir si l'enfant pourrait prendre hors part les avantages que lui aura faits son père; que ces deux questions n'avaient pas de connexité, et qu'il s'agissait seulement de fixer la quotité de biens dont le père pourrait disposer, même au profit d'étrangers (*Observations de MM. Tronchet et Bigot-Préameneu*). Le § 1

(*) M. Tronchet parle toujours du cumul résultant de l'acceptation de la qualité d'héritier et de celle de donataire par préciput.

du projet de la section fut donc adopté avec l'amendement proposé par le consul Cambacérès.

Il résulte évidemment de cette partie de la discussion au Conseil d'état que jusque là il n'y a pas un mot dont on puisse induire qu'en cas de renonciation à la succession, quelqu'un des membres du Conseil se soit occupé de la question de savoir si l'enfant renonçant cumulerait la réserve ou légitime avec la part héréditaire d'un enfant.

87. A la séance du 28 pluviôse an XI, le Conseil adopta sans discussion le second paragraphe de l'article 18 sur la légitime des ascendants.

La discussion qui s'éleva ensuite sur la réserve ou légitima des frères ou sœurs n'offre aucun intérêt pour la question.

Le Conseil adopta en principe que la loi établirait une réserve en faveur des frères, mais non pour les neveux venant de leur chef, hors le cas où ils concourraient par représentation avec les frères.

Enfin la quatrième partie de l'article, que, si le défunt manquait d'héritiers légitimaires ou à réserve, tous les biens seraient disponibles, fut adoptée sans discussion.

88. Dans la même séance, on arriva à l'art. 20 du projet de la section de législation, formé des art. 18 et 19 du projet Jacqueminot et du projet de la commission de l'an VIII, mais en y ajoutant une idée nouvelle, celle de convertir *ex post facto* la donation primitive en préciput. En voici le texte :

Art. 20. La quotité disponible pourra être donnée en tout ou partie, soit par
» acte entre vifs, soit par testament, aux enfants ou autres successibles du do-
» nateur, sans être sujette au rapport par le donataire ou légataire venant à la

» succession, pourvu que la disposition ait été faite expressément à titre de
» préciput et hors part.
  » La déclaration que le don ou le legs est à titre de préciput et hors part
» pourra être faite, soit par l'acte qui contiendra la disposition, soit postérieu-
» rement, dans la forme des dispositions entre vifs ou testamentaires. »

Pour entendre sainement ce qui va suivre, il ne faut pas oublier que le droit des enfants établi par l'art. 18 était, d'après la rédaction de la section, un vrai droit *de légitime*, que les enfants auraient comme enfants. « Ils auront à *titre de légitime* les trois quarts de ce qu'ils auraient par succession, s'il n'y eût eu ni donation entre vifs ni donation testamentaire. »

Il ne faut pas oublier non plus comment la discussion s'est présentée. Dans cet art. 20 (devenu 919 au Code civil), il ne s'agit pas du tout de savoir quel sera le droit de l'enfant donataire renonçant; il s'agit surtout de savoir quel sera l'effet de la donation faite à l'enfant quand le père aura déclaré l'avoir faite par préciput.

M. Tronchet, reprenant la difficulté qu'il avait soulevée sur l'art. 18, « l'enfant pourra-t-il prendre hors part les avantages faits par le père » (difficulté repoussée par M. Bigot-Préameneu, parce que l'art. 18 fixait la disponibilité, même à l'égard des étrangers), attaqua donc l'art. 20 du projet de la section; il fit observer que la légitime devait demeurer entière; qu'elle ne le serait plus cependant si le donataire était admis à un partage égal des biens qui restent sans être obligé au rapport [de son don]. On objecte, dit-il, que l'héritier faisait part dans la légitime; c'est une erreur : l'héritier institué faisait nombre pour déterminer la quotité de la légitime, mais il ne prenait aucune part dans la quotité réservée aux légitimaires (*). Pour mettre les deux dis-

---

(*) Le savant Tronchet semble s'être servi assez mal à propos

positions en harmonie, décidez que la légitime ne peut être diminuée par la disposition du père... Il continue ; il démontre que sur un patrimoine de 100,000 fr., diminué par une donation de 25,000 fr. faite à l'un des enfants, le donataire, s'il se trouve sixième partie prenante, ajoutera le sixième de 75,000 fr., ou 12,500 fr., à son don, et recueillera ainsi à lui seul 37,500 fr., tandis que la part de ses frères ne sera que de 12,500 fr., et s'il y a plus de partageants, la disproportion s'accroîtra encore. Entre un étranger et un enfant, ajoutait-il ensuite, il y a cette différence que la libéralité du testateur ne peut jamais donner au premier que le quart de ses biens, au lieu que, si l'enfant a le droit de cumuler la donation et sa légitime, sa part peut devenir exorbitante. Dites que la donation du quart faite à l'enfant ne pourra excéder le tiers ou la moitié de la quotité disponible.

On répondait tantôt bien, tantôt mal, à l'argumentation de M. Tronchet. La contradiction n'était pas réelle, lui dit M. Bigot-Préameneu ; la légitime ne peut être entamée. Si par l'effet d'une donation l'un des enfants se trouve plus avantagé que ses frères, *qui d'ailleurs ont retiré leur légitime*, c'est là une suite inévitable de la faculté de disposer

---

d'une subtilité. L'héritier institué étranger ne faisait ni part ni nombre dans la légitime. L'enfant institué héritier faisait nombre pour déterminer la quotité ; et comme la légitime était due individuellement, il ne prenait aucune part dans la quotité réservée individuellement à chaque légitimaire ; mais il retenait par ses mains sa légitime personnelle sur le don qu'il détenait. Toute cette partie de la discussion de Tronchet est l'effort d'un orateur, qui veut faire peser l'étendue de son savoir dans la discussion, et qui y mit de l'adresse, au lieu d'aborder de front la difficulté.

qu'on est convenu d'accorder. Et cette réponse de M. Bigot-Préameneu est solide. Je crois devoir la développer ici, justement parce qu'elle est le plus fort argument de l'opinion contraire à la mienne.

Mais je ne cesserai pas de faire remarquer que la question en discussion n'était pas de savoir si le donataire renonçant pouvait cumuler la portion disponible et la légitime!... Non, la question était celle-ci : « L'enfant donataire *acceptant* la succession, et *venant à partage*, peut-il retenir son don jusqu'à concurrence de la portion disponible, et prendre encore sa part d'enfant tout entière dans le reste? Or cette question ne pouvait pas faire difficulté; car nous sommes au 28 pluviôse an XI, et *cinq semaines auparavant*, à la séance du 23 nivôse, la question avait été décidée au conseil sans discussion par l'adoption de l'art. 132 du projet de la section *sur les Successions* (844 du Code civil).—On l'a dit ci-dessus, p. 93.

C'est donc sur l'enfant donataire par préciput que M. Bigot dit avec avantage: « Il n'y a pas de contradiction; tous les enfants acceptants auront chacun leur légitime; elle ne peut être diminuée : l'enfant donataire *acceptant*, mais usant du droit de préciput, retiendra sur son don la portion disponible, et, s'il en est besoin, rapportera l'excédant. Qu'importe, quand chacun des frères non avantagés aura retiré sa légitime entière, que l'enfant avantagé, mais acceptant, soit de beaucoup plus riche qu'eux? C'est une suite inévitable de la faculté de disposer (par préciput) en faveur d'un enfant. » Tel est le sens de la réponse de M. Bigot.

Il est vrai qu'on s'efforce d'en dire autant de l'enfant renonçant, et c'est pour cela que j'ajoutais que son observation est un argument de l'opinion contraire à la mienne; mais, dans l'esprit même de M. Bigot-Préameneu, il ne s'agissait nullement de l'enfant renonçant. On ne peut s'emparer de ce qu'il a dit pour un cas spécial, afin de l'appliquer à un cas différent.

Et quand même on ferait remarquer qu'à cette époque de la délibération il s'agissait d'une vraie légitime, d'après l'art. 18 du contre-projet, et qu'avec le système de la légitime, l'enfant donataire renonçant a autant de droit par rétention que l'enfant donataire par préciput en a par action, il n'en sera pas moins vrai 1° que M. Bigot-Préameneu ne s'occupait pas de l'espèce de l'enfant renonçant, 2° et que, le système de légitime ayant été peu de temps après abandonné pour celui des réserves, il devient impossible d'invoquer, sous le système des réserves établies par le Code, une opinion qui aurait été émise à cause du système contraire et rejetée.

La seconde question proposée par M. Tronchet était de savoir si l'on fixerait un *maximum* à l'effet du préciput accordé à l'enfant acceptant, de manière à ce qu'il ne s'étendît pas *au delà de la moitié ou du tiers de la portion légitimaire* (ce qui signifiait, je crois, qu'outre sa part d'enfant, le préciput lui permettrait d'y joindre un tiers ou une moitié de part d'enfant). M. Bigot-Préameneu avouait que, si cette question avait été soulevée dans le Conseil, elle n'avait pas été décidée. Mais, disaient d'autres membres du Conseil, si les Coutumes voulaient l'égalité parfaite entre les enfants *venant à une succession* (*), le Conseil, en accordant une portion disponible au père, et en

---

(*) Ainsi la discussion est bien circonscrite sur le cas d'acceptation par l'enfant qui réclame un préciput.

lui permettant d'en avantager un de ses enfants au préjudice des autres, permet entre eux (*) l'inégalité (M.
TREILHARD); la loi a fait la part des enfants et a pourvu
à leur sort; elle donne au père la libre disposition d'une
partie de ses biens : il serait bizarre de lui permettre
d'en user au profit d'étrangers et d'en borner la latitude
lorsqu'il en use au profit de ses enfants. Ainsi, parce qu'on
serait l'enfant du donateur, on serait de pire condition (**)
que si on ne lui était pas uni par les liens du sang (M. Mo-
RAIRE). On a donné aux enfants une légitime raisonnable.
C'est avoir fait pour eux tout ce que l'équité exige. Qu'on
laisse au delà le père user aussi de la part que la loi lui a
faite; qu'il puisse être aussi juste envers son fils qu'envers
un étranger dont il pourrait récompenser les services
(M. BÉRENGER). Enfin, s'il n'y a pas de doute que dans la
législation proposée dans l'article en discussion un enfant (***) ne puisse être extrêmement avantagé, ce n'est pas
là qu'est la question. D'autres considérations ont déterminé
le Conseil.

« On a pensé que, s'il est juste que les enfants aient un
» droit, même plus élevé qu'autrefois, dans la succession
» de leur père, il est juste aussi qu'en vertu de sa proprié-
» té le père ait la libre disposition d'une partie de ses
» biens, surtout pour réparer les inégalités naturelles ou
» accidentelles qui existent entre ses enfants, et les contenir
» par la crainte des peines et l'espoir des récompenses.

(*) Entre ces enfants venant ensemble à succession.

(**) Argument qu'on pourrait appliquer au renonçant, mais qui,
placé où il est, lui est étranger.

(***) *Un enfant venant à partage...* car ce n'est que de celui qu'il
s'agit dans la législation proposée par l'art. 919!

» Ces motifs avaient déterminé M. Tronchet lui-même
» à proposer le système de la loi du 24 germinal.

» Ce serait miner la disposition accordée au père et les
» effets salutaires qu'on en espère, que de la resserrer
» dans des limites : ce serait se contredire. Il serait préfé-
» rable d'élever la légitime, de diminuer la portion dispo-
» nible, en ajoutant de nouveaux degrés à l'échelle de gra-
» duation. Au moins les dispositions de la loi seraient en
» harmonie ; mais comment établir que le père a le droit
» de disposer d'une partie de ses biens, et cependant ré-
» server presqu'en entier cette portion aux enfants, en
» n'en laissant, pour ainsi dire, que l'usufruit au père ? »
(*Le Consul* CAMBACÉRÈS.)

L'art. 919 fut donc adopté ; et, comme l'avait déjà décidé l'art. 844, il fut permis à l'enfant *venant à partage* de
garder son don jusqu'à concurrence de la portion disponible, et de partager également avec les autres la succession
paternelle. — De l'enfant renonçant, pas un mot.

89. Après avoir statué sur la *portion disponible*, le Conseil avait à statuer sur la section II, *De la réduction des donations et legs.*

Voici les principaux articles du projet de la section de
législation :

« Art. 22. Les dispositions, soit entre vifs, soit à cause
» de mort, qui excéderont la quotité disponible, seront
» réductibles à cette quotité, sauf l'exception portée au 3e
» § de l'art. 18. »

(Cette exception est pour la réserve des frères, qui étaient sans action contre
les donations entre vifs.— L'art. 22 a formé l'art. 920 du Code, dans lequel les
mots « lors de l'ouverture de la succession » ont remplacé l'art. 23 ci-
après.)

« Art. 23. La donation entre vifs conserve tout son effet
» pendant la vie du donateur. »

« Art. 24. Lorsque dans l'une ou l'autre ligne paternelle
» ou maternelle il se trouvera plusieurs héritiers, dont les
» uns auront et les autres n'auront pas le droit de deman-
» der la réduction, elle ne s'opérera qu'à *l'égard de ceux*
» *au profit* desquels la loi restreint la faculté de disposer.

» Dans tous les cas, la réduction sera dans les propor-
» tions établies par l'art. 18, en raison de la légitime ou de
» la réserve de *chaque successible*. »

(La première partie de l'article a été faite principalement pour le cas où il y
aurait des ascendants dans une ligne, et des frères ou sœurs dans l'autre, dont
la légitime ou réserve n'aurait pas été calculée sur le même taux et pour le cas
de neveux concourant par représentation avec leurs oncles.

La seconde partie est encore plus remarquable. Ces mots : « de *chaque successible* », combinés avec l'art 18 du projet : « *Les enfants auront* A TITRE DE LÉ-
» GITIME *les trois* quarts de ce qui leur reviendrait par succession s'il n'y avait
» pas de donation entre vifs ou testamentaires », semblent établir une légitime
individuelle, comme sous la Coutume de Paris.)

« Art. 25. Les créanciers, les donataires et légataires du
» défunt ne pourront demander la réduction. » (Dernière
» partie de l'art. 921 du Code civil.)

Art. 26. (V. l'art. 922 du Code civil, qui lui est conforme.)

Art. 27 et 28. (V. l'art. 923 du Code civil, composé de
ces deux articles.)

« Art. 29. Si la donation réductible a été faite à l'un des
» successibles, il pourra retenir sur les biens donnés la
» valeur de la portion qui lui appartiendrait comme héri-
» tier dans les biens non disponibles. » (V. l'art. 924 du
Code civil.)

On ne s'occupera pas des art. 30, 31, 33, 34, du projet,
qui sont, ou à peu près, les art. 925 à 930 du Code civil.

90. Cette portion du projet fut présentée à la séance du 5 ventôse an XI.

Le Premier Consul présidait; les deux autres Consuls étaient présents.

Il faut remarquer l'absence de M. Tronchet.

D'abord, le Conseil fondit en un seul article les art. 22 et 23 du projet. Dire, en effet, comme l'art. 920 du Code civil : « Seront réductibles à cette quotité, *lors de l'ouver-* » *ture de la succession* », c'était suffisamment exprimer que la donation excessive conservait son effet pendant la vie du donateur.

L'art. 24 est mis en discussion. Le consul Lebrun en demande la suppression comme inutile, par suite de l'art. 22. Il suffisait, disait-il, d'avoir décidé que la réduction se ferait en proportion des droits de chacun. L'article, porte le procès-verbal, est retranché comme inutile.

Rien de plus bizarre que cette décision : l'art. 22 (ou 920) n'exprime rien, directement ni indirectement, sur la question de savoir si la réduction se fera en proportion des droits de chacun; rien n'indique au procès-verbal que cette question ait été mise ou non en discussion. On peut croire, ou que le Conseil était préoccupé, ou que le rédacteur des procès-verbaux a négligé cette partie de son travail.

On arrive à l'art. 25 (aujourd'hui 921). Et ici s'élève une discussion, que les partisans du cumul aux mains du renonçant prétendent être décisive en leur faveur. Mon devoir est donc de redoubler d'exactitude dans le récit.

M. Maleville pense qu'il est inutile d'interdire aux créanciers, donataires et légataires du défunt, de demander la réduction des donations, puisqu'il résulte des articles précédents que la réduction n'a lieu qu'au profit et sur la demande des légitimaires : il faut donc retrancher l'art. 25 (§ 2 de l'art. 921 du Code civil).

Non, lui répondit-on; il faut ôter aux créanciers, aux légataires, aux donataires, tout prétexte de croire qu'ils peuvent demander la réduction (M. TREILHARD). Puisqu'on a exclu formellement les créanciers du droit de demander le rapport par l'art. 857, au titre *Des Successions*, il faut proscrire d'une manière non moins solennelle les prétentions que les créanciers pourraient avoir de demander la réduction; ils se fonderaient pour la demander sur ce qu'ils peuvent exercer tous les droits que le défunt a transmis à ses héritiers pour demander réduction et rapport, s'ils ne trouvaient pas dans la loi une exception formelle au principe général, exception fondée elle-même sur un autre principe non moins constant (M. BIGOT-PRÉAMENEU).

91. A ces mots « d'exception fondée sur un principe non moins constant », le Premier Consul exprima ses doutes *sur la justice de l'exception*. Il y revint à cinq fois différentes, et, dans cette séance, ses observations témoignent non seulement de son attention, mais aussi d'un véritable amour de la justice; elles prouvent encore avec quelle rapidité son esprit saisissait les vérités abstraites qu'on voulait bien lui développer, puisque dans le cours de la séance il a déclaré cesser de soutenir l'intérêt des créanciers, et reconnaître que, si les donations excessives n'étaient pas réductibles, la légitime deviendrait illusoire.

Voilà la réunion de ses observations en faveur des créanciers : « La légitime ne peut être fournie que sur les biens
» de la succession, et les biens ne peuvent être que ce qui
» reste après le paiement des dettes. Or, ne serait-il pas
» contre les mœurs qu'un fils opulent ne payât point les

» dettes de son père? — Si les biens donnés ne font plus
» partie des biens du défunt, et la légitime n'étant qu'une
» quote-part des biens du défunt, ne doit-on pas dire que,
» quand les donations entre vifs ont épuisé les biens, il n'y
» a point réellement de légitime? Si, au contraire, la légi-
» time est une portion de la succession, la loi semblerait
» autoriser la fraude, en décidant que, lorsqu'il y a des
» dettes, les enfants conserveront une portion de la suc-
» cession, sans néanmoins payer les créanciers: »

On vit alors un spectacle attristant, des jurisconsultes en
Conseil d'État faire leurs efforts pour augmenter les doutes
du Premier Consul, et se joindre aux membres moins instruits en droit civil pour pervertir la loi, et donner raison au chef du gouvernement. L'opinion du Premier Consul
était droite en morale, et formulée si nettement qu'elle devait séduire tous ceux qui n'avaient pas étudié la matière...
Mais M. Muraire!...

Il se forma donc deux opinions dans le Conseil. M. Boulay dit qu'on ouvrait la porte aux fraudes, en privant les
créanciers des biens qui rentraient dans l'hérédité par l'effet de la réduction des donations. M. Muraire se mit à la
tête de ce parti improvisé. Lui qui, dans la séance précédente, avait regardé la légitime *comme une dette envers
l'enfant*, et qui savait bien qu'à défaut de légitime pour
les enfants, les créanciers étaient sans action contre les
donataires; qu'ainsi, il ne s'agissait que de savoir si l'intérêt des enfants sur des biens que les créanciers ne pouvaient atteindre devait être législativement préféré à celui des créanciers postérieurs, ces biens n'étant cause en
rien du crédit accordé par les tiers; lui, M. Muraire, de
s'écrier : « L'article tendrait à établir une légitime frauduleuse! »

« Il est certain, dit-il, que, où les dettes l'emportent sur
» l'actif, il n'y a ni succession ni légitime ; de là résulte que,
» si dans ce cas les enfants peuvent obtenir une légitime
» par l'effet de la réduction, sans néanmoins payer les det-
» tes, cette légitime est frauduleuse.

» Le donataire, il est vrai, n'est pas tenu des dettes posté-
» rieures à la donation ; mais la succession en est tenue.
» Ainsi les choses que la réduction y fait rentrer, en pre-
» nant le caractère de biens héréditaires, deviennent le
» gage des créanciers : car l'action en réduction est une
» action héréditaire et une portion de la succession.

» On fait valoir la faveur due aux enfants.

» Cette faveur, quelque étendue qu'elle soit, ne peut ce-
» pendant aller jusque là que, lorsqu'il n'y a pas de suc-
» cession, on en crée une pour les enfants. »

D'autres se joignirent à lui, mais d'une manière moins
absolue. M. Réal croyait qu'en réclamant sa légitime, l'enfant faisait acte d'héritier. M. Emmery partageait la même
opinion. M. Thibaudeau pensait que la réduction faisait
rentrer les biens dans l'hérédité, et que dès lors les créanciers y exerceraient leur droit. M. Berlier lui-même, comme
jurisconsulte coutumier, ne pouvait pas considérer l'enfant seulement comme enfant ; il voulait voir en lui l'héritier, au moins légitimaire, et, par conséquent, obligé envers
les créanciers. « Qu'en toute hypothèse, donc, l'enfant fasse
» son calcul, dit-il. Si l'exercice de son droit doit lui devenir
» onéreux, il s'en abstiendra ; mais s'il en use, il ne doit
» en recueillir les avantages qu'avec les charges, et il faut
» ramener la législation à ce point, si elle lui est contraire. »

Dans cette réunion d'hommes instruits, il ne s'est pas
élevé une voix pour dire que l'acceptation sous bénéfice
d'inventaire suffirait à l'enfant héritier pour conserver un

droit que la loi a établi à son profit, et, sauf l'allusion de M. Bigot-Préameneu à l'art. 857, personne n'essaya plus de comparer le droit de réduction au rapport en fait de partage. Pourtant, le Conseil venait dans la même séance de renvoyer au Tribunat le titre *Des Successions.*

92. D'un autre côté, MM. Treilhard, Cambacérès, Maleville, Galli, Portalis, Bigot-Préameneu, défendirent les principes en démontrant que, sous la légitime de droit, les créanciers étaient sans action sur les biens retranchés des donations.

« Les créanciers du donateur n'ont aucun droit à exercer
» sur les biens donnés, attendu que ces biens ont été mis
» hors des mains de leur débiteur. L'exception faite en fa-
» veur des enfants pour leur assurer une légitime n'ap-
» partient qu'à eux seuls et ne change point l'état des
» créanciers (*le Consul* Cambacérès). Il est si peu dans l'in-
» tention de la loi d'en faire profiter les créanciers, que,
» s'il n'y avait d'enfant que le donataire, ou que la dona-
» tion fût faite à un étranger, les créanciers ne pourraient
» en demander la réduction (M. Treilhard). Il ne s'agit
» pas de donations faites en fraude des créanciers révoca-
» bles par l'action paulienne (M. Galli). Il ne s'agit que des
» créanciers postérieurs à la donation ou des chirographai-
» res qui peut-être eux-mêmes sont frauduleux : comment
» donc serait-il possible de les frauder par une donation?
» L'action en réduction est un privilége personnel à l'en-
» fant, à la différence de l'action en légitime, qui est une
» portion de la succession (M. Portalis). Le légitimaire
» prend à la vérité la légitime comme héritier; mais, lors-
» que pour s'en remplir il est obligé de demander la ré-
» duction, il a sous ce rapport un caractère particulier, et

» devient créancier lui-même (M. BIGOT - PRÉAMENEU). »

On conçoit que dans cette discussion animée, et sous les yeux mêmes du Premier Consul, les jurisconsultes du pays de droit écrit aient savamment traité de la nature et des effets de la légitime en droit romain : ils avaient à repousser de la loi le soupçon d'improbité (*). On retrouvera dans

---

(*) Je me crois obligé de donner ici en note le passage de l'opinion de M. Maleville sur lequel insistent le plus les partisans du cumul pour l'enfant renonçant. Qu'en résulte-t-il? Que M. de Maleville prouvait, selon les principes des pays de droit écrit, que c'était comme enfant, et non comme héritier, que l'enfant acquérait la légitime de droit. Il répondait à M. Réal, qui demandait qu'on lui démontrât que le légitimaire n'était pas nécessairement héritier, son opinion étant fondée sur ce que l'enfant qui exerce la réduction fait acte d'héritier. Voilà la réponse de M. Maleville, telle qu'elle a été insérée au procès-verbal :

« M. Maleville répond que ce n'est là qu'une équivoque. Sans
» doute le légitimaire qui aurait répudié l'hérédité de son père ne se-
» rait pas reçu à quereller les donations parce que les donataires lui
» diraient que, s'il ne l'avait pas répudiée, il aurait pu trouver dans
» la succession sa légitime; mais il ne s'ensuit pas pour cela que ce
» soit comme héritier qu'il demande le retranchement de la donation,
» et que, par une conséquence ultérieure, il soit tenu au paiement
» des dettes contractées depuis. Le contraire est évidemment prouvé,
» puisqu'en cette qualité d'héritier il serait obligé de maintenir cette
» donation. C'est comme enfant, et non comme héritier; c'est comme
» n'ayant pu être privé de sa légitime par des dispositions à titre gra-
» tuit, qu'il retranche ces donations excessives, et qu'il se met, par
» l'autorité de la loi, à la place des donataires; mais, de même que les
» donataires ne pouvaient être inquiétés par des créanciers posté-
» rieurs, l'enfant qui remplace ces donataires ne peut pas l'être davan-
» tage. Pour soutenir le contraire, il faudrait supposer que c'est dans

leurs opinions, conservées au procès-verbal, les maximes
que la légitime est une dette sacrée; que l'enfant la réclame
en tant qu'enfant, et non en tant qu'héritier; que les biens
donnés étaient hors de la succession!

Mais de tout cela que résulte-t-il? En résulte-t-il que le
Conseil d'Etat ait voulu alors examiner et résoudre la question de savoir si l'enfant renonçant et donataire pourrait
retenir sur son don la portion disponible et sa légitime?
Non. Si cette question a été agitée (dans cette séance ou
dans une autre), la discussion n'en a pas été conservée,
elle n'a pas été publiée. Tout se bornait alors à savoir si
les créanciers auraient le droit de se faire payer sur les
biens que la réduction ferait rentrer entre les mains du
légitimaire.

94. Cette question a été décidée ce jour-là, et la stratégie
de M. Muraire avait produit son effet. On lit à la fin du
procès-verbal : « LE CONSEIL décide... 2º que les créanciers

» la succession de son père, et par un effet de sa volonté, qu'il prend
» les biens retranchés ; tandis qu'il est constant que ces biens étaient
» hors de la succession, et que c'est par le bénéfice seul de la loi, et
» en contrevenant à la volonté de son père, qui en avait disposé en fa-
» veur d'un autre, que le légitimaire s'en saisit.

» Qu'est-ce, au surplus, que cette qualité d'héritier qu'on attache
» au légitimaire ? On sait bien que l'ordonnance de 1735 a voulu que
» la légitime fût laissée à titre d'institution ; mais ce n'est là qu'un ti-
» tre d'honneur, et qui n'a, dans le fait, aucune réalité immédiate;
» et rien de plus certain que cette maxime : *Legitima est quota bono-*
» *rum, non hœreditatis.* Dans les pays où l'institution d'héritier avait
» lieu, le mot *légitimaire* est toujours employé par opposition à ce-
» lui d'héritier, seul tenu au paiement des dettes. »

» de la succession peuvent exercer leur action sur les biens
» que la réduction rend au légitimaire. »

Le lecteur attentif remarquera que cette décision du Conseil d'Etat est contraire à la seconde partie de l'art. 921 du Code civil. Je dirai bientôt comment on est revenu sur cette décision.

95. Auparavant, il faut rappeler une autre décision bien plus importante, sur la discussion de laquelle les procès-verbaux publiés ne laissent aucune trace.

La réduction des donations à la portion disponible ne faisait aucune difficulté quand elle était dirigée contre les donataires étrangers.

Mais pouvait-elle être demandée contre les enfants donataires?

On sent bien que cette question ne concernait pas l'enfant donataire par préciput, venant à la succession : car il garde la chose donnée jusqu'à concurrence du disponible; l'excédant n'est pas retranché, il est sujet à rapport et mis en commun (art. 884).

Qui donc cette question regardait-elle? — L'enfant donataire, qui, pour conserver son don, s'abstiendra ou renoncera à la succession.

Or il y avait un intérêt tout-puissant à prendre une décision sur ce point.

Le projet de la commission de l'an VIII avait établi par son art. 16 une réserve légale, dont on ne pouvait profiter qu'en tant qu'on était héritier, et proportionnellement à la part que le réservataire recueillait dans la succession; il s'ensuivait que, s'il y avait des héritiers réservataires renonçants, leur part dans la réserve accroissait aux autres, et qu'en conséquence, si le renonçant était donataire, il n'avait aucun droit à la réserve et ne pouvait garder que la portion disponible. Sous ce premier projet, la question eût donc été oiseuse.

Au contraire, le projet de la section de législation, art. 18, seul mis en discussion, avait converti le droit de ré-serve en un titre de légitime; la légitime y était attribuée à l'enfant comme enfant, et non comme héritier. Or de là pouvait naître la question de savoir si, outre la portion disponible, l'enfant donataire et renonçant ne se croirait pas autorisé à retenir encore sa part de légitime. Il fallait donc décider cette question sous cette nouvelle rédaction.

Qui est-ce qui l'a posée au conseil? Qui l'a discutée? On n'en sait rien; mais elle a été décidée et résolue le même jour 5 nivôse an XI : « LE CONSEIL décide 1° *que l'action en réduction aura lieu* CONTRE LES ENFANTS DONATAIRES. »

96. A la séance du 12 ventôse, présidée par le second Consul, on reprit la discussion sur les articles suivants, et l'on fit quelques observations de détail inutiles à repro-duire ici.

Avant qu'on passât à un autre chapitre, M. Tronchet, présent à cette séance, exprima sa surprise du retranche-ment de l'art. 22 du titre *Des Donations et Testaments* du pro-jet de la commission de l'an VIII (remplacé dans le projet de la section de législation par l'art. 24, supprimé sur la deman-de du Consul Lebrun); il demanda les motifs de cette sup-pression, et exprima les raisons qui l'avaient fait admettre par la commission de l'an VIII: « Les rédacteurs, dit-il, avaient » considéré que la réduction est une faveur réservée aux » *seuls héritiers*, et souvent même à quelques uns d'entre » eux seulement. Or les biens de la succession se partagent » entre deux lignes, et par conséquent entre des héritiers

» de classes différentes, et souvent la réserve légale n'est
» établie qu'en faveur de l'une de ces classes. En consé-
» quence, les rédacteurs avaient pensé que, pour exclure
» des prétentions contraires à l'esprit de la loi, il conve-
» nait d'expliquer que l'action en réduction ne peut être
» exercée que par celui et au profit de celui pour qui la
» réserve est établie, et seulement dans la proportion qu'il
» doit profiter de cette réserve. Les développements qu'ils
» ont donnés à leur article prouvent qu'il est des cas où la
» difficulté peut se présenter. »

Cette observation est très grave; elle explique bien que
l'esprit du projet de la commission est d'établir une réserve, à laquelle on n'a droit que comme héritier; que nul n'a
droit à la réserve s'il n'est héritier; et, sur cette observation, le Conseil adopte, *sauf rédaction,* non pas l'art. 24 du
projet de la section de législation, supprimé dans la dernière séance, mais l'art. 22 du projet des commissaires
(V. p. 77), qui est inséré tout entier au procès-verbal de la
séance.

97. Je ferai remarquer ici que, si le Conseil d'Etat a adopté, dans la séance précédente, comme principe, que la
réduction s'opère même contre l'enfant donataire, et, dans
la séance actuelle, qu'il faut être héritier pour avoir un
droit à la réserve ou à la légitime, le nom n'y fait plus
rien : la légitime sera un droit de réserve sous une dénomination, qui aura perdu une partie de son ancienne signification.

98. Ce ne fut qu'après que le titre entier fut complètement voté que la section de législation fit présenter au Conseil (séance du 3 germinal an XI) par M. Bigot-Préameneu

une *nouvelle rédaction* du titre *Des Donations entre vifs et des Testaments*, faite d'après les amendements adoptés (non textuellement, mais en principe) dans les séances des 30 nivôse, 14, 21, 28 pluviôse; 5, 12, 19, 26 et 27 ventôse.

Il y avait à modifier l'ancien art. 18 de la section de légistalion de manière à y exprimer l'amendement proposé par M. Cambacérès le 21 pluviôse, adopté le 28, sur la variation du taux de la légitime dans le cas où il n'y aurait qu'un, deux ou trois enfants. Il y avait aussi à faire sentir le retour au projet primitif, qui ne nommait même pas la légitime, retour qui résultait de ce que le Conseil avait déclaré comme principe, dans la séance du 5 ventôse, que la réduction aurait lieu contre les enfants donataires, et de ce qu'il avait adopté, sauf rédaction, dans la séance du 12, un article du projet des commissaires de l'an VIII sur le mode de réduction, selon le système duquel la réserve appartenait seulement aux héritiers au profit de qui la loi la faisait.

Ces modifications se sont fait sentir dès le commencement du chapitre 2. Outre la rubrique *De la Portion disponible et de la Réduction*, aucun des articles adoptés ne porte plus le mot de *légitime*, et tous procèdent par voie de prohibition et d'indisponibilité des biens réservés.

L'art. 21 est en tout semblable à l'art. 913 du Code civil.

L'art. 22 est l'art. 914 du Code; il est emprunté à l'art. 2 de la loi du 4 germinal an VIII, et fait disparaître les difficultés qui pouvaient naître des mots *enfants et descendants d'enfants*.

L'art. 23 et les art. 24 et 25 échelonnent la réserve selon la qualité des autres héritiers à réserve admis jusque là, ascendants, frères ou sœurs, et statuent sur le concours, en certains cas, des frères, sœurs et neveux.

L'art. 26 est absolument dans le même esprit que l'art. 916 du Code civil.

L'art. 29 est notre art. 919 du Code civil.

L'art. 30 est semblable à notre art. 920, sauf une addition pour exclure les frères et sœurs de la réduction des donations.

Et l'art. 31 est semblable à l'art. 921 du Code civil, sauf le droit qu'il donne aux créanciers de la succession sur les biens recouvrés par l'effet de la réduction.

99. Le projet fut communiqué au Tribunat, qui fit ses *Observations* à la séance générale du Conseil du 24 germinal an XI; M. Bigot-Préameneu lui rendit compte de la conférence tenue avec le Tribunat.

Sur l'art. 21, la section du Tribunat avait proposé de donner une forme permissive à la faculté de disposer, au lieu d'une forme prohibitive : « *Les libéralités...* pourront comprendre... » Il ne fut pas question de cette observation au Corps législatif, et l'article demeura ce qu'est l'art. 913 du Code civil.

Sur l'art. 23, la section du Tribunat avait été d'avis « de refuser toute réserve aux frères et sœurs ; que la disposition du projet restreignait trop l'exercice du droit de propriété; qu'en donnant plus de latitude à la faculté de disposer, loin de relâcher les liens de famille, on les resserrerait au contraire par les égards et les ménagements qui en résulteraient entre parents. » Ce système était, dit M. Bigot-Préameneu, celui du droit écrit. Dans le droit coutumier on avait adopté des principes différents et qui tendaient au même but : l'union entre les frères et sœurs. — L'opinion du Tribunat fut adoptée par le Conseil, et la disposition retranchée.

Une autre observation du Tribunat sur le même article exprimait l'intention que les ascendants ne pussent avoir jamais moins que la quotité qui leur était réservée, quand ils se trouveraient en concours avec des collatéraux. Dans ce cas, c'est aux collatéraux à perdre sur leur part ce que le partage du restant enlèverait à la réserve des ascendants, puisqu'à l'égard des collatéraux le défunt était libre de tout donner. Cette observation fut aussi adoptée par le Conseil. L'art. 23 produisit ainsi l'art. 915 du Code civil, et les art. 24 et 25 du projet durent être retranchés.

De l'art. 26 durent être retranchés les mots « *et de frères ou de sœurs* ». Cet article devenait l'art. 916 du Code.

Sur l'art. 29 (art. 919 du Code) la section du Tribunat proposa de supprimer ces mots du § 1er : « *aux enfants ou autres successibles du donateur* », parce qu'il n'y avait plus de réserve de quotité pour les collatéraux... Mais il restait une réserve de quotité pour les ascendants, à l'un desquels un enfant peut donner par préciput ou hors part; et la disposition dut être conservée.

Sur l'art. 30, on dut, à cause de l'exclusion de réserves pour les frères et sœurs, supprimer le second paragraphe. C'est l'état actuel de l'art. 920 du Code civil.

Sur l'art. 31, le Tribunat proposa d'y substituer cette rédaction : « La réduction des dispositions entre vifs *ne
» pourra être demandée* que par ceux au profit desquels la
» loi fait la réserve, par leurs héritiers, *cessionnaires ou
» créanciers*. ELLE NE POURRA PROFITER AUX CRÉANCIERS DU
» DÉFUNT. »

Trois changements au projet. Le premier, en ce que l'article est conçu en termes limitatifs, pour dénier l'action à tous autres que ceux au profit desquels la loi fait la réserve, ou leurs représentants... Ce qui a été admis par la rédaction de l'art. 921.

Le second est vraiment puéril; le projet disait tout ce qu'il devait dire, en donnant l'action non seulement aux héritiers à réserve, mais à leurs héritiers ou ayant-cause. Le Conseil d'Etat, ou, pour mieux dire, la section de législation, fit bien de rejeter cet amendement par voie de prétermission. Les créanciers de l'héritier sont compris sous le nom d'ayant-cause toutes les fois qu'ils ont fait les actes préliminaires utiles pour exercer les droits de leur débiteur : par exemple, une opposition à partage.

Le troisième est plus important : c'est le renversement complet de la deuxième proposition adoptée en principe à la séance du 5 nivôse an XI, admettant dans tous les cas les créanciers de la succession à exercer leurs droits sur les biens recouvrés par l'effet de la réduction des donations.

La section de législation du Tribunat refusait d'adopter en principe que *l'enfant* à qui la loi accorde la réduction ne pourrait l'exercer qu'en l'employant à payer les dettes du défunt postérieures à la donation. Les motifs du Tribunat furent exactement résumés au Conseil par M. Bigot-Préameneu :
« L'enfant à qui la loi accorde la réduction ne pourrait la
» faire qu'en payant les dettes postérieures à la donation,
» tandis que la réduction ne doit pas exister pour eux, puis-
» que, s'il ne l'exerçait pas, les créanciers postérieurs n'au-
» raient pas de recours (*) sur les biens donnés. D'ailleurs
» l'action en réduction est un droit purement personnel;

<hr>

(*) Le texte porte : « n'en ont pas *moins* leur recours sur les biens donnés. » C'est un contre-sens ou du rédacteur du procès-verbal ou de l'imprimeur.

» ce droit est réclamé par l'individu comme enfant, ab-
» straction faite de la qualité d'héritier, qu'il peut prendre
» ou non ; s'il en était autrement, il arriverait souvent que
» l'action en réduction serait illusoire. »

M. Tronchet eut soin d'être présent à cette séance ; il y
rappela qu'il était absent à celle du 5 nivôse, où fut adoptée
l'opinion que combattait le Tribunat ; il se garde bien de
répéter, avec le Tribunat, que l'enfant n'agit que comme
enfant et abstraction faite de la qualité d'héritier. Cette idée
aurait répugné à un jurisconsulte coutumier. Sa grande,
son unique raison, c'est que, *quand une prohibition n'est relative qu'à un intérêt particulier, ce serait s'écarter du but de
la loi que d'en donner le bénéfice à une autre personne qu'à
celle en faveur de qui la loi l'a établie.*

La proposition du Tribunat fut donc adoptée, et l'art. 921
rédigé tel qu'il est aujourd'hui.

J'ai minutieusement rapporté les fragments de discours,
d'observations et de discussions, qui servent à fonder l'o-
pinion contraire à la mienne : c'est un devoir de conscience
pour l'auteur ; c'est aussi un devoir de conscience pour le
lecteur de suspendre son jugement jusqu'à la discussion.

Pour moi, dès à présent, il me semble que de cette discussion il ne résulte pas qu'en adoptant la rédaction du
Tribunat, le Conseil ait décidé que le retranchement était
accordé uniquement à cause de la qualité d'enfant ; et que
rien dans cette séance n'empêche que ce ne puisse être à
cause de la double qualité d'enfant et d'héritier que la
réserve a été constituée, et que défense a été faite aux
créanciers, donataires et légataires, d'en profiter.

100. Voilà donc le texte du Code civil, tel qu'il est sorti
de ces débats.

Section I. — *De la portion de biens disponibles.*

Art. 913. Les libéralités, soit par acte entre vifs, soit par testament, ne pourront excéder la moitié des biens du disposant s'il ne laisse à son décès qu'un enfant légitime, le tiers s'il laisse deux enfants, le quart s'il en laisse trois ou un plus grand nombre.

Art. 914. Sont compris, dans l'article précédent, sous le nom d'enfants, les descendants en quelque degré que ce soit; néanmoins, ils ne sont comptés que pour l'enfant qu'ils représentent dans la succession du disposant.

Art. 915. Les libéralités, par acte entre vifs ou par testament, ne pourront excéder la moitié des biens si, à défaut d'enfants, le défunt laisse un ou plusieurs ascendants dans chacune des lignes paternelle et maternelle, et les trois quarts s'il ne laisse d'ascendants que dans une ligne.

Les biens ainsi réservés au profit des ascendants seront par eux recueillis dans l'ordre où la loi les appelle à succéder; ils auront seuls droit à cette réserve, dans tous les cas où un partage en concurrence avec des collatéraux ne leur donnerait pas la quotité de biens à laquelle elle est fixée.

Art. 916. A défaut d'ascendants et de descendants, les libéralités, par actes entre vifs ou testamentaires, pourront épuiser la totalité des biens.

Art. 917 et 918......

Art. 919. La quotité disponible pourra être donnée en tout ou en partie, soit par acte entre vifs, soit par testament, aux enfants ou autres successibles du donateur, sans être sujette au rapport par le donataire ou le légataire venant à la succession, pourvu que la disposition ait été faite expressément à titre de préciput ou hors part.

La déclaration que le don ou le legs est à titre de préciput ou hors part pourra être faite, soit par l'acte qui contiendra la disposition, soit postérieurement, dans la forme des dispositions entre vifs ou testamentaires.

Section II. — *De la réduction des donations et legs.*

Art. 920. Les dispositions, soit entre vifs, soit à cause de mort, qui excéderont la quotité disponible, seront réductibles à cette quotité lors de l'ouverture de la succession.

Art. 921. La réduction des dispositions entre vifs ne pourra être demandée que par ceux au profit desquels la loi fait la réserve, par leurs héritiers ou ayant-cause; les donataires, les légataires, ni les créanciers du défunt, ne pourront demander cette réduction, nien profiter.

Art. 922. La réduction se détermine en formant une masse de tous les biens existants au décès du donateur ou testateur. On y réunit fictivement ceux dont il a disposé par donations entre vifs, d'après leur état à l'époque des donations et leur valeur au temps du décès du donateur. On calcule sur tous ces biens après en avoir déduit les dettes, quelle est, eu égard à la qualité des héritiers qu'il laisse, la quotité dont il a pu disposer.

Art. 923. Il n'y aura jamais lieu à réduire les donations entre vifs qu'après avoir épuisé la valeur de tous les biens compris dans les dispositions testamentaires; et, lorsqu'il y aura lieu à cette réduction, elle se fera en commençant par la dernière donation, et ainsi de suite en remontant des dernières aux plus anciennes.

Art. 924. Si la donation entre vifs réductible a été faite à l'un des successibles, il pourra retenir, sur les biens donnés, la valeur de la portion qui lui appertiendrait, comme héritier, dans les biens non disponibles, s'ils sont de la même nature.

Art. 925 et suivants ...

101. L'exposé des motifs de M. Bigot-Préameneu, le rapport de M. Jaubert au Tribunat, et le discours de M. Favard, au nom du Tribunat, devant le Corps législatif, n'offrent, selon moi, rien qui puisse influer sérieusement sur la question ; cependant quelques phrases des deux tribuns semblent refléter l'observation que le Tribunat avait faite sur l'art. 921, et je les donne en note afin que tous les documents contraires soient rassemblés (*).

(*)   Extrait *du Rapport de* M. Jaubert.

« Que dire des créanciers postérieurs du défunt? Seront-ils admis
» à la réduction de leur chef? Les biens donnés étaient *hors du pa-*
» *trimoine* de leur débiteur lorsqu'ils ont contracté avec lui; ils ne
» peuvent donc exercer aucune réclamation contre les détenteurs de
» ces mêmes biens. Mais si la réduction est exercée par ceux au pro-
» fit desquels la loi fait la réserve, ces derniers seront-ils tenus de
» payer les dettes postérieures à la donation? Non. *Ils ne viennent*
» *pas comme héritiers* ; on les considère comme des codonataires. C'est
» alors que, par un belle fiction, la loi, faisant ce que la nature seule
» aurait dû inspirer, suppose que par le même acte l'auteur de la dis-
» position avait été juste envers tous ceux qui avaient droit à sa ten-

» dresse. Les créanciers n'ont de droit *que sur la succession ;* ils ne
» peuvent exercer *que les actions de la succession.* L'action directe
» en réduction...... ne leur est refusée que parce *qu'elle n'est pas dans*
» *la succession :* car, si elle était dans la succession, on ne pourrait
» pas la leur dénier. »

EXTRAIT *du discours de* M. FAVARD.

« ..... *Ce n'est pas comme héritiers* que les enfants demandent le
» retranchement. Cela est si vrai, que la portion donnée qui entamait
» la réserve légale *était retranchée de la succession.* Les enfants *la*
» *conquièrent sur le donataire ;* ils la prennent aussi libre qu'elle l'é-
» tait dans ses mains, franche des dettes que le donateur a contractées
» postérieurement à sa donation. — Ensuite, la loi peut décider un
» droit positif tant qu'il ne nuit pas aux intérêts des tiers. Or les
» créanciers, qui n'ont pas le droit de demander la réduction, ne peu-
» vent pas se plaindre qu'elle tourne au profit de celui à qui la loi
» permet de la demander, puisqu'ils ne seraient pas mieux traités
» quand la réduction ne serait demandée par personne..... »

TROISIÈME PARTIE.

CODE CIVIL.

CHAPITRE I.

Histoire de la jurisprudence sur la question à examiner.

SOMMAIRE.

102. Pourquoi les graves questions ne se présentent pas dans les tribunaux dès les premiers temps d'une loi.

103. Opinion de ceux qui donnaient à l'enfant, même renonçant, action pour réclamer sa réserve.

104. Abandon de cette opinion dès les premiers temps du Code.

105. Du défaut d'action il semble conséquent de conclure à l'absence du droit de rétention.

106. Dissentiment entre les auteurs sur le droit de rétention.

107. La question se présente à la Cour de cassation dans l'affaire *Laroque de Mons.* Espèce précise de l'arrêt du 18 février 1818.

108. Motifs de l'arrêt qui réduit à la portion disponible le donataire renonçant.

109. Causes qui ont miné cette jurisprudence.

110. Définition hasardée des avancements d'hoirie dans l'arrêt *Saint-Arromans.*

111. Diversité de jurisprudence sur la question de savoir si les donations faites aux enfants doivent entrer dans la réunion fictive pour

102. Je ne suis pas quitte encore du rôle d'historien. Maintenant que le Code civil est publié, il faut étudier l'histoire des opinions diverses sur la question, sous l'empire du Code même.

Ce n'est jamais dans les premières années d'une loi sur les successions, sur les donations, sur les contrats de mariage, que s'élèvent les difficultés graves sur son exécution. Pendant long-temps encore les procès naissent des actes passés sous les lois précédentes : il y a bien quelquefois à apprécier la nouvelle législation; mais il faut du temps pour en apercevoir les difficultés. De plus, dans un pays où l'ancienne législation suivait le génie particulier de chaque province, les praticiens, les officiers publics, les avocats, et souvent même les magistrats, avaient vieilli sous l'empire des lois locales, et dans l'amour des habi-

tudes dont elles étaient nées ou qu'elles avaient impri-
mées : de là, selon les lieux, un préjugé en faveur de telle
ou telle opinion. Sur les questions douteuses, on transigeait
souvent, même en présence d'un intérêt considérable.
Aussi verra-t-on que ce n'est que quinze ans après la pro-
mulgation du Code civil que la question de savoir si l'enfant renonçant pouvait retenir portion disponible et réserve,
s'est produite avec une sorte d'éclat devant les tribunaux
et devant la Cour de cassation.

103. Cependant dès les premiers temps du Code civil,
les jurisconsultes se sont divisés sur cette question. L'habitude de la légitime de droit, tant en pays de droit écrit que
dans les Coutumes d'option, fit penser à beaucoup que la
réserve de l'art. 913 était due individuellement à chaque
enfant comme l'ancienne légitime. L'opinion de M. Maleville lors de la discussion de l'art. 921, ce que le Tribunat
avait fait observer pour exclure les créanciers, quelques
phrases des tribuns Jaubert et Favard, favorisaient cette
façon de penser. De là quelques uns ont dit que l'enfant
renonçant avait action pour réclamer des donataires entre
vifs sa légitime ou réserve, ou pour en demander le complément s'il ne l'avait pas reçue en entier du vivant de son père.
(V. les auteurs des *Pandectes françaises*, t. 8, p. 368; voir
aussi la 1re édition du *Commentaire sur les successions* de
M. Chabot de l'Allier.)

Ce système était conséquent. Si la réserve est due à l'enfant comme enfant, et non comme héritier, l'enfant doit
avoir action pour la réclamer contre tout détenteur des
biens héréditaires malgré sa propre renonciation; il la réclamera contre les donataires; il la réclamera même contre
ses frères et sœurs détenteurs de la succession à laquelle

il aura renoncé ; il viendra leur dire : « Vous avez accepté
» et recueilli la succession du père commun ; je l'ai répu-
» diée, mais je n'ai pas abdiqué les droits d'enfant ; comme
» enfant je réclame de mes frères et sœurs la dette que
» mon père a contractée envers moi par ma naissance
» même. »

104. Il faut pourtant bien que ce système soit faux : car,
malgré les efforts des partisans du droit romain pour trans-
planter dans le droit français l'action en légitime ou en supplément de légitime pour l'enfant renonçant, quoique non
donataire ou n'ayant qu'une donation inférieure à sa part
de légitime, on a abandonné cette opinion dès les premières
années du Code civil ; et il est aujourd'hui hors de doute et
de controverse que le réservataire qui réclame la réserve
par voie d'action doit se porter héritier pur et simple ou
bénéficiaire, comme l'héritier qui réclame le rapport. C'est
l'opinion de tous les auteurs (LEVASSEUR, *Quotité disponible*,
n° 13 ; GRENIER, *Donations*, n° 589 ; DELVINCOURT, t. 2, note
4, sur la page 60 ; TOULLIER, t. 5, n° 106 et suivants).

105. De là on serait tenté de conclure que, dès que le
renonçant ne peut rien demander par voie d'action à titre
de légitime ou de réserve, il ne peut pas davantage retenir
la réserve par voie d'exception, surtout quand une loi spéciale (l'art. 845) s'est montrée libérale envers lui en réglant
son droit de rétention à la mesure de ce que son père aurait
pu donner à un étranger. Cette conclusion me semble légitime.

106. Pourtant de grands jurisconsultes furent d'un avis
contraire. M. Chabot (de l'Allier) ; M. Grenier, t. 2, n° 566

594; M. Delvincourt, t. 2, p. 321 et 429; M. Proudhon, dans une consultation qu'on trouve au Recueil de Sirey, t. 18, avec l'arrêt *Laroque*, ont professé l'opinion que l'enfant donataire et renonçant pouvait conserver réserve et portion disponible.

Mais l'opinion contraire comptait de plus nombreux partisans. M. Merlin l'a enseignée au mot *Réserve*, *Questions de droit*; car il ne faut pas prendre comme opinion de Merlin les articles *Réserve* et *Portion disponible* du Répertoire, qui appartiennent à M. Grenier; et ce que Merlin lui-même a écrit au mot *Légitime* n'appartient qu'à l'ancien droit. Le cumul est rejeté par M. Toullier, t. 5, n° 10, et par M. Duvergier; par M. Favard de Langlade, Répertoire, au mot *Renonciation*, § 1er, n° 14; par M. Duranton, t. 7, n° 282 et suivants, et par toute l'école de Paris. MM. Grenier et Chabot s'étaient ralliés à cette opinion après 1818; mais il est bien difficile de discerner s'ils ont changé d'opinion ou s'ils ont fait acte de soumission à la jurisprudence de la Cour de cassation. Enfin tous les auteurs de recueils d'arrêts, de répertoires et dictionnaires faits pour guider les notaires et les autres officiers ministériels dans la pratique du droit, ont tous répété depuis trente ans que le donataire renonçant à la succession ne pouvait retenir le don que jusqu'à concurrence du disponible.

107. C'est en effet ce qui avait été décidé par la Cour de cassation la première fois, je crois, que la cause lui a été soumise, dans une affaire demeurée célèbre et connue sous le nom *Laroque de Mons*.

Madame veuve de Laroque de Mons avait, par le contrat de mariage de M. Pierre de Laroque, son fils, fait à celui-ci une donation immense à titre particulier.

Je dis à titre particulier, car le Recueil de Sirey en relate les termes ; elle était de biens présents et paraît avoir compris sous son énumération tous les biens présents de la mère. Ce n'est pas là une universalité, malgré la possibilité que la mère n'en eût pas acquis d'autres depuis. Il paraît même que, dans le procès, on s'appuyait sur le prétendu caractère d'universalité de la donation. Mais cela devient sans importance, parce que le caractère universel ou particulier de la donation a été sans influence sur la décision de la Cour.

Le 2 décembre 1808, Mme de Laroque mère mourut laissant six enfants : les cinq enfants puînés acceptèrent sa succession ; M. Pierre de Laroque, fils aîné, renonça à la succession, et demanda à conserver la quotité disponible et en sus une part d'enfant : c'est-à-dire 1/4 du tout, plus 1/6 des 3/4 restants.

Le 29 août 1814, un jugement du tribunal civil de Périgueux accorda seulement le quart disponible à l'enfant donataire, par le singulier motif « que la donation n'avait pas « été faite par préciput », comme s'il y avait à considérer la qualité de préciputaire dans l'enfant qui renonce à la succession !

L'appel fut porté à la Cour royale de Bordeaux, qui, par arrêt du 30 janvier 1816, confirma le jugement, mais par ce nouveau motif « que l'étendue du droit de rétention de l'enfant renonçant était déterminée par l'art. 845 du Code civil, et que les trois quarts réservés par la loi appartiennent aux enfants qui acceptent la succession par l'effet de l'accroissement résultant de la renonciation du donataire. »

Pourvoi en cassation.

La question se réduisait à savoir si la Cour de Bordeaux avait violé la loi en refusant à l'enfant donataire renonçant à la succession le droit de retenir une part d'enfant en sus de la part disponible.

Le pourvoi fut admis. Le demandeur s'appuyait sur la consultation de Proudhon (Recueil de Sirey, p. 104). Il était défendu par M' Loiseau, dont le mémoire est extrait au même Recueil, p. 103. Les puînés l'étaient par M° Sirey.

Le rapporteur à la chambre civile était M. le conseiller Porriquet. Or il faut remarquer ici que la commission Jacqueminot, à qui est dû l'art. 845 du Code civil, a cité M. Porriquet au nombre des jurisconsultes qui avaient aidé les membres de cette commission dans ses travaux (V. FENET, t. 1er, p. 330). C'est une raison de plus pour penser que ce magistrat éclairé et laborieux connaissait bien dans quel esprit avait été rédigé le projet du Code. M. Sirey nous a conservé le rapport de M. Porriquet, p. 107.

M. Cahier, avocat général, a conclu à la cassation, contrairement au rapport.

L'analyse de son discours prouve bien que c'était alors par les mêmes moyens qu'aujourd'hui qu'on soutenait la possibilité du cumul pour l'enfant renonçant.

Mais, le délibéré vidé, tous ces moyens furent écartés, et la Cour a rejeté le pourvoi par son arrêt du 18 février 1818, en décidant « que la Cour royale de Bordeaux s'était con-
» formée au *texte* et à *l'esprit* du Code civil en jugeant,
» 1° que la dame de Mons, qui à son décès a laissé *six*
» enfants, *n'avait pu disposer* au profit du demandeur, son
» fils aîné, que du *quart* de ses biens; 2° que la donation
» qu'elle lui a faite, *l'eût-elle été par préciput ou à titre uni-*
» *versel*, DEVAIT ÊTRE, sur la demande des héritiers ayant
» droit à la réserve, RÉDUITE *à la quotité disponible*; 3° en-
» fin, que le donataire, ayant *volontairement* renoncé à la
» qualité d'héritier pour s'en tenir à la donation, NE POU-

» VAIT PRÉTENDRE *qu'à la portion disponible,* et AVAIT PERDU
» SA PART *dans la réserve* ou légitime, *que la loi ne donne*
» *qu'aux héritiers.* »

108. Voici les motifs textuels de cet important arrêt ;
je les présente sous la forme directe, pour que l'ensemble
de la doctrine de la Cour de cassation en 1818 soit plus facilement saisi :

« Il résulte de la combinaison et du rapprochement des divers articles du
» Code civil relatifs à la légitime des enfants, et notamment des art. 785, 786,
» 843, 844, 858, 859, 913, 917, 920, 921, 924, 1004, 1006, 1009, etc., etc.,
» que la loi divise en deux portions distinctes les biens des père et mère, lais-
» sant l'une à leur disposition, et réservant l'autre aux enfants pour leur légi-
» time ;
» Que la quotité de la première est *invariablement* fixée par le nombre des
» enfants existants au moment du décès du disposant ;
» Qu'elle est *toujours la même,* soit qu'il ait disposé à titre universel ou par-
» ticulier, en faveur d'étrangers ou de ses enfants, et en faveur de ceux-ci avec
» préciput ou hors part, ou sans dispense de rapport ;
» Qu'elle est la seule chose dont il puisse avantager l'un de ses enfants, en la
» lui donnant expressément par préciput et hors part ;
» Qu'enfin, lorsque ces libéralités excèdent cette quotité disponible, elles
» sont, sur la demande de ceux qui ont droit à la réserve, sujettes à réduction
» ou à rapport, et que cet excédant fait nécessairement partie de sa succession
» réservée aux enfants pour leur légitime. »
Il en résulte, d'un autre côté, « que cette deuxième portion des biens des
» père et mère est assurée à tous les enfants *collectivement,* et leur est donnée
» en qualité d'héritiers, pour être partagée entre eux également, ainsi que la
» portion disponible le serait si les père et mère n'en avaient pas disposé, ou
» n'en avaient disposé qu'au profit d'un ou de plusieurs enfants, sans les dispen-
» ser du rapport ;
» Qu'à ce titre d'héritiers ils sont saisis *collectivement* de tous les biens et
» actions du défunt, et investis du droit de former contre tous les donataires,
» sans distinction, la demande en réduction des donations qui excèdent la por-
» tion disponible.
» Donc, ceux d'entre eux qui renoncent sont *censés n'avoir jamais été héri-*
» *tiers,* et la part qu'ils auraient eue en cette qualité *accroît à leurs cohéritiers*
» pour le tout, sans y distinguer la partie des biens existants en nature au jour
» du décès de celle comprise dans des donations faites à des étrangers ou aux

» enfant renonçants, et sujettes à retranchement pour ce qui excède la portion
» disponible;

  » En telle sorte que, si l'un des enfants *restait seul héritier*, il aurait aussi *seul*
» *droit à la totalité* de la légitime ou réserve légale ; et que, si l'enfant veut re-
» noncer pour s'en tenir à son don, il le peut, soit que le don lui ait été fait
» par préciput ou sans dispense de rapport, à titre universel ou autrement,
» mais qu'alors, et comme donataire, il ne peut jamais profiter que de la por-
» tion disponible.

  » Ainsi, toutes ces dispositions du Code relatives à la faculté donnée aux pères
» et mères de disposer d'une portion de leurs biens, et à la nécessité pour les
» enfants d'être héritiers pour conserver leur part dans la réserve légale, qui,
» par l'effet de la renonciation, accroîtrait pour le tout à leurs cohéritiers, sont
» claires, concordantes entre elles, et conçues en termes généraux qui n'admet-
» tent ni distinction ni exception.

  » En vain, pour en éviter l'application, voudrait-on, *en torturant* les ex-
» pressions de quelques uns des articles du Code, prétendre que le législateur
» a permis aux enfants de prendre ou au moins de retenir une partie des biens
» de leur père et mère, autrement qu'à l'un des deux titres de donataire ou
» d'héritier.

  » Cette faculté serait contraire au système général de la législation nouvelle,
» et n'est écrite nulle part.

  » Elle ne résulte, quoiqu'on l'ait supposé, ni de l'art. 921, qui interdit à la
» vérité aux donataires, légataires ou créanciers du défunt, le droit de deman-
» der la réduction des donations entre vifs, mais qui ne dit pas que les en-
» fants pourront partager la portion excédant la quotité disponible, sans être
» héritiers;

  « Ni de l'art. 924, qui, conformément au droit établi pour les rapports à faire
» entre cohéritiers par les art. 858 et 859, autorise le donataire successible à re-
» tenir sur les biens donnés sa part dans les biens indisponibles ; mais qui, loin
» de l'y autoriser lorsqu'il cesse d'être héritier, ne lui donne cette faculté que
» s'il y a dans la succession *des biens de même nature*, ce qui signifie bien clai-
» rement *s'il vient à partage* avec ses cohéritiers.

  » En vain encore voudrait-on argumenter de ce qui aurait eu lieu si la suc-
» cession de la dame de Mons avait été régie par les principes de la législation
» antérieure à la publication du Code civil.

  » Car, s'il est vrai qu'alors, dans les pays même où il fallait être héritier pour
» demander la légitime (Cout. de Paris et autres semblables), on décidait que
» l'enfant donataire pouvait, en renonçant à la succession pour s'en tenir à son
» don, retenir sa légitime sur les biens dont il avait été saisi par la donation
» et conserver en outre tout ce qui excédait la légitime due à ses frères et
» sœurs;

  » S'il devait, en effet, en être ainsi lorsque, d'un côté, la légitime étant con-

» sidérée comme une dette, une prestation alimentaire due par les père et mère
» à leurs enfants, parce qu'on pouvait supposer qu'en leur faisant une do-
» nation ils avaient eu pour but principal de se libérer de cette dette, de
» même que les enfants, en l'acceptant, avaient voulu sans doute l'imputer sur
» ce qui leur était dû ; lorsque, d'un autre côté, la quotité dont il est permis
» de disposer, soit au profit d'étrangers, soit en faveur des enfants, n'étant pas
» limitée, la donation, à quelque somme qu'elle montât, n'était sujette à re-
» tranchement que jusqu'à concurrence de ce qui était nécessaire pour fournir
» à chacun des enfants sa légitime personnelle ; lorsque enfin la légitime de l'en-
» fant qui renonçait profitait au donataire universel et n'était pas dévolue par
» droit d'accroissement aux cohéritiers du renonçant ;

» Néanmoins, les principes de cette ancienne législation sont évidemment
» inconciliables avec ceux du Code civil, qui, au lieu de ne donner à chacun des
» enfants pour sa légitime qu'une créance personnelle affectée sur les biens,
» leur donne à tous collectivement la succession toute entière, veut qu'ils n'y
» aient part qu'en qualité d'héritiers, et que, s'ils renoncent à la succession pour
» s'en tenir à leur don, ce don reste fixé pour eux, comme pour les étrangers,
» à la quotité déclarée disponible ; et qui, par l'art. 845, bornant à cette quo-
» tité ce que l'enfant qui renonce a le droit de retenir, annonce bien clairement
» qu'il ne peut en même temps retenir aucune partie de la réserve légale. »

109. Cet arrêt fixa pour long-temps la jurisprudence, du
moins à la surface : car, au fond, restait toujours dans les
pays de droit écrit cette pensée générale, que la légitime était
individuelle et n'était qu'une part de la portion que l'enfant
aurait eue s'il n'y avait eu ni donation ni testament ; restait
aussi toujours dans les pays soumis aux Coutumes d'option,
comme Paris, cette maxime qu'un frère, pour conserver le
plus possible, ne fait aucun tort aux autres, pourvu qu'il
complète leur part de légitime. Il n'y avait, à vrai dire, que
les pays d'égalité parfaite qui comprissent instinctivement
le Code, et ce qu'il ajoutait de liberté au droit du père de
famille. Le droit des enfants y semblait le même qu'autrefois, sauf la faculté de retenir la portion disponible.

Une autre cause de trouble dans les idées s'est rencon-
trée dans les progrès de la législation (je devrais dire dans
ses étapes, car le mot *progrès* est un de ceux que je n'eu-

tends pas). L'esprit général du Code avait été l'égalité des partages; il avait tendu, non pas à détruire la loi du 17 nivôse an II, mais à en diminuer les inconvénients, à en arrêter les refentes, à rétablir le pouvoir paternel, mais en le renfermant dans des limites certaines. L'égalité y était toujours le principe fondamental. Mais un autre esprit dicta les lois subséquentes. Le Code civil avait maintenu l'abolition des substitutions, il ne les avait permises que dans le cas unique des art. 1048 et 1049; le Sénatus-consulte du 14 août 1806 vint permettre les majorats : c'était une première exception. Puis, la loi du 17 mai 1826 en a introduit une seconde en permettant les substitutions à deux degrés en dehors des majorats. Le pouvoir de donner et celui de modifier ses donations s'étendait donc par des exceptions successives ; or, il est dans la nature des exceptions d'être envahissantes, d'inspirer le mépris de la règle générale, d'en justifier les violations partielles, et, à force de déviations, de faire entièrement oublier la loi. C'est un phénomène constant en politique, en morale, et même en jurisprudence. A mesure qu'on a senti le pouvoir des donateurs s'étendre sur l'objet de leurs donations, et les donataires favorisés outre mesure, on s'est senti disposé naturellement à donner aux donations une extension plus grande même que les exceptions ne le permettaient.

A cette cause morale de l'oubli du droit ajoutera-t-on les difficultés sérieuses que présentent les matières de pur droit civil, ce qu'elles ont d'abstrait et de spécieux; les questions qui ont avec d'autres des rapports inaperçus et dont les décisions forment ensuite préjugés; l'habileté de l'intérêt personnel et des défenseurs pour empêcher que ces rapports ne soient saisis, et même les illusions des gens de bien qui ne s'attachent qu'à la faveur de l'espèce? Oh! alors

on reconnaîtra qu'il n'est pas étonnant qu'une jurisprudence fondée en 1818 se trouve renversée après trente
ans, et qu'il y ait eu, par l'effet d'une déviation insensible,
des précédents pour amener et justifier ce changement.

Je trouve la première cause de déviation dans *une définition* des donations en avancement d'hoirie que la Cour de
cassation a insérée dans un arrêt *Saint-Arromans* du 8 juillet 1826 : « Les avancements d'hoirie NE SONT en réalité
» QUE *des remises anticipées des parts* que les donataires
» successibles doivent recueillir un jour dans les succes-
» sions. » Certes, cette définition peut avoir sa justesse
relative et se trouver très bien et très exactement placée
dans l'arrêt dont il s'agit, mais le lecteur conçoit quel
abus on peut faire de cette maxime dans notre question
spéciale.

111. La difficulté qui a donné lieu à l'arrêt *Saint-Arromans* s'élevait sur une question bien différente de la nôtre.
Il s'agissait alors de savoir si le donataire ou le légataire
par préciput pouvait exiger la réunion fictive à la masse
des donations antérieures à sa propre donation, non pour
réduire ces donations, ni pour contraindre l'héritier à les
rapporter au donataire postérieur, mais à l'effet de fixer
l'étendue de la quotité disponible. Sur cette question, alors
vivement controversée, la Cour de cassation avait pensé
que la réunion fictive conduirait à une sorte de rapport au
profit des donataires ou légataires, et cassa plusieurs arrêts ordonnant la réunion fictive des dons antérieurs, notamment un arrêt de la Cour d'Agen du 2 mai 1822, dans
une affaire *Cassaigne*. L'arrêt de cassation est du 8 décembre 1824.

Le même jour, autre arrêt qui casse un arrêt de la Cour

de Pau du 12 juin 1822 dans une affaire Jourdan, Sabattié et Saint-Arromans (*V. S. t.* 25, 1, 13 *et suiv.*). Renvoi devant la Cour royale d'Agen. Dans un nouvel arrêt, du 12 juillet 1825, cette Cour jugea, comme l'avait fait la Cour de Pau, en expliquant clairement sa doctrine, « que, si les biens donnés par le père en avancement d'hoirie sont *extra bona*, ce n'est que relativement à la disposition qu'il en voudrait faire ensuite; mais que pour régler l'étendue des dispositions du défunt, la loi maintient fictivement *in bonis* les biens donnés; que le système contraire produirait une nouvelle réserve au profit des donataires en avancement sur le quart disponible en dehors des trois quarts restitués, ce qui réduirait les légataires à un seizième, et que tout ce qu'on pouvait exiger, c'était d'empêcher le légataire par préciput de demander comme légataire la réduction des donations antérieures. »

112. La question fut donc portée en audience solennelle devant la Cour de cassation, chambres réunies, et par arrêt du 8 juillet 1826 le pourvoi fut rejeté, et dans les motifs de l'arrêt s'est glissée cette définition des avancements d'hoirie, qu'on peut regarder comme un premier pas contre l'arrêt Laroque de Mons (*).

113. La seconde déviation se trouve dans les motifs d'autres arrêts, qui au fond ne statuaient pas sur la question. Les espèces, dans leur diversité, amènent des questions difficiles. La loi donne au père une portion disponible dont il peut

---

(*) V. cet arrêt aux recueils de Sirey, 1826, 1, 313; de Dalloz, 1826, 1, 314, et du Palais, t. 3e de 1826, p. 272.

faire attribution à un étranger ou à un enfant (913 et 919);
l'art. 845 donne ou semble donner à l'enfant avantagé le pouvoir de retenir par sa volonté cette portion disponible. Quelle
sera la volonté la plus forte, celle du donateur ou celle du donataire? Par exemple, un père fait un avancement d'hoirie
à l'un des enfants, puis une donation entre vifs à un étranger
d'une somme qui se trouve excéder la portion disponible.
Cette donation produira-t-elle son effet, si l'enfant avancé
vient, en vertu de l'art. 845, retenir son don jusqu'à concurrence de la portion disponible? N'y aura-t-il pas alors un
pacte secret entre lui et ses frères et sœurs non dotés, pour
écarter l'étranger donataire? pour violer la volonté paternelle? Qu'arrivera-t-il si le père fait des donations par avancement d'hoirie; puis, qu'il fasse par donation ou par testament un préciput à un enfant? Est-ce que l'enfant doté le
premier par simple avancement ne viendra pas détruire
l'effet de la volonté paternelle en renonçant, pour garder
la portion disponible? C'est à l'occasion de ces difficultés
que les auteurs et les conseils ont cherché un moyen de
faire *plus équitablement* que la loi, *sans cependant blesser
les textes* (M. DURANTON, t. 7, n° 287); ils ont cherché si
dans la nature de l'avancement d'hoirie il n'y avait pas
quelque chose qui permît de faire retenir au renonçant,
jusqu'à concurrence de la portion disponible, une somme
qui n'excédât pas cette portion, mais qui fût composée en
partie de réserve, en partie de portion disponible, de manière à ce qu'il restât une fraction de quotité disponible
pour fournir aux nouvelles dispositions du père. Ce système
a quelque chose d'équitable, et j'ai dit aussi, il y a douze
ans: « La réserve est comprise dans la retenue que l'art.
» 845 permet au donataire par avancement d'hoirie de
» faire sur la chose donnée, *non pas* de la quotité disponi-

» ble, mais, *jusqu'à concurrence* de cette portion, d'une
» valeur dont les éléments se composent d'abord de sa ré-
» serve, et ensuite d'une somme suffisante sur la portion
» disponible pour compléter à l'enfant renonçant l'avan-
» tage que le défunt aurait pu faire à un étranger. » (*Donations et Testaments*, sur l'art. 919, n° 11, p. 146.)

Je n'entends nullement dire ici que cette opinion soit
bonne ou mauvaise ; je rends compte historiquement de
l'état des opinions sur ces questions accessoires, en re-
cherchant les causes qui ont amené le renversement de
jurisprudence en 1843 ; et comme, dans les arrêts dont je
vais rendre compte, l'enfant renonçant à la succession n'a
rien reçu de plus que la valeur de la portion disponible,
la jurisprudence de 1818 était encore respectée.

114. Arrêt *Mourgues*. — Le sieur Mourgues, en mariant
sa fille Élisabeth au sieur Bonnet en 1809, lui avait fait
une donation de 20,000 fr. en avancement d'hoirie. En
1815, il légua la portion disponible de ses biens à Ferdinand
Mourgues son fils.

A sa mort, il laissa trois héritiers : *Élisabeth*, femme
Bonnet ; *Ferdinand* Mourgues, et *Angélique*, fille non dotée.

Élisabeth renonça à la succession pour s'en tenir à son
don.

Nulle difficulté sur ses droits : elle ne voulait retenir que
jusqu'à concurrence de la quotité disponible, et ne prétendait pas y cumuler sa réserve.

Ferdinand et Angélique reconnurent qu'elle pouvait retenir les 20,000 fr. s'ils n'excédaient pas la portion disponible.

Le procès s'élevait entre Ferdinand et Angélique.

Angélique prétendait qu'Élisabeth ayant emporté le disponible, le legs fait à Ferdinand d'une quotité disponible absorbée par Élisabeth se trouvait caduc faute de biens disponibles.

Ferdinand soutenait que son legs devait produire effet, parce qu'en imputant à Élisabeth sa propre réserve sur sa retenue, elle épuiserait d'autant moins la portion disponible; qu'en calculant ainsi, il lui adviendrait à lui une part de portion disponible égale à la réserve d'Élisabeth renonçante; qu'il la joindrait à sa portion héréditaire à cause de son préciput, et qu'Angélique ne recueillerait pas autre chose que sa part de réserve.

Ferdinand Mourgues gagna son procès par arrêt de la Cour royale de Montpellier du 17 janvier 1828 (S, 28, 2, 117) : « Réformant, déclare que la donation en avancement
» d'hoirie faite à la dame Bonnet doit être imputée sur la
» part successive qui lui revient comme enfant dans la
» réserve, et que l'excédant de ladite donation, s'il y en
» a, doit être imputé sur la portion disponible; ordonne
» que cette quotité sera attribuée audit Ferdinand Mourgues
» en totalité si la donation n'excède pas la portion succes-
» sive, et pour tout ce qui restera de cette quotité si elle
» l'excède. »

Cet arrêt, longuement et méthodiquement motivé, témoigne par un de ses motifs combien la Cour de Montpellier était étonnée du résultat de sa délibération; elle semble s'en excuser sur ce que l'obscurité de la loi aurait rendu les magistrats à leur conscience individuelle pour les associer à la puissance du législateur. « Lorsque l'intelligence de
» la loi présente des difficultés, y est-il dit, il est du devoir
» du juge de remonter jusqu'aux vues qui l'ont inspirée,
» de consulter l'ensemble de ses dispositions, de prévoir
» les conséquences de ses interprétations diverses, et

» de se décider pour celle qui paraît être la plus con-
» forme à l'esprit de la loi et la plus digne de la sagesse
» du législateur. »

Il y eut pourvoi. M. Nicod plaidait, et M. Lebeau, avocat
général, concluait à l'admission. Néanmoins le pourvoi fut
rejeté dès la chambre des requêtes par un arrêt du 11 août
1829 (S. t. 29. 1. 297), qui semble n'avoir vu dans l'arrêt
de la Cour de Montpellier qu'un arrêt d'espèce (*).

(*) Arrêt *du* 11 *août* 1829 : « La Cour..., attendu qu'il est con-
» stant que la constitution de dot faite par Mourgues à la dame Bon-
» net, sa fille, était en avancement d'hoirie; attendu que l'avance-
» ment d'hoirie *n'est qu'une remise anticipée* de la part que l'enfant
» ainsi doté est appelé à recueillir dans la succession de son père; at-
» tendu que l'enfant qui accepte cette constitution dotale ne peut en
» changer ni la nature, ni la cause, ni les effets, et qu'elle est tou-
» jours imputable sur l'hoirie au moment de l'ouverture de la succes-
» sion dont elle est une portion, puisqu'elle a été constituée à ce ti-
» tre par l'auteur commun; attendu que la renonciation à la qualité
» d'héritier faite par l'enfant doté en avancement d'hoirie *n'est pas
» un acte* déterminé et d'*abandon pur et simple;* que, si elle ne le
» prive pas du droit de conserver sa dot sans être obligé d'en faire le
» rapport effectif, ce n'est point un obstacle à ce que cette dot ne
» soit, à l'égard de l'hérédité, rapportable fictivement et imputable
» d'abord sur la part à laquelle la qualité d'enfant donnerait à celui
» qui a été doté droit dans la réserve légale, et subsidiairement seu-
» lement sur la quotité dont le père avait la libre disposition; at-
» tendu que, s'il en était autrement, il dépendrait toujours de l'en-
» fant doté en avancement d'hoirie de rendre illusoires, par sa renon-
» ciation concertée, les dons que le père aurait faits de la portion
» disponible; qu'ainsi, en jugeant que la donation en avancement
» d'hoirie faite à la dame Bonnet devait être imputée d'abord sur la

115. La même question se présenta plus tard dans une affaire où la qualité des personnes et des biens faisait encore plus fortement présumer que le père avait eu l'intention d'avantager son fils aîné, quoique second donataire.

M. le comte de Castille, en mariant sa fille, Mme Duroure, lui avait fait une donation de 100,000 fr. à prendre dans les biens qu'il laisserait à son décès. — Le même avait érigé un majorat; mais il faut croire que cette érection fut postérieure au mariage de sa fille, car le fait d'un établissement de ce genre avant ce mariage aurait tranché la difficulté, à cause de sa destination à l'aîné de la famille. Par son testament, il légua par préciput et hors part à son fils aîné le majorat précédemment établi, et mourut laissant plusieurs enfants, parmi lesquels il y en avait de mineurs, auxquels devait accroître pour partie la réserve de Mme Duroure, si elle prenait son don sur la portion disponible.

Mme Duroure renonça à la succession pour retenir son don de 100,000 fr. Le tribunal d'Uzès jugea que la quotité disponible était épuisée par le majorat et par les dispositions testamentaires, et que la dame Duroure ne pouvait retenir que sa réserve légale sur la donation. Déviation singulière : car Mme Duroure, ayant renoncé, n'avait même pas un droit apparent à une part de réserve, si elle ne retenait pas la portion disponible.

» part à laquelle sa qualité d'enfant lui donnait droit dans la réserve
» légale, et ensuite, dans le cas où la constitution dotale excéderait
» part, sur la quotité disponible, l'arrêt attaqué a concilié le texte et
» l'esprit des divers articles du Code invoqués avec le respect dû à
» l'irrévocabilité des conventions, et au droit dont le père ne s'était
» pas dépouillé de donner la portion disponible, rejette. »

La Cour d'appel de Nimes jugea autrement par son arrêt du 19 août 1830. Pour elle, il résultait des art. 785, 786 et 845, que l'héritier renonçant avait seul droit à la portion disponible, et n'avait aucune part dans la réserve. Ainsi la Cour de Nîmes proscrivait par là l'imputation du don de l'enfant renonçant sur sa réserve, et le fit en termes un peu vifs : « Des dispositions aussi claires, aussi explicités » que celles de la loi, doivent fermer la porte à toutes ces » interprétations subtiles à l'aide desquelles, *sous prétexte* » *de chercher l'esprit de la loi*, on donnerait à la faculté de » disposer une extension que la loi lui a formellement dé- » niée, et l'on mettrait la volonté des tribunaux à la place » de la volonté du législateur. »

En présence de l'arrêt *Mourgues*, il paraissait probable que la requête en cassation serait admise. M. le conseiller Mestadier, rapporteur, réunit quelques arrêts, et en tira cette induction que la réserve du renonçant n'accroissait pas aux autres héritiers, et que la Cour de cassation avait abandonné, sur ce point, la jurisprudence de 1818. Il n'allait pourtant pas jusqu'à dire, que le renonçant cumulât réserve et portion disponible. Cette idée n'est née que plus tard.

Cette fois, c'est bien en principe que la Chambre civile de la Cour de cassation a statué par son arrêt du 24 mars 1834; mais elle est bien loin de s'être alors prononcée sur le cumul; elle n'avait à décider qu'une question d'imputabilité. La question sur laquelle prononce cet arrêt, c'est que tout ce qu'un père donne en avancement d'hoirie est, dans son intention, donné sur la réserve légale, et que, le père ayant toujours le pouvoir de donner la portion disponible, malgré les avancements d'hoirie, la renonciation de l'enfant à la succession ne peut changer la nature du don qui lui a été fait (*).

116. Mais jusque là on ne voyait dans cette jurisprudence qu'un moyen d'étendre le pouvoir du père de famille et de le concilier avec le droit de rétention de l'enfant.

(*)   ARRÊT *du 24 mars 1834.*

La Cour; — Vu les art. 845 et 919 du Code civil; — Attendu que la loi appelle en principe général tous les enfants à succéder à leur père par portions égales; que néanmoins elle autorise le père à disposer d'une quotité déterminée de sa succession, soit en faveur d'un de ses enfants, soit en faveur des étrangers, sans toutefois que la réserve légale de l'enfant puisse jamais être entamée; que, si toute disposition *faite par un père en faveur d'un étranger doit être imputée sur la quotité disponible, puisque cet étranger n'a aucun droit à prétendre dans la succession du donateur,* il en est autrement du don qu'un père fait à l'un de ses enfants; — Qu'en effet, le père peut disposer en faveur de ses enfants, soit en avancement d'hoirie et en lui faisant la remise et la délégation anticipée de tout ou partie de sa portion dans la réserve légale, soit en lui donnant tout ou partie de la portion disponible; — Que, le partage égal étant l'ordre de succession établi par la loi, tous les dons faits purement et simplement par le père à ses enfants sont réputés être faits en avancement d'hoirie; — Que le père n'est censé avoir disposé de la quotité disponible qu'autant qu'il a fait connaître sa volonté d'une manière expresse et que cette volonté résulte manifestement de ses dispositions;

Que, dans toute autre supposition, le don en avancement d'hoirie sans clause de préciput ni dispense de rapport n'enlevant pas au père la faculté de disposer de la quotité disponible, il en résulte que, si depuis ce don le père a légué la quotité disponible par préciput à un autre enfant, le premier donataire peut bien renoncer à la succession

C'est ce qui résulte de l'arrêt rendu par la Cour royale d'Aix le 13 février 1835 (S. 35. 1. 265), sur le renvoi de l'affaire *Castille*, et qui décida que la dame Duroure, renonçante, retiendrait le don de 100,000 fr. jusqu'à concurrence de la portion disponible, en l'imputant d'abord

---

paternelle, mais sa renonciation ne peut changer la nature du don qui lui a été fait, et n'a d'autre effet que de lui donner le droit de retenir ou de recevoir ce qui lui a été donné, d'abord en sa qualité d'enfant, qu'il ne peut ni perdre ni abdiquer, sur la part qui lui aurait appartenu dans la réserve légale s'il n'eût pas renoncé, et subsidiairement, s'il y a lieu, sur la quotité disponible, afin que la réserve légale de ses frères et sœurs ne soit point entamée ; — Que c'est ce qui résulte de la combinaison de l'art. 845 du Code civil, placé au titre *Des Rapports*, et de l'art. 919 du même Code, au titre *De la Quotité disponible*, et qui règlent spécialement la matière ;

Que, dans l'espèce, la Cour royale de Nîmes a fait prévaloir sur la volonté du comte de Castille, manifestée dans son testament, la renonciation de la dame Duroure, sa fille ; — Qu'au lieu de se borner à maintenir celle-ci en l'intégralité du don qui lui avait été fait par son contrat de mariage, et de déclarer à cet effet que la valeur en serait perçue d'abord sur la partie de la réserve légale qui lui aurait appartenu si elle n'avait pas renoncé, et, subsidiairement, en cas d'insuffisance, sur la quotité disponible, dont le comte de Castille avait ultérieurement disposé, l'arrêt attaqué a décidé que les 100,000 fr. donnés à la dame Duroure par son contrat de mariage seraient exclusivement pris sur la quotité disponible, et que la portion héréditaire de cette donataire accroîtrait à ses frères et sœurs, en vertu de sa renonciation ; — Qu'en ce faisant, l'arrêt attaqué a ouvertement violé les dispositions de l'art. 919 du Code civil, et faussement appliqué celles de l'art. 845 ;

Par ces motifs, — Casse....

sur sa part de réserve, puis, prenant sur le disponible pour compléter la somme, et que le reste de la portion disponible appartiendrait à l'enfant préciputaire. La Cour qui a statué sur le renvoi était si loin de la doctrine du cumul au profit des renonçants, qu'elle a dit : « L'art. 845 du » Code civil n'a d'autre but que DE LIMITER les droits de » l'enfant qui renonce »; et « quand, après un don en avan» cement d'hoirie, le père de famille a encore institué un » préciputaire, cette nouvelle disposition ne peut altérer » la première, et priver l'enfant qui déclare s'y tenir (*) de » l'entier accomplissement du don à lui fait, et, dès lors, » le préciputaire doit être tenu, au besoin, de parfaire le » complément de la première donation. »

Il n'y a donc rien d'étonnant que les jurisconsultes aient, pour ces cas compliqués d'intérêts opposés, adopté cette jurisprudence transactionnelle, sans y voir autre chose qu'une imputabilité de réserve sur une part plutôt que sur telle autre; puisque les arrêts semblaient respecter l'art. 845, en n'attribuant jamais plus au renonçant qu'une somme égale à la quotité disponible.

117. Enfin la Cour de cassation a statué radicalement sur la question du cumul de la réserve et de la portion disponible au profit de l'enfant donataire et renonçant, par trois arrêts qui renversent entièrement la jurisprudence de l'arrêt Laroque de Mons : l'un du 17 mai 1843, aff. *Leproust-Navereau* (S. 43. 1. 690); le second du 21 juil. 1846,

---

(*) Remarquons bien que, dans l'espèce, la question du cumul ne pouvait se présenter, puisque Mme Duroure déclarait se tenir à la rétention de la portion disponible.

aff. *Lecesne* (S. 46. 1. 829); le troisième du 21 juin 1848, aff. *Vien* (S. 49. 1. 171).

Parmi les Cours d'appel, les unes résistent à cette impulsion, d'autres y cèdent à regret, et quelques unes y applaudissent.

Celles qui résistent à une jurisprudence erronée font leur devoir, comme celles qui y applaudissent de conviction.

La Cour de cassation elle-même changera de jurisprudence si de nouveaux travaux lui démontrent qu'elle est entrée dans une voie d'erreur. Elle en a donné plus d'une fois le noble et courageux exemple.

Il faut donc préparer ce retour à la vérité de droit par l'examen approfondi de la question. Auparavant, il faut encore, pour compléter tout ce qui est historique dans cette Etude, rendre compte de ces trois arrêts; ils cloront l'histoire du droit sur la question. Je les ferai suivre de l'exposé complet du système des jurisconsultes qui défendent le cumul en la personne de l'enfant renonçant; ensuite j'aborderai les principes qui me semblent devoir régir la matière de la portion disponible, des rapports, des réserves et des préciputs, en ce qui touche à la question; je réfuterai les erreurs dans lesquelles font tomber involontairement des maximes trop générales, et quelquefois même l'influence des mots, et j'espère, non avec ma propre force, mais avec celle du droit et de la raison, qui appartiennent à tous et que j'emprunte de tous, dissiper enfin les nuages dont les maximes toutes faites ont enveloppé la doctrine.

Je passe donc aux trois arrêts que je regarde comme contraires aux vrais principes.

118.   AFFAIRE LEPROUST-NAVEREAU.

Il s'agissait d'une modique succession.

La veuve Leproust-Navereau avait laissé quatre enfants.

Louis et Clément avaient reçu chacun 950 fr. en avancement d'hoirie.

Ils renoncèrent tous deux.

Ils furent assignés en rapport par *Isidore* et par *Agathe*, enfants non dotés. *Louis*, second donataire, prétendit sur son don au droit de retenir la réserve et la portion disponible. La succession, dégagée du passif, montait à 833 fr. 44 c.; la portion disponible n'était donc que de 208 fr. 31 c. pour le quart, et la part de réserve était de 133 fr. 78 c. — Au total, Isidore et Agathe réclamaient de Louis 741 fr. 69 c. pour eux deux; Louis voulait retenir 133 fr. 78 c. et ne payer que 607 fr. 91 c. — C'était là toute la difficulté. Le tribunal de première instance d'Angers décida que « Louis Leproust, ayant renoncé à la succession de sa » mère, était censé n'avoir jamais été héritier; qu'il ne pou· » vait dès lors prétendre à aucun des droits attachés à cette » qualité; que la réserve ou légitime des enfants fait par- » tie de ces droits, et qu'elle ne leur est due qu'autant » qu'ils ne renoncent pas à la succession de leur auteur : » il le condamna en conséquence à restituer aux deux en- » fants héritiers la misérable somme de 741 fr. 69 c.

Il ne s'est pas trouvé à Angers un avoué assez désintéressé pour faire remarquer que l'action en réduction d'une donation mobilière ne s'élevant pas à 1500 fr. était un action personnelle et de dernier ressort. L'affaire fut portée en appel.

Pour augmenter le chiffre de sa demande et en dissimuer la ténuité, Louis fit remarquer qu'il avait demandé le rapport du don de 950 fr. fait à son frère Clément, devenu insolvable. Quand, lui renonçant, aurait eu qualité pour le demander, tout ce qu'il en aurait pu tirer, c'eût été de faire fixer la masse dans laquelle il n'entrait pas à partage à 1783 fr. 44 c., et de prétendre que la portion disponible et sa part d'enfant s'élevaient ensemble à 780 fr. 50 c., qu'il retiendrait sur 950 fr. étant en ses mains. Dans aucun cas, l'affaire ne dépassait le dernier ressort..... Mais on n'opposa pas cette exception d'ordre public, et le vice radical de cette procédure passa inaperçu.

La Cour d'appel d'Angers jugea au fond comme le tribunal; mais, sur le pourvoi de Louis Leproust, le demandeur a soutenu que la jurisprudence de 1818 (affaire *Laroque de Mons*) avait été détruite en 1834 par l'arrêt *Castille*. Les arrêtistes nous apprennent que les défendeurs n'ont point essayé à combattre en point de droit le système du pourvoi; qu'ils ont seulement cherché à démontrer par des calculs que le demandeur était sans intérêt... Ainsi il est arrivé ce qui toujours arrive quand les avocats n'osent pas, dans l'intérêt d'une vérité, affronter des idées préconçues, et ne veulent bien dire que ce qu'ils savent devoir être écouté avec faveur. Puisqu'on était entre deux jurisprudences de Cour régulatrice, il me semble que l'avocat aurait pu provoquer un examen nouveau de la question, et plaider courageusement la doctrine que la Cour de cassation avait ellemême fondée en 1818.

Il n'en fut pas ainsi, et voici l'arrêt de cassation du 17 mai 1843, au rapport de M. le conseiller Chardel :

« Attendu que le père de famille ne peut entamer la réserve légale au préju-
» dice de ses enfants ; que, s'il a disposé en faveur de l'un d'eux, la renoncia-
» tion de celui-ci à la succession paternelle pour s'en tenir à la donation par lui
» faite n'a d'autre résultat que de lui donner le droit de retenir dans les limites
» de la loi ce qui lui a été donné ; mais que, par là, il n'abdique pas sa part

» dans la réserve légale, à laquelle sa qualité d'enfant lui donne droit; que
» cela résulte de la combinaison des art. 845 et 919 du Code civil; d'où il suit
» qu'en décidant que l'enfant donataire qui renonce à la succession paternelle
» perd sa légitime parce qu'il n'est plus héritier, l'arrêt attaqué a violé les lois
» précitées; CASSE... »

En général, cet arrêt fut accueilli avec surprise : on peut voir, au Recueil de Sirey, M. Devilleneuve se demander comment une jurisprudence reçue depuis 1818 a été ainsi renversée presque sans discussion !!..

119.   AFFAIRE LECESNE.

La dame Lecesne était donataire de son père par contrat de mariage. A la mort de son père, elle renonça à la succession, et prétendit retenir sa part dans la réserve et la portion disponible. Il y avait quatre enfants. La Cour royale de Caen ne lui reconnut que le droit de retenir la quotité disponible par son arrêt du 4 août 1845 (S. 46. 1. 58).

Pourvoi en cassation.

Arrêt au rapport de M. le conseiller Miller, qui casse dans les termes suivants (les défendeurs faisaient défaut) :

» Vu les art. 843, 845, 919, 921 et 922 du Code civil, attendu qu'aux termes
» de l'art. 845 du Code civil, l'héritier qui renonce à la succession peut retenir
» le don à lui fait jusqu'à concurrence de la quotité disponible; que la portion
» disponible, laquelle, d'après l'art. 919 du même Code, peut être donnée aux
» enfants du donateur, est tout ce que la loi ne réserve pas à ses héritiers; at-
» tendu que le droit de demander la réduction des dispositions à titre gratuit,
» consacré par l'art. 921 du même Code en faveur de ceux au profit desquels
» la loi fait la réserve, a pour but d'assurer à chacun de ceux-ci sa part dans
» ladite réserve, laquelle, aux termes de l'art. 913 du même Code, en cas de
» succession directe descendante, est fixée d'après le nombre des enfants du
» donateur existants au jour du décès; attendu qu'il ne s'agit pas d'attribuer à
» la demanderesse, qui a renoncé à la succession de son père, le droit de pren-
» dre sa réserve sur les biens de la succession, dans laquelle ladite demande-
» resse ne réclame rien; que, si, aux termes de l'art. 786 du Code civil, la part
» du renonçant accroît à ses cohéritiers, c'est seulement la part du renonçant

» dans la succession ; que le bien donné n'est pas dans la succession, qu'il ne
» doit y être fictivement réuni que pour déterminer et assurer la part de cha-
» cun dans la réserve ; que l'enfant donataire qui renonce à la succession de son
» père donateur n'est pas tenu de subir la réduction d'une donation irrévo-
» cable de sa nature, pour faire profiter de cette réduction les héritiers de son
» père au delà de leur part dans la réserve légale;.... d'où il suit qu'en déci-
» dant que la demanderesse ne pourra pas, sur les avantages à elle faits, rete-
» nir son quart dans la réserve, l'arrêt attaqué a faussement appliqué les art.
» 786 et 843 du Code civil, et expressément violé tant ce dernier article que
» les art. 919 et 921 du même Code. »

120. Cet arrêt est un modèle d'habileté de rédaction ;
mais que de réflexions il fait naître !

1° Le mot *portion disponible* aurait donc deux sens :
celui de 1/2, 1/3 ou 1/4, quand on donne à un étranger ;
celui de 1/2 plus une part d'enfant, 1/3 plus une part
d'enfant, 1/4 plus une part d'enfant, quand on donne à un
enfant même ?

2° Avant que d'affirmer que l'art. 921 a pour but d'assurer à *chacun* une part de réserve, ne faudrait-il pas prouver que la réserve n'est pas *collective ?* car, si elle est collective, les mots *par ceux* sont aussi bien collectifs que partitifs.

3° La question de savoir si la réserve est dans la suces-
sion, même aux mains de l'enfant donataire, ne dépend-elle
pas de savoir ce que l'on entend par *succession*, et ce mot
n'a-t-il pas un sens variable et relatif ?

4° Est-ce que la réduction des donations par une condition tacite du contrat serait contraire à la doctrine de l'irrévocabilité des donations ?

On examinera plus tard ces questions et quelques autres ; mais je ne puis m'empêcher d'exprimer ici la peine
que me font éprouver les termes de mépris qui terminent
les motifs de l'arrêt : « L'enfant qui réclame portion disponible et réserve n'a pas reçu une donation pour en faire

profiler *les héritiers de son père !!...* Mais ces héritiers sont ses frères, et ses frères qui n'ont rien reçu ! Oh ! ici les idées abstraites et les déductions dialectiques ont dérobé au bon cœur du magistrat ce que ces expressions avaient de dur !

121.   AFFAIRE VIEN.

Encore un arrêt rendu sans plaidoirie devant la Cour de cassation... Décidément, les avocats n'y veulent plus plaider la question !

Le sieur Bertrand avait constitué 5000 fr. en dot à sa fille lors de son mariage avec le sieur Vien.

Depuis, et par acte du 24 novembre 1821, il lui fit une donation de plusieurs immeubles, sans la dispenser du rapport.

Postérieurement et par testament, il légua *par préciput et hors part* à son fils tout ce dont la loi lui permettait de disposer, obligeant expressément sa fille au rapport pour les deux libéralités qu'il lui avait faites précédemment.

Il laissa pour héritiers sa fille et son fils.

Sa fille mourut peu de temps après, sans avoir pris qualité dans la succession de son père ; elle institua son mari légataire universel.

Celui-ci, en qualité d'héritier testamentaire de sa femme, renonça à la succession de M. Bertrand père, et prétendit retenir les deux tiers de la succession de son beau-père, un tiers pour réserve légale de feu sa femme, un tiers pour la portion disponible ; de sorte que le fils survivant à toute la famille n'aurait que le tiers, quoique héritier testamentaire et par préciput.

De sorte que la doctrine émise par les Motifs seulement dans l'affaire du baron de Castille, « pour affermir, disait-on, l'autorité paternelle, la mettre en garde contre les rénonciations frauduleuses et faire triompher la volonté testamentaire de faire un préciput, quand il n'y en a pas eu précédemment, » va tourner tout d'un coup contre la volonté paternelle, va détruire le préciput, et réduire à la moindre portion l'enfant préféré.

Le fils gagna son procès en première instance et en appel devant la Cour de Grenoble; mais l'arrêt de cassation le réduisit à sa réserve du tiers, et les deux tiers de l'entier demeurèrent au mari de la fille décédée. Voici les motifs de l'arrêt du 21 juin 1848, qui ne sont ni clairs ni conséquents, comme ceux de l'arrêt précédent :

« Attendu, en droit, que du principe écrit dans l'art. 785 du Code civil, que
» l'héritier qui renonce est censé n'avoir jamais été héritier, résultent deux
» conséquences : la première, reconnue par l'art. 786, que la part des biens
» que la loi avait attribuée au renonçant accroît d'autant la part des héritiers
» qui acceptent; la deuxième, consacrée dans les art. 845, 919, 921, combinés,
» que, si le renonçant a reçu des biens par donation entre vifs, son droit de
» rétention sur lesdits biens s'étend jusqu'à concurrence de la valeur qui n'est
» pas nécessaire pour fournir aux héritiers acceptants leur part personnelle
» dans la réserve calculée sur les bases de l'art. 913 ou de l'art. 915, c'est-à-dire
» jusqu'à concurrence à la fois de la quotité disponible et de la portion que le
» renonçant aurait prise dans cette réserve s'il eût accepté la succession; at-
» tendu qu'en attribuant au défendeur les deux tiers de la succession de son
» père, savoir : un tiers pour sa part héréditaire, l'autre tiers pour droit d'ac-
» croissement qui résulterait en sa faveur de la renonciation de son cohéritier,
» et en bornant pour celui-ci le droit de retenir les biens donnés à la valeur
» uniquement du dernier tiers, comme étant la portion disponible fixée par
» l'art. 913, à raison de ce que le père, à son décès, avait laissé deux enfants
» pour héritiers, l'arrêt attaqué a faussement appliqué les art. 786 et 845 du
» Code civil, et expressément violé ce dernier article et les art. 919 et 921 du
» même Code; casse, etc. »

CHAPITRE II.

Résumé de la doctrine du Cumul.

SOMMAIRE.

122. Moyens et objections des partisans du cumul de la part d'enfant et de la portion disponible aux mains de l'enfant donataire qui renonce à la succession.

122. L'histoire du droit et des phases diverses qu'a subies la jurisprudence sur notre question étant bien connue, il faut maintenant résumer le système des partisans du cumul, en me gardant bien d'affaiblir leurs arguments.

1° D'abord ils mettent en avant les arguments moraux. Il faut que le père ait le pouvoir d'enrichir un enfant plus que les autres ; c'est un moyen de les contenir dans le devoir et de fortifier la puissance paternelle.

2° Dès que l'enfant est donataire, il a droit à conserver le plus possible, car il a compté sur ce qu'il a reçu, a monté sa maison et a vécu d'une manière convenable à sa fortune ; c'est avec la donation qu'il s'est marié, qu'il a formé une famille, et la justice doit protéger les positions acquises.

3° Il résulterait du système du non-cumul qu'en certains cas le donataire renonçant n'aurait pas toujours une part d'enfant : il n'aura qu'un tiers s'il n'a qu'un frère, il n'aura qu'un quart s'il en a deux ; tandis que la part d'enfant serait alors de moitié ou d'un tiers, et excéderait de beaucoup la portion disponible.

4° Qu'importe d'ailleurs aux autres enfants le parti que leur père a pris relativement à leur frère ! Est-ce que leur père n'aurait pas pu donner à un étranger? Or, dans ce cas, il est probable que leur frère, n'ayant rien reçu, se serait joint à eux, en prenant le béné.lce d'inventaire, pour partager l'émolument à naître de la réduction du donataire étranger. Il se trouverait, dans ce cas, deux acceptants au lieu d'un seul, trois au lieu de deux, quatre au lieu de trois, etc. Chacune des parties prenantes n'aurait eu que sa part, sans accroissement, puisque leur présence simultanée aurait diminué les parts en élevant le diviseur. Donc les enfants n'éprouvent pas plus de préjudice quand leur frère donataire, renonçant à la succession, retient sa réserve en sus de la portion disponible, que lorsqu'un étranger donataire de tout le disponible réduit nécessairement tous les enfants à se contenter de la réserve, qu'ils partagent également entre eux.

5° Allant plus loin, ils invoquent l'ancien droit, soit le droit romain, soit la Coutume de Paris et autres semblables, et, rassemblant les textes du droit romain, les art. 298 et 307 de la Coutume de Paris, et l'art. 34 de l'ordonnance de 1731, ils prouvent qu'alors l'enfant avantagé qui s'abstenait de venir à partage conservait et ce qui n'aurait pu être retranché sur un étranger, et sa part de légitime, ce que personne ne leur conteste.

6° Ils tiennent peu de compte des anciennes réserves coutumières; elles étaient un instrument de l'ancien système des propres, et ont disparu avec les propres; elles étaient instituées pour les collatéraux, et il ne s'agit plus dans notre droit que de la ligne directe, laquelle avait toujours une légitime sous l'ancien droit.

7° Ils abordent le Code civil, et refusent de tenir compte de ces noms de *réserve* et de *portion disponible* qui se trouvent partout dans la loi, du soin avec lequel les rédacteurs écartent le mot *légitime*, et de la forme *négative et prohi-bitive* des art. 913 et 915. La grammaire est une science futile et pédantesque, et, dans leur opinion, la forme des phrases et le choix des mots ne doivent compter pour rien dans la législation, où il faut rechercher plutôt l'esprit caché du législateur que le sens littéral des termes.

8° Ils nient que la réserve soit un droit de succession ; elle est pour eux, comme l'ancienne légitime, un droit que la loi attribue à l'enfant comme enfant, et non comme hé-ritier. Soutenir le contraire, ce serait violer la règle : *Hereditas nihil est aliud quam successio in universum jus quod defunctus habuit*, ainsi que la règle de l'irrévocabilité atta-chée aux donations par l'art. 894 du Code civil.

9° Ils tirent de là la conséquence qu'on ne peut pas sou-mettre au droit d'accroissement dont parle l'art. 786 la portion de réserve qui est aux mains du renonçant. Ce qui est hors de la succession ne peut accroître aux héritiers acceptants. L'enfant ne peut abdiquer sa réserve, puisqu'il ne peut abdiquer ni perdre sa qualité d'enfant.

10° Ils vont plus loin. Les donations faites aux enfants sur la réserve sont moins des libéralités que l'acquit d'une dette naturelle, qui, une fois payée, ne saurait être répé-tée. Une fois nanti de ce qui lui était dû, l'enfant n'a plus besoin de la protection de la loi pour retenir ce qui lui a été volontairement payé; et l'on résume ce système en cet-te maxime : « *Les donations en avancement d'hoirie* NE SONT » QUE *des remises anticipées de la part que l'enfant était ap-* » *pelé à recueillir un jour.* »

11° Il n'y a d'ailleurs dans le Code aucun article qui porte textuellement que le retranchement des donations s'exer-cera contre les enfants donataires. Cette règle a, dans la vérité, été arrêtée en principe dans la séance du 5 nivôse an XI ; mais elle n'a pas été reproduite dans le texte législatif.

12° Ils avouent que le système du projet de la Commission du gouvernement avait été d'établir une véritable réserve. Mais le projet a plusieurs fois varié. La section de législation a présenté un projet complexe, *légitime* pour la ligne directe, *réserve* pour la collatérale. Vint sur ce contre-projet la discussion du 5 nivôse an XI, relative aux droits des créanciers sur le retranchement. Les principes et les effets de la légitime ont alors été exposés avec une clarté admirable par MM. Portalis et Maleville. Ils ont été repoussés par la majorité, et les créanciers admis à se venger sur les biens recouvrés par l'effet de la réduction. Dès cet instant, disent les partisans du cumul, le cumul devenait impossible pour l'enfant renonçant. C'était faire rentrer les biens dans la succession même, et, le mot *légitime* eût-il été conservé, nous reconnaissons que, si les choses fussent restées en cet état, elle aurait eu le caractère de réserve héréditaire, et serait demeurée collective. Mais, ajoutent-ils, il n'en a pas été ainsi ; tout a changé, tout, même le caractère de la loi, quand, sur les Observations du Tribunat, les créanciers ont été, par la nouvelle rédaction de l'art. 921, exclus du droit de se venger sur les biens rentrés aux mains de l'enfant. On en est alors revenu aux principes de MM. Maleville et Portalis, et, sous le nom de réserve légale, on a établi une légitime individuelle pour chaque enfant. Dès lors, il faut entendre cette légitime d'après les principes de la légitime de droit sous les derniers temps de la Coutume de Paris.

13' Dès lors encore, il faudra, selon eux, entendre ces mots de l'art. 921: « ne pourra être demandé que par ceux au profit desquels la loi fait la réserve », dans un sens partitif et individuel.

14° De même il faudra voir dans la réunion fictive ordonnée par l'art. 922 une défense de retranchement sur la donation faite à l'enfant : car, cet article n'ordonnant pas le rapport réel, ils en concluent que ce serait violer la règle de la réunion *fictive* que de retrancher quelque chose de la portion disponible.

15° Les partisans du cumul ont même vu une sorte d'argument en leur faveur et un préjugé sur la question dans ces mots de l'art. 924 : « la portion qui lui appartiendrait *comme héritier* dans les biens non disponibles. »

16° Ils abusent surtout de l'art. 919 du Code civil, en opposant les mots *quotité disponible*, qui s'y trouvent, aux mots *portion disponible*, employés dans la rubrique du chapitre, et donnent à cette différence d'expression un sens presque mystique. La quotité disponible serait la même quotité qu'on peut donner à un étranger; mais la *portion disponible* serait ce qu'on peut donner à chacun, et deviendrait différente aux mains de l'enfant ou de tout autre donataire. Pour le donataire étranger, elle se bornerait à la moitié, au tiers, au quart, selon le nombre des enfants. Pour l'enfant donataire, elle sera d'une moitié, du quart ou du tiers, plus une part d'enfant; en un mot, elle sera de tout ce que son père aurait pu lui donner tant par avancement d'hoirie que par préciput.

17° A l'aide de cette interprétation arbitraire, l'art. 845 n'a plus rien d'embarrassant. La portion disponible qu'il est permis au renonçant de retenir se compose de la quotité disponible qu'on aurait pu donner à un étranger et de la réserve de l'enfant renonçant. Aussi a-t-on hasardé une nouvelle définition de la portion disponible, en disant qu'elle est *ce que la loi ne réserve pas aux autres enfants.*

18° D'ailleurs, quand même on ne s'en tiendrait pas à cette définition, on dit que l'art. 845 n'est pas limitatif dans ses termes; qu'il porte que l'enfant donataire renonçant peut retenir jusqu'à concurrence de la portion disponible, mais qu'il n'ajoute pas l'adverbe *seulement*, ni la locution adverbiale *ne.... que...*, comme le fait l'art. 844 pour le préciputaire qui accepte; qu'ainsi, en admettant que l'art. 845 confonde portion et quotité disponible, il faudra convenir que le renonçant pourra en outre retenir ce qui lui appartiendrait à un autre titre légal, et qu'on ne peut nier ce titre s'il a reçu en outre sa réserve à titre de paiement d'une dette naturelle.

19° Enfin on soutient même que l'enfant qui renonce à la succession est un véritable héritier, parce qu'il a renoncé *aliquo dato :* c'est un héritier qui ne vient pas à partage, et son père n'a pu disposer à son préjudice de la part de réserve qu'il lui a donnée, la chose reçue demeurant en ses mains le prix de la renonciation.

Tels sont les arguments de l'opinion contraire. Je n'entends pas les réfuter dans cet ordre; mais tous trouveront leur réfutation dans la suite.

<hr>

CHAPITRE III.

Réfutation des Objections morales.

SOMMAIRE.

123. Suprématie des lois positives et arbitraires sur les lois naturelles.

124. Les arguments moraux doivent être écartés quand la loi est

claire : le législateur a fixé le point où ils cessaient de le toucher.

125. Réfutation de l'objection : *lautius vixerit.*

126. On ne peut même pas distinguer quand la donation a été faite en faveur de mariage.

127. De l'injustice dont on accuse la loi quand le nombre des enfants acceptants est au dessous de trois.

128. Suite : Effets de la loi avantageux au renonçant, même en ne lui accordant que la quotité disponible.

129. Réfutation de l'objection : « Le père aurait pu donner tout le disponible à un étranger, et l'enfant, au lieu de renoncer, obtiendrait sa réserve par le bénéfice d'inventaire. »

123. Entrons donc en matière, et d'abord caractérisons bien la nature des lois sur la transmission des biens par succession, donation, testaments, et sur les effets des partages, des rapports, des réductions de donation.

Ce sont là toutes lois positives et arbitraires. Elles doivent répondre à des sentiments naturels ; mais elles ont à en limiter l'exercice dans l'intérêt de la famille et de la cité, qui se compose de la réunion des familles. Le droit naturel nous commande, d'un côté, à nous et à nos héritiers, de respecter les contrats émanés de nous, et, par conséquent, une donation faite et acceptée ne devrait jamais être réduite ou révoquée pour un fait postérieur. — J'y consens. — Mais, d'un autre côté, le devoir naturel nous défend une profusion de libéralités qui, ruinant d'avance notre succession, empêcherait nos enfants ou nos ascendants de trouver une part dans nos biens. C'est donc à la loi civile d'être plus prévoyante que les particuliers, de concilier ces deux devoirs opposés, de marquer invariablement leur limite, et de la marquer *arbitrairement*, afin que l'équité du juge soit enchaînée par l'ordre même de la loi.

Ces lois arbitraires, personne ne doit les enfreindre,

parce qu'elles font partie du droit public. Elles commandent l'obéissance et doivent être observées même quand elles présenteraient en certains cas des inconvénients particuliers : car, toutes les lois arbitraires ayant pour objet d'éviter le conflit de deux principes de droit naturel, ce conflit ne cesserait pas si on pouvait de temps en temps faire fléchir la loi arbitraire et positive.

C'est surtout dans la matière qui nous occupe que nous rencontrons le conflit entre ces lois naturelles se bornant l'une l'autre par leur concours et leur existence simultanée. Les lois civiles arbitraires et positives doivent donc l'emporter ici, parce que le conflit disparaît devant leur autorité.

124. C'est assez dire que les arguments moraux qui forment les quatre premières objections ne m'arrêtent que fort peu. Est-ce que je songe à nier que les Coutumes d'égalité parfaite fussent contraires à l'autorité paternelle ? Est-ce que je soutiens que le pouvoir de donner à l'un plus qu'à l'autre n'existe pas ? Est-ce que je nie que le pouvoir de dispenser du rapport soit un moyen efficace pour contenir les enfants dans le devoir et fortifier la puissance paternelle ? Pas du tout. Je n'y songe pas. Cela est en dehors de la question. Le Code a fixé jusqu'à quel point un père pouvait enrichir un enfant plus que l'autre. Je l'accorde. Je suis seulement en désaccord avec une partie des jurisconsultes sur la limite du droit de rétention. Ce n'est pas là une négation du pouvoir paternel, c'est une négation d'excès dans le pouvoir de l'enfant.

Qu'importe que l'enfant donataire ait droit à conserver le plus possible ? Qu'importe qu'il ait vécu avec plus de luxe que ses frères qui n'ont pas reçu pareilles libéralités ? Qu'importe que la donation ait été cause d'un mariage, de la fondation d'une famille nouvelle, et qu'il soit juste de maintenir une position acquise ?

125. Certes l'on rend à regret, et il est juste que le donataire qui a joui et qui détient retienne *le plus possible ;* mais c'est à la loi de fixer ce *maximum.* Autrement le plus possible serait la rétention complète de la donation totale, et l'on tomberait dans l'excès des Coutumes du Nord, qui interdisaient le rapport.

Si c'est à la loi de fixer le *maximum* de la rétention, me laisserai-je toucher par l'habitude qu'a prise l'enfant avancé de vivre plus splendidement que ses frères et sœurs? Pas le moins du monde. Il avait reçu des biens rapportables!... Pourquoi n'a-t-il pas vécu en simple usufruitier? Pourquoi n'a-t-il pas conservé la substance ou son équivalent pour le jour du compte? N'a-t-il pas d'ailleurs trouvé un avantage dans les fruits perçus depuis la donation possédée souvent assez long-temps pour avoir produit plus que la valeur du capital primitif?

126. En vain parlera-t-on de la faveur des contrats de mariage; elle ne doit en rien influer sur la décision. Dans le dernier état du droit romain comme dans le dernier état du droit coutumier, les dots et donations en faveur du mariage étaient soumises au retranchement pour la légitime, et rapportables à la succession. (V. FERGOLE, *Questions sur les donations,* quest. 10, n°s 14 et suiv) Pourquoi? Parce qu'en contractant avec un gendre, on ne déroge pas par là seulement à l'obligation de traiter également chaque enfant; parce que l'obligation d'égalité, quand on n'y déroge pas par un préciput, n'est en rien effacée, et que le gendre sous-entend lui-même dans le contrat la charge de rapport ou la charge de retranchement si la femme vient à succession ou renonce plus tard. La cause de la donation est donc indifférente à la question. Si les donations par contrat de mariage ont des priviléges spéciaux, ces priviléges sont écrits dans la loi, soit au titre *Des Donations*, soit à celui *Du Contrat de mariage*, ou au titre *Des Hypothèques*: donc, les donations par contrat de mariage n'ont de différence avec les autres et de priviléges sur elles que les différences et priviléges résultant du texte de la loi. La question demeurera donc toujours la même : « Jusqu'à quel point s'étend le droit de rétention de l'enfant donataire quand il renonce à la succession ? » Si sous le droit romain, comme sous la Coutume de Paris, l'enfant donataire pouvait retenir sa part de légitime, ce n'était pas par un privilége spécial aux donations par contrat de mariage, mais par un droit textuellement accordé à tout enfant donataire. De même aujourd'hui, si l'enfant donataire doit subir le retranchement des donations sans conserver sa part de réserve, cela s'appliquera aussi bien à la donation faite par contrat de mariage qu'à toute autre donation! Il n'y a pas de distinction possible.

127. La loi serait injuste, ajoute-t-on, dans le cas où il n'y aurait que deux ou trois enfants, parce qu'alors le donataire qui renonce n'obtiendrait pas une part égale aux autres! C'est vrai. S'il n'a qu'un frère, il n'aura au plus qu'un tiers; s'il en a deux, il n'aura au plus qu'un quart; et dans le premier cas, son second frère aura deux tiers; dans le second, les deux enfants non avancés auront chacun quatre douzièmes et demi, et il n'aura que trois douzièmes (*).

____

(*) On a vu plus haut (n° 49, p. 52) que la Novelle 118 avait aussi

Mais allez plus loin. Le vœu de la loi est l'accroissement de population, et les familles de deux ou trois enfants seront toujours l'exception.

128. Or, dès que le donataire a deux frères, la portion disponible de l'art. 913 lui fournit *un quart*. S'il en a trois qui viennent à succession, le quart lui produit part égale à la part d'enfant, et l'enfant doté démesurément retient à lui seul plus qu'aucun de ses frères dès que le nombre *quatre* est dépassé.

S'il y a cinq enfants, entier $\frac{15}{15}$..., le donataire renonçant aura $\frac{4}{15}$, chaque enfant indoté aura seulement $\frac{3}{15}$... un quart de moins que celui qui renonce.

Six enfants entier, $\frac{30}{30}$: le donataire renonçant pourra retenir $\frac{5}{10}$; chaque enfant non doté n'aura que $\frac{3}{15}$.

Sept enfants, entier $\frac{84}{84}$: pour la portion disponible au donataire renonçant $\frac{24}{84}$; pour chacun des autres enfants $\frac{1}{7}$ seulement. Le renonçant a dans ce cas *double part d'enfant*.

Huit enfants, entier $\frac{64}{64}$: part à retenir pour le renonçant $\frac{14}{64}$; à chacun des sept autres enfants $\frac{5}{54}$ seulement.

Neuf enfants, entier $\frac{243}{243}$: part à retenir pour le renonçant $\frac{72}{243}$; à chacun des huit autres enfants $\frac{27}{243}$. Le renonçant a 72 parts, là où chacun de ses frères n'en a que 27.

Dix enfants, entier $\frac{12}{12}$: quart du renonçant, qui le retient, $\frac{3}{12}$; part de chacun des autres $\frac{1}{13}$. La part du renonçant est le *triple* de celle de l'enfant acceptant.

---

un cas d'anomalie : cela arrive continuellement avec les lois arbitraires. C'est ainsi que les dommages-intérêts faute de paiement d'une somme ne s'élèvent jamais au dessus de l'intérêt légal, quelle que soit la perte qu'ait éprouvée le créancier.

Onze enfants, entier $\frac{440}{440}$: quart du renonçant $\frac{110}{440}$; part de chacun des dix autres $\frac{33}{440}$.

Douze enfants, entier $\frac{132}{132}$: part du renonçant $\frac{33}{132}$; part de chaque enfant acceptant $\frac{9}{132}$, *trente-trois* parts pour *neuf* qu'aura chaque frère non avancé.

J'arrête là cette progression : elle suffit pour établir que, sans avoir recours au cumul, le donataire renonçant aura, dans les cas les plus ordinaires, ceux de quatre à huit enfants, un avantage sur les autres. Or le législateur avait certes la puissance de dire au donataire en simple avancement :
« S'il y a peu d'enfants, vous retiendrez le tiers ou le quart,
» quoique votre portion héréditaire soit plus forte, parce
» qu'alors ce sera votre faute si vous avez renoncé sans
» examen ; et s'il y a un grand nombre d'enfants, vous re-
» tiendrez encore le quart, pour vous mettre à même de
» soutenir vos entreprises : c'est une sorte de forfait que
» la loi fait à votre profit, mais elle n'ira pas plus loin. »

La progression deviendrait effrayante si le renonçant avait en outre part dans la réserve, comme on le prétend aujourd'hui (*).

(*) Dans le système de la rétention de la réserve et de la quotité disponible, voilà quels seraient les résultats au profit du renonçant si la puissance de la donation le permet.

2 enfants, le renonçant garderait $\frac{2}{3}$; l'enfant acceptant n'aurait que $\frac{1}{3}$.

3 enfants, le renonçant aurait $\frac{1}{4}$ portion disponible, $\frac{1}{4}$ part de réserve, $= \frac{1}{2}$ au total ; chacun de ses frères $\frac{1}{4}$ seulement.

4 enfants, entier $\frac{16}{16}$: le donataire renonçant prend $\frac{7}{16}$; chaque enfant héritier $\frac{3}{16}$.

5 enfants, entier $\frac{10}{10}$: pour l'enfant renonçant $\frac{4}{10}$; chaque enfant héritier $\frac{3}{20}$.

129. La dernière objection morale est celle-ci : « Vous n'êtes pas plus pauvres que si le père avait donné la quotité disponible à un enfant et qu'il vînt à la succession; pas plus pauvres que s'il avait donné à un étranger et que nous partageassions tous le retranchement de sa donation. » Faux raisonnement; comparaison impertinente. Si le père a donné le préciput à un enfant, il y a une volonté sacrée à respecter, et ici il n'a pas eu cette volonté. Il en est de même s'il a donné à un étranger ! Mais, dites-moi, où sont

---

6 enfants, entier $\frac{14}{24}$: pour l'enfant renonçant $\frac{9}{24}$; chaque enfant héritier $\frac{3}{24}$.

7 enfants, entier $\frac{18}{28}$: pour l'enfant renonçant $\frac{10}{28}$; chaque enfant héritier $\frac{3}{28}$.

8 enfants, entier $\frac{22}{32}$: pour l'enfant renonçant $\frac{11}{32}$; chaque enfant héritier $\frac{3}{32}$.

9 enfants, entier $\frac{26}{36}$: pour l'enfant renonçant $\frac{12}{36}$; chaque enfant héritier $\frac{3}{36}$.

10 enfants, entier $\frac{30}{40}$: pour l'enfant renonçant $\frac{13}{40}$; chaque enfant héritier $\frac{3}{40}$.

11 enfants, entier $\frac{34}{44}$: pour l'enfant renonçant $\frac{14}{44}$; chaque enfant héritier $\frac{3}{44}$.

12 enfants, entier $\frac{38}{48}$: pour l'enfant renonçant $\frac{15}{48}$; chaque enfant héritier $\frac{3}{48}$.

Il est vrai que la progression serait la même pour l'enfant donataire par préciput qui accepterait la succession, et que, s'il y avait douze enfants, il aurait *cinq parts pour une*. Mais, dans ce cas, on le comprend, puisque c'est la volonté paternelle qui l'y appelle expressément (V. l'art. 919). Mais dans la position de la question, c'est le refus de la succession par le donataire, c'est le mépris de la volonté du donateur et la destruction de son espérance, qui conduisent le renonçant à cumuler jusqu'à cinq parts héréditaires, sans qu'il supporte même les embarras et les soins d'une succession bénéficiaire !

les pères de famille qui donnent aux étrangers la portion disponible de leurs biens? Sont-ils bien nombreux? Est-ce là une faculté dont on use tous les jours? Et quand un enfant vient dire à ses frères : « Je veux retenir ma part de réserve (outre le disponible) parce que dans telle autre circonstance j'aurais pu la retenir », autant vaudrait entendre le donataire étranger refuser de subir le retranchement parce que le défunt aurait pu aliéner les mêmes biens à rente viagère. Ce sont là des raisonnements qu'on ne devrait jamais faire pour soutenir une interprétation de texte... Je n'aurais même pas dû y répondre; mais dans l'état où est aujourd'hui la question, mon devoir est de répondre à tout.

CHAPITRE IV.

Si l'enfant renonçant, sans être donataire, et sans que son père ait fait aucune donation à qui que ce soit, peut demander sa réserve à ses frères et sœurs en possession de la succession.

SOMMAIRE.

130. Négative incontestable, fondée sur la nature des successions, sur leur caractère d'universalité, sur l'effet des renonciations et sur le droit d'accroissement.

130. Ces objections morales écartées, j'examinerai d'abord les droits de l'enfant qui renonce, sans être donataire, 1° dans le cas où ses parents n'ont fait aucune libéralité, ni à des étrangers, ni à des enfants; 2° dans celui où ils auraient fait des libéralités à des étrangers sans en avoir fait aux enfants : car nous ne pouvons bien connaître le prétendu droit de rétention, si nous n'avons pas d'idées

nettes et précises sur les principes qui font refuser l'action aux enfants qui renoncent à la succession.

La première hypothèse est simple. Un père laisse plusieurs enfants, trois, si l'on veut. L'un d'eux renonce à la succession. Les autres l'acceptent et s'en emparent. Cette succession, onéreuse en apparence, se liquide heureusement et devient profitable. L'enfant qui a renoncé pourra-t-il demander sa part de réserve à ses deux frères, plus hardis que lui?

Non. Dans ce cas tous les enfants étaient héritiers par la vocation de la loi; ils continuaient la personne de leur père, et comme tels étaient saisis à *titre universel* de tous les biens, droits et actions du défunt, sous l'obligation de payer les dettes et charges de la succession (art. 724).

Ils devaient partager *également* entre eux les biens que leur père leur a laissés : tel est le vœu de la nature, l'ordonnance de la loi (art. 745), la volonté présumée du père.

Comme leur titre est universel, leur possession, tant qu'elle est indivise, s'étend à tout, à chaque effet comme à l'universalité des biens.

Or chez nous il n'y a pas d'héritiers nécessaires : *nul n'est héritier qui ne veut*, disaient nos pères; « nul n'est tenu d'accepter une succession qui lui est échue », dit le Code civil, art. 775.

Donc il peut y avoir un nombre d'enfants plus grand que le nombre d'enfants héritiers.

L'enfant, comme tout héritier qui renonce à la succession, perd par sa renonciation tout droit à cette universalité et à chaque effet qui la compose ; il est censé n'avoir jamais été héritier (art. 785), et la part qu'il aurait eue dans la succession répudiée accroît à ses cohéritiers (art. 786).

Par conséquent, quelque opulente que fût la succession, l'enfant qui l'aurait répudiée et qui l'aurait laissé appréhender par ses frères n'aurait nul droit, fût-ce sous prétexte de réserve, de légitime ou d'aliments, de demander à ses frères copartageants une part quelconque dans les biens : il s'est exclu par sa propre volonté.

Cela ne fait de doute pour personne. La renonciation à une succession ne permet pas à l'enfant de réclamer sa part dans la réserve aux frères qui ont accepté la succession.

Nous savons bien que « la qualité d'enfant ne peut se perdre ni s'abdiquer »; mais nous croyons qu'on peut abdiquer les droits utiles qui en résultent, et les perdre par une conséquence directe de l'abdication de la qualité d'héritier.

Si la maxime était vraie dans le sens qu'y attache la Cour de cassation, et si la réserve était due uniquement à la qualité d'enfant, il faudrait nécessairement accorder à l'enfant renonçant le droit d'aller chercher sa réserve aux mains de ses frères acceptants. Ce serait contre eux, plus que contre tous autres, qu'il serait permis de dire que la qualité d'enfant ne peut se perdre; et pourtant nul n'osera soutenir cette thèse, contraire à notre droit. Pourquoi? Parce que l'accroissement n'a fait qu'augmenter les parts des enfants acceptants, et que la renonciation de leur frère lui a fait perdre également part à la réserve et à la portion disponible, qui se sont trouvées confondues dans la succession.

CHAPITRE V.

Si l'enfant renonçant à la succession, qui n'est pas donataire, ou qui n'a reçu qu'une donation modique, peut se pourvoir contre le donataire étranger en paiement de sa réserve ou d'un complément de réserve.

SOMMAIRE.

131. La propriété est un droit absolu ; elle réside sur la tête du père donateur : la loi ne modifie son droit que pour le temps du décès.

132. Portion disponible : définition. — Note sur les mots *biens exstants.*

133. Où peut se trouver la portion disponible.

134. Définition de la réserve.

135. Pourquoi les dispositions excessives ne sont pas nulles, et pourquoi la renonciation des réservataires fait disparaître l'indisponibilité.

136. Si la réduction des donations pour la réserve est contraire au principe de l'irrévocabilité.

137. Suite de la preuve que la réduction n'est qu'une condition tacite résultant du contrat.

138. Que la doctrine nouvelle sur le droit du donataire renonçant conduira, d'espèce en espèce, à faire prendre par l'enfant renonçant sa part de réserve aux mains du donataire étranger. — Nécessité d'examiner pourquoi l'enfant renonçant n'a pas d'action.

139. Articles du Code Napoléon desquels il résulte que la loi montre la réserve aux mains de l'héritier. — Sens ordinaire du mot *héritier* dans le Code.

140. Objection : *Supposer n'est pas disposer.*

141. Réponse. La réserve ne peut être acquise que par droit de succession, par la raison que tout titre de propriété découle de la loi,

et qu'aucune loi ne confère la propriété à l'enfant en tant seulement qu'enfant.

142. Si le législateur avait voulu conférer la propriété à titre de légitime, il le pouvait; il ne l'a pas fait : donc il n'a pas voulu créer un mode de plus d'acquisition de la propriété.

143. Objection : *Les biens donnés entre vifs ne sont plus dans la succession.*

144. Ils y demeurent relativement à l'héritier quand ils entament la réserve.

145. Dans quel sens peut être vraie la maxime combattue.

146. Le mot *succession* doit être pris *secundum subjectam materiam.* — Exemples.

147. Abrogation de la loi 24, ff. *Hereditás nihil est aliud, etc.*

148. Réponse à l'objection que le défunt n'avait pas l'action en retranchement puisée dans la condition résolutoire tacite et légale.

149. La forme directe et attributive aurait pu conférer la propriété à l'enfant en tant qu'enfant.

150. Que la forme prohibitive-négative laisse l'excès des donations dans la succession même.

151. Ce ne peut être sans raison que le Code a banni du style législatif le mot *légitime*, et adopté le mot *réserve*. — Concession à ceux qui ne veulent pas que le Code ait imité les réserves coutumières, *à la note.*

152. Résumé.

153. Que devient la part de réserve du renonçant. Distinctions.

154. Résumé de la théorie sur ce point.

155. Ascendant dans une ligne; il renonce : il y a des collatéraux dans les deux lignes.

156. Ascendants au même degré dans une même ligne en concours avec des collatéraux : un d'entre eux renonce à la succession.

157. Tous les ascendants de la ligne renoncent.

158. Les ascendants des deux lignes renoncent.

159. Ascendants dans une ligne qui viennent à succession par la renonciation d'un ascendant plus proche en degré.

131. La seconde hypothèse qui se présente est le cas où le père n'a fait de libéralités qu'à des étrangers, et où l'un des enfants renonce à la succession. Dans ce cas, l'enfant renonçant a-t-il dans notre droit une action, soit en aliments, soit en légitime, soit en paiement de sa réserve, contre le donataire étranger ?

La négative n'est pas douteuse.

Du droit absolu de propriété dérive le droit de donner nos biens selon nos goûts, notre caprice, nos fantaisies.

Quiconque n'a pour héritiers ni descendants ni ascendants aura l'entière disposition de ses biens (art. 916).

Le Code n'enlève même pas ce droit absolu à celui qui a des ascendants; il ne l'enlève pas à celui qui a actuellement ou qui aura des enfants. Il borne ses prohibitions à restreindre éventuellement l'effet des libéralités. La mort frappe inégalement, et ne tient pas compte de l'âge; la loi a donc dû attendre le temps du décès du donateur pour lui mesurer le pouvoir sur ses biens.

Si l'événement (c'est-à-dire l'état de la famille au jour du décès) prouve qu'il y a eu excès dans l'exercice de la faculté de donner, le Code présume, par une présomption *juris et de jure*, que le donateur s'est trompé lui-même par une apparence de prospérité, par imprévoyance de l'avenir, ou par l'ignorance au temps de la donation de l'état combiné de sa famille et de ses biens au jour du décès.

En conséquence, pour tout homme qui laissera à son décès des ascendants ou des descendants, le Code a fait pour l'époque du décès, deux parts des biens qu'il aura possédés au cours de sa vie, et dont il n'aura pas disposé à titre onéreux : la *Portion disponible* et la *Réserve légale*.

La loi ne règle que la portion disponible; la réserve existe par voie de conséquence.

132. On peut définir la *Portion disponible* cette portion de nos biens que la loi nous permet de donner définitivement et sans contrôle au préjudice de nos héritiers naturels.

Par ces mots « de nos biens », ou, comme le dit la loi, « *des biens du disposant* », on entend non seulement les biens que le disposant possède au temps de son décès, mais encore ceux dont il s'est dessaisi par donations entre vifs pendant le cours entier de sa vie.

De sorte que la portion disponible est seulement une quotité des biens exstants (*) au décès, quand il n'y a eu aucune donation entre vifs.

De sorte qu'au cas contraire (celui où il y a eu des donations entre vifs), elle est une portion d'une *masse fictive*

(*) Je me servirai très souvent du vieux mot *biens exstants* pour les biens que le défunt a conservés jusqu'à son décès. Il me paraît nécessaire pour éviter une circonlocution.

composée TANT des donations entre vifs, faites conformément ou contrairement à la loi de disponibilité, QUE des
biens exstants au temps du décès (art. 922).

133. De là il suit que la portion disponible peut se trouver tout entière dans la succession. Cela arrive quand il
n'y a jamais eu de donations entre vifs.

De là il suit encore que la portion disponible peut se trouver tout entière hors de la succession, quand le défunt a
disposé par donations entre vifs de biens égaux à cette portion, ou qui l'excèdent.

Enfin, elle peut se trouver partie hors de la succession,
partie dans la succession, quand le défunt a usé de la faculté de donner entre vifs, sans avoir entamé pourtant la
réserve faite par la loi.

Le lecteur comprend dans quel sens je dis que tout ou
partie des biens disponibles sont hors de la succession
quand ils ont été donnés entre vifs; c'est non seulement
parce qu'ils ont été donnés, mais encore parce qu'ils ont
été donnés efficacement, et que les héritiers n'ont sur ces
biens aucun principe de propriété.

134. Qu'est-ce maintenant que la réserve?

La réserve légale est la portion de biens qu'il ne nous
est pas permis de donner efficacement au préjudice des héritiers au profit desquels la loi fait cette réserve (art. 915 et
917), ou, en d'autres termes, « la portion de biens conservée par la loi, malgré les dispositions gratuites de l'homme, aux descendants ou aux ascendants qu'il laissera pour
héritiers. »

La première de ces définitions est plus étendue ; elle s'applique à toutes les législations qui font une réserve, quelles

que soient les classes diverses d'héritiers réservataires ; la seconde est restreinte à l'état actuel du Code civil, qui ne fait de réserve qu'au profit des descendants ou des ascendants.

De tout ce que nous venons de dire, il faut déduire plusieurs vérités également importantes.

La portion disponible et la réserve sont deux portions distinctes des biens du défunt.

Elles ne peuvent jamais être considérées comme deux parties aliquotes d'une succession qu'autant qu'il n'y aurait jamais eu de donation entre vifs de biens présents.

Dès qu'il y a eu des donations entre vifs de biens présents à des étrangers, ou par préciput à un successible, ou que le successible donataire renonce pour s'en tenir à son don, la portion disponible et la réserve cessent d'être parties aliquotes de la succession, pour devenir partie aliquote de la masse fictive des biens donnés et des biens exstants.

Enfin, ces deux portions de la masse fictive n'en sont pas deux portions indivises; au contraire, ce sont deux portions continues, dont la première (la portion disponible) finit au point précis où la seconde (la réserve) commence ; et c'est sur ce principe qu'est fondé le mode de réduction, en remontant de la dernière donation, s'il est besoin, jusqu'à la première. Tout ce qui a été donné entre vifs conformément à la loi de disponibilité est hors de la succession; tout ce qui l'excède rentre dans la réserve légale, et par conséquent dans la succession, au moins relativement aux héritiers à réserve.

Les biens qui formeront la réserve légale ne sont frappés d'indisponibilité qu'éventuellement, et si elle trouve des héritiers pour la recueillir; mais, le cas échéant, le donateur l'aura inutilement entamée.

La portion disponible est fixée pour le cas où le défunt laisse des enfants par les art. 913 et 914; elle est fixée pour le cas où il ne laisse que des ascendants par l'art. 915 du Code civil.

135. Cette loi est conçue en termes prohibitifs-négatifs : « les libéralités ne pourront excéder... » Mais la prohibition ne s'adresse pas à la personne, elle ne touche en rien à la capacité du disposant; elle ne frappe que sur les choses objets de la défense. Cette loi est un vrai statut réel; et, par une conséquence de ce que le donateur était capable, quoique la chose ne fût pas disponible, les donations excessives ne seront pas nulles; elles seront seulement réductibles sur la demande de ceux au profit de qui la loi fait la réserve (art. 321).

Et comme la loi est faite dans l'intérêt de certains héritiers, les effets de cette loi ne pourront pas être réclamés par des héritiers d'un autre ordre; si les héritiers appelés à recueillir cette réserve refusaient d'être héritiers, les héritiers non réservataires à qui la succession serait dévolue à leur défaut seraient non recevables à venir rechercher la réserve dans les donations. La loi n'a pas été écrite pour eux; ils seraient repoussés par défaut de qualité.

Tels sont les principes généraux.

Mais leur théorie soulève bien des difficultés, même quand il n'y a de donations qu'à l'égard des étrangers : difficultés qu'il importe de bien connaître et de résoudre conformément au droit à l'égard des étrangers même, avant que de chercher à les résoudre à l'égard des enfants donataires. La discussion sera plus lente; mais les décisions seront plus sûres.

136. La première question que j'examinerai sera de savoir si le retranchement des donations pour l'exercice de la réserve ou pour fournir la légitime est contraire au principe de l'irrévocabilité des donations. C'est là une question purement théorique, puisque, irrévocable ou non, la donation n'en sera pas moins retranchée par la puissance de la loi; mais il n'est jamais inutile de descendre au fond de ces questions, parce qu'étant bien décidées en principe dans un cas, elles ne permettent plus aux considérations morales ou aux raisons captieuses de se produire dans un autre cas.

J'avouerai donc qu'en droit naturel, le retranchement des donations, même pour fournir des aliments aux enfants du donateur, altérerait l'irrévocabilité de la donation pure et simple : car la tradition de l'objet donné en a transféré la propriété au donataire de la manière la plus absolue. La reconnaissance lui imposerait le devoir de ne pas laisser dans le besoin les enfants de son bienfaiteur décédé; mais les devoirs de reconnaissance ne produisent que des obligations imparfaites; et d'ailleurs ne sont-ils pas modifiés par une foule de circonstances? *Quid*, si les enfants du donateur sont riches par leurs travaux ou par fortune? si le donataire n'a conservé d'autres biens que la donation ? Que décider s'il n'a plus l'objet donné ? Etc., etc..... Là solution la plus sûre, c'est que *naturellement* le retranchement pour la légitime porte atteinte à l'irrévocabilité de la donation, à moins qu'un pacte fait à l'instant même de la donation n'ait prévu que la donation serait modifiée en cas de survivance des enfants au père donateur.

De là il suit que l'établissement de la légitime sur les donations par dérogation à l'ancien droit romain a été une

atteinte portée à leur irrévocabilité, et qu'il a fallu supposer ou un pacte sous-entendu, ou l'erreur, ou le manque-
ment du donataire à ses devoirs, pour que les lois impériales aient ordonné ce retranchement.

Mais, à mesure des lois impériales qui ont opéré le progrès du droit de légitime, le droit positif est venu modifier
le droit naturel, et les Constitutions ont été sous-entendues
dans les donations elles-mêmes : *In contractibus tacitè ve-
niunt ea quæ sunt legis et consuetudinis.* A partir de ces lois
la donation a donc été affectée d'une condition au profit des
enfants; à partir de ces lois, le retranchement a cessé d'être
contraire à l'irrévocabilité, puisque, dans l'intention commune des parties, la légitime devait demeurer sauve.

Aussi, en droit français, faut-il répondre que le retranchement n'est pas contraire à l'irrévocabilité. En effet, telle
que nous l'entendons, l'irrévocabilité des donations se
borne à empêcher le donateur de porter atteinte à la donation par un acte de sa volonté; mais elle n'empêche pas de
faire une donation sous condition résolutoire : « *Cum quis
eâ mente dat, ut statim quidem faciat accipientis, si tamen
aliquid factum fuerit aut non fuerit, velit ad se reverti, non
propriè donatio dicitur, sed totum hoc, donatio est quæ sub
conditione solvatur. L. I, ff. De donat.* » Or, quand la condition résolutoire arrive et que le donateur ou son héritier en
réclame l'exécution, loin de révoquer le contrat, il l'exé-
cute conformément à la convention.

Comme dans tous les contrats on sous-entend de plein
droit les conditions résultant de la loi même, et que, lors
d'une donation, donateur et donataire savent également
que les art. 913, 914 ou 915 imposent des bornes aux libéralités, et en ordonnent la réduction, en cas d'excès, suivant
l'état de la famille au temps de l'ouverture de la succes-

sion, et suivant le calcul à faire dans les termes de l'art. 922, il faut reconnaître que toute donation (quelque purs et simples qu'en soient les termes) est faite sous la condition nécessaire, tacite et légale, de résolution totale ou partielle, *en tant qu'elle excéderait la portion disponible*. ou, en d'autres termes, *en tant qu'elle se trouverait avoir porté sur la réserve.*

Et ce qui prouve qu'il s'opère une vraie résolution du droit du donataire, tacitement convenue au temps du contrat, c'est 1° l'art. 922, ordonnant l'estimation des biens donnés d'après leur état à l'époque de la donation (parce que les améliorations ne procèdent pas du fait du donateur), et d'après leur valeur au temps du décès du donateur (parce que le donateur est censé, du moins envers sa succession, avoir dû conserver la chose et en être demeuré propriétaire, de manière à en supporter les pertes ou les accroissements intrinsèques); 2° c'est encore l'art. 928, ordonnant au donataire de restituer les fruits à partir du décès, parce que jusque là, l'événement n'étant pas arrivé, le donateur devait maintenir le donataire dans sa possession, et parce qu'il était d'ailleurs libre de consommer ou de faire consommer à d'autres ses propres revenus; 3° ce sont enfin les art. 929 et 930, révoquant charges, hypothèques et aliénations créées du chef du donataire, comme si le donateur n'avait jamais cessé de posséder.

137. Le droit de résolution, qui serait vrai, dira-t-on, pour le retour conventionnel s'ouvrant au profit du donateur survivant, et le faisant par conséquent rentrer dans son domaine, ne saurait l'être également pour le cas de réserve légale, puisque le donateur est mort quand le droit de réserve vient à s'ouvrir.

· Deux réponses à cette difficulté.

La première est qu'il est inexact de dire que le donataire est mort quand le droit à la réserve vient à s'ouvrir. Le dernier moment de la vie se confond avec l'instant de la mort, nul espace, nulle durée ne les sépare; et quand nos Coutumes ont dit énergiquement *« Le mort saisit le vif »*, elles ont bien entendu que le dernier instant de la vie du défunt investissait ses proches de ses biens, et non je ne sais quel instant d'une volonté hors de ce monde. Au surplus, dans les substitutions même, qui contenaient toujours une condition résolutoire au profit de l'appelé, c'était la volonté du donateur au jour du contrat qui conférait après lui le don subordonné, *capiebatur à gravante, non à gravato;* car toutes les aliénations et les hypothèques du chef du grevé disparaissaient aussitôt.

La seconde réponse, c'est qu'il a toujours été permis d'établir dans tout contrat des conditions au profit de ses héritiers et de stipuler pour eux : *heredi cavere concessum est* (L. 10 ff. *De pactis dot.*). Il est donc permis au donateur de ne donner que pour le temps de sa vie; et même il importe peu à la validité de la stipulation que la donation ne soit résoluble qu'au profit des héritiers de la ligne directe (descendante ou ascendante), et qu'elle ne le soit pas au profit des collatéraux, puisque dans tout contrat on pourrait borner la stipulation au profit d'un seul héritier ou d'une classe spéciale d'héritiers : *« Non obstat uni tantum ex heredibus provideri, si heres factus sit, cæteris autem non consuli.* (L. 33 *De pactis*). Dans le cas des art. **913** et **915**, la loi remplace la stipulation; l'événement est arrivé. Il faut donc que les héritiers nommés par la loi en profitent; le droit est donc résolu, le retranchement ou la réduction n'est donc pas dans notre législation une violation des lois sur l'irrévocabilité des donations. C'est, comme je l'ai dit plus haut, l'exécution d'une condition tacite et légale inhérente au contrat même.

138. Autre question : Faut-il être héritier pour demander la réduction des donations contre les donataires étrangers? Suffit-il d'être enfant ou ascendant?

Cette question surprendra le lecteur. Pourquoi, dira-t-il, poser aujourd'hui une question dont la solution est incontestée? Tous les auteurs, tous les arrêts, reconnaissent unanimement qu'il faut avoir le titre d'héritier au moins sous bénéfice d'inventaire pour demander la réduction des donations : n'est-ce pas assez de cette unanimité d'opinions pour établir le principe?

Non, répondrai-je. Si une fois on admet qu'en vertu de l'adage, « qu'on ne peut perdre ni abdiquer la qualité d'enfant », le renonçant retiendra réserve et portion disponible, il n'y a pas de vérité reçue aujourd'hui comme vérité pratique qui ne puisse être renversée demain, si elle n'est théoriquement demontrée. Demain, un fils unique, qui aura après inventaire, renoncé à la succession paternelle, et qui par cette renonciation aura laissé opérer la dévolution en collatérale, s'adressera au donataire, en lui disant : « Que vous importe que j'aie ou non renoncé à la
» succession paternelle? Je n'ai pas renoncé à ma qualité
» d'enfant; et c'est à cette qualité seule, non à celle d'héri-
» tier, qu'est due la réserve. Restituez cette réserve, car
» elle est dans votre donation. Je ne vous fais aucun tort,
» puisqu'il n'y a pas d'autre enfant et que personne que
» moi ne peut vous la demander; et vous ne m'allégue-
» rez pas que la succession contenait d'autres biens, car
» j'ai fait inventaire avant que de renoncer. » Certes, con-

tre un étranger enrichi par son père (auquel il ne demande,
après tout, que ce qu'il aurait demandé légalement s'il n'eût
pas fait la faute de renoncer), sa cause méritera bien autant de faveur que celle d'un renonçant qui retient au préjudice de ses frères, outre la portion disponible, la substance de la succession. Donc, s'il corrobore ce système de
tous les arguments dont on colore les prétentions de l'enfant donataire qui renonce à la succession, il obtiendra arrêt favorable... Et si cette jurisprudence s'introduit dans
une espèce aussi équitable, on verra bientôt les enfants renonçants profiter de l'inventaire fait par leurs frères et
sœurs, soutenir que la réserve est individuelle, et en demander par voie d'action leur part aux donataires, en leur
qualité d'enfant, qu'ils n'ont pu ni perdre ni abdiquer par
leur renonciation à la succession ! C'est là le point qu'atteindra un jour la jurisprudence, en suivant sa pente actuelle.

139. Je dis donc que l'enfant renonçant ne peut demander par voie d'action la réserve au donataire étranger,
parce que, toutes les fois que la loi parle de l'exercice du
droit à la réserve, elle montre ce droit dans la main même
de l'héritier. C'est ce qui résulte des termes des art. 915,
917, 922, 930, et des art. 1004 et 1011 du Code civil.

Je sais bien qu'on répond que, même dans le Code Napoléon, le mot *héritier* se prend souvent inexactement.
Dans les art. 795 et 797, la loi s'en sert pour désigner l'héritier présomptif qui n'a pas encore pris parti ; dans les art.
785 et 845, la loi s'en sert même pour désigner le succesesi-
ble qui a renoncé à la succession, et de là on conclut que le
mot *héritier* peut être vague dans les articles que j'ai cités.

Mais la conclusion est fausse : de ce que les art. 795 et

797 donnent le nom d'héritier à celui qui a pour lui la vocation de la loi, tant qu'il ne l'a pas refusé ; de ce que les art. 785 et 845 conservent le titre d'héritier à celui qui vient d'y renoncer, comme nous conservons, dans l'usage, le titre de *roi* au roi qui vient d'abdiquer, on ne peut en induire que le sens du mot *héritier* est vague dans le Code civil. Le sens propre ou détourné en est toujours parfaitement déterminé par la place du mot. Dans l'article 915, le mot *héritier* signifie bien *héritier acceptant*, puisque dans cet article (où se trouve d'ailleurs le mot *recueillir*) il s'agit d'un partage entre les ascendants en concours avec les collatéraux, et qu'un partage est toujours une exécution de l'acceptation ; de même, dans l'art. 917, il s'agit d'une option qui, par sa nature, est un acte absolu de propriété, un abandon d'une portion de biens, qui suppose l'acceptation ; de même l'art. 930 n'a pu vouloir parler que des héritiers qui ont pris qualité quand il leur donne une action contre les tiers, de même que l'art. 1122, en disant qu'on stipule pour soi et pour ses héritiers, et que les art. 1220, 1221, 1223, 1225, 1232, 1233, sur l'effet des obligations à l'égard des héritiers, ne doivent s'entendre que des héritiers qui ont accepté la succession, puisque c'est l'acceptation expresse ou tacite qui seule les soumet aux actions des tiers, ou leur donne action contre eux. Dans le style des lois, le mot *héritier*, employé seul, sans adjonction, signifie toujours celui qui accepte la succession.

Puisque la loi montre le droit d'action contre le donataire dans la main de l'héritier, il faut donc en conclure que l'enfant qui renonce à cette qualité n'a pas l'action en retranchement contre le donataire : car il faut être héritier pour exercer les droits et les actions que la loi attribue à l'héritier.

140. On insiste, et l'on dit : « En droit, supposer n'est
» pas disposer. Les art. 915, 917, 922, 930, ont pu sup-
» poser que le réservataire était héritier, parce que c'est
» le cas le plus fréquent, sans exclure précisément de l'ac-
» tion contre les donataires celui-là qui, étant enfant, et
» prouvant par un inventaire qu'il n'y avait pas dans les
» biens exstants de quoi satisfaire à sa réserve, aurait re-
» noncé à la succession. L'art. 22 du' projet *Jacqueminot*,
» l'art. 22 du projet *Tronchet* (V. ci-dessus, n. 69, p. 77),
» n'accordaient textuellement l'action qu'à ceux des héri-
» tiers *venant à succession*, au profit desquels la loi a re-
» streint la faculté de disposer... L'art. 921 ne reproduit
» pas ces termes : *héritiers venant à succession...* »

141. Sans doute, il ne les reproduit pas; il ne dit même
pas *héritiers*, il porte :« *par ceux au profit desquels, etc.* »
Mais nul besoin n'existait de dire une chose inutile. En effet, pour exercer une action en revendication, il faut être
propriétaire, et, pour avoir un droit de propriété sur une
chose, il faut que le droit de propriété découle de la loi. Or
le droit de propriété du réservataire dérive d'ailleurs que
de l'art. 921.

Le livre III du Code civil traite des différentes manières
dont on acquiert la propriété, et, pour ne pas parler de
celles indiquées par les art. 712 à 717, je m'arrêterai à l'art.
711 seulement : « La propriété des biens s'acquiert et se
» transmet par succession, par donation entre vifs ou tes-
» tamentaire, et par l'effet des obligations. »

Le titre Ier de ce livre établit d'abord le droit de succession *ab intestat*, comme le plus sacré, comme le premier
des titres universels; il défère la saisine aux héritiers légitimes par l'art. 724, pourvu qu'ils veuillent être héri-

tiers (art. 775). Les renonciations effacent tout droit dans la personne des renonçants (art. 785, 786, 883); ils n'ont jamais été héritiers, ils n'ont jamais été saisis de rien.

Le titre II traite des dispositions à titre gratuit (des donations entre vifs ou testamentaires, comme dit l'art. 711), dont l'effet est d'appauvrir ou de détruire entièrement les successions *ab intestat.* Il détermine à quelles conditions ces dispositions auront leur effet. En établissant une *portion* disponible que les libéralités ne pourront excéder dans certains cas donnés sous peine de réduction, le chapitre III du titre II agit donc dans l'intérêt de la succession *ab intestat ;* il détermine donc quels biens n'en peuvent être distraits. S'il détermine quels biens il est permis de distraire de la succession pour exercer des libéralités, il laisse donc dans la succession même ceux qui n'en peuvent être distraits efficacement; et s'il les laisse ainsi et de plein droit dans la succession, il faut donc accepter la succession pour avoir droit à la réserve, et être héritier pour exercer le retranchement des donations: autrement, il y aurait en droit civil français une autre manière d'acquérir la propriété que les modes d'acquisition fixés par les art. 711 et suivants des *Dispositions générales* du livre III du Code civil ; ce qui ne peut pas être, s'il n'existe pas un texte *attributif* à l'enfant des biens du père, à un autre titre que le titre d'héritier. Faute de ce texte, il faut conclure que les réservataires acquièrent la réserve à titre de succession, comme les autres biens exstants. Donc, quand ils ont renoncé, ils n'ont aucun titre légal pour demander, soit à leurs frères, soit à des étrangers, la restitution d'un effet quelconque de la succession.

142. Notez bien que je ne nie pas le pouvoir du législa-

teur. Il pouvait, au lieu d'une *portion disponible*, laissant après elle une réserve, établir une *légitime* attachée à la simple qualité d'enfant, et dire, comme on l'a vu dans l'art. 18 du contre-projet de la section (V. n. 80, p. 96) : « Les » enfants AURONT, à titre de légitime, TELLE PORTION de ce » qui leur serait revenu par succession s'il n'y avait pas eu » donation entre vifs ou testamentaire... » S'il eût procédé ainsi, il aurait créé pour les enfants, *en tant qu'enfants seulement*, un nouveau titre de propriété, le titre de *légitime*, non prévu, il est vrai, dans les art. 711 et suivants, mais qui du moins aurait été ainsi formellement établi par une autre loi, à laquelle aurait été due obéissance. Mais le législateur ne l'a pas voulu ainsi, puisqu'il ne l'a pas fait. Il y a plus, le législateur ne l'a pas voulu, puisque, comme je le dirai plus tard, il avait adopté cette forme, et l'a changée contre une forme négative, établissant une réserve. Or le juge ne peut aller plus loin que la loi, et ne peut attribuer à un parent qui n'est pas héritier des biens que la loi a réservés à la succession ou aux héritiers réservataires.

De là il suit donc invinciblement que la réserve est attribuée aux enfants à titre successif seulement ; qu'à l'héritier réservataire seul est réservé le retranchement des donations, et que l'enfant ni l'ascendant qui auront renoncé à la succession n'auront contre le donataire ni droit ni action ; car, encore une fois, ils n'ont pas dans un texte législatif un principe translatif de propriété.

143. Mais ne serai-je pas tombé moi-même dans une hérésie en disant que les biens donnés, mais atteints par la réserve légale, sont *biens de la succession* relativement aux héritiers. Je lis partout, dans les auteurs modernes, dans les discours des orateurs, dans les jurisconsultes an-

ciens, même dans Pothier : « *Les biens donnés entre vifs ne sont plus dans la succession !* »

C'est là un adage de droit, c'est-à-dire une maxime vraie pour l'ordinaire; une maxime d'une vérité relative, mais fausse si on la croit d'une vérité absolue.

144. Dans notre droit, les biens donnés ne sont pas dans la succession quand ils ont été pris sur la portion disponible; ils demeurent dans la succession, relativement aux héritiers à réserve, quand ils entament la réserve.

145. Certes, sous un rapport, on dit fort exactement aux tiers, créanciers, donataires et légataires du défunt : « Ne touchez pas aux retranchements des donations; à votre égard, ils ne font pas partie de la succession; l'art. 921 les a mis hors de votre atteinte; il a établi une exception contre vous, parce que ces biens, publiquement possédés par d'autres, n'ont pas été la source du crédit du défunt, et qu'il n'a pu ni donner ni léguer au préjudice des donataires précédents. Pour vous la réserve ne fait pas partie de la succession. » Ce qui n'empêche pas qu'elle fasse partie de la succession relativement aux héritiers et aux donataires.

146. Car il en est du mot *succession* (pris pour la masse des biens qui la composent) comme de presque tous les mots français qui n'ont pas de définition législative. La signification s'en modifiera *secundum subjectam materiam*. A l'égard des tiers, la succession se composera de tous les biens qu'ils peuvent atteindre, de tous ceux qui auront formé le patrimoine du défunt au moment de son décès; à l'égard des héritiers, la succession se composera de tous les biens qu'ils pourront partager et qui leur adviendront

en vertu de leur titre héréditaire. Et cela est si vrai, dans le sens légal et dans le langage ordinaire, que, si une femme mariée en communauté a stipulé que les successions mobilières lui demeureront propres de communauté, personne n'hésitera à ranger parmi ces propres les sommes mobilières provenues des réductions de donation que les soins du mari auront fait opérer, personne ne s'avisera ni de lui contester ce droit, ni de le ranger parmi ces bénéfices inespérés qui tombent dans la communauté.

147. On n'a pas à s'arrêter ici à la définition de la succession donnée par la loi 24 ff. *Hereditas nihil est aliud, etc.* (l'hérédité n'est rien autre chose que la subrogation de l'héritier dans le droit universel qu'a eu le défunt) : c'est une loi abrogée, comme toutes les lois romaines, et dont la définition n'a pas passé dans notre Code ; la définition était vraie alors, parce que le droit commun chez les Romains était la succession testamentaire ; la légitime des Romains n'avait pas primitivement d'influence sur les donations, et leur législation n'avait procédé ni par défense ni par réserve. — V. ci-dessus, n. 8, p. 8.

148. Dans notre Code, au contraire, aucun texte n'a défini de quoi se compose une succession : il faut donc tirer la définition des textes mêmes du Code et de leur combinaison. Or, l'art. 724 portant que les héritiers légitimes sont saisis de plein droit des biens, droits et actions du défunt, la succession, sous le rapport de ce qui la constitue, peut être définie : l'ensemble des biens, droits et actions du défunt. Il n'est pas nécessaire, pour qu'une action entre dans les éléments constitutifs d'une succession, que le défunt ait eu le droit d'exercer l'action de son vivant ; il a

pu accorder terme au delà de son décès, il a pu apposer l'époque de son décès comme condition de l'ouverture de son droit, ou comme l'époque à laquelle on vérifiera si la condition résolutoire est ou non accomplie. Dans l'un et l'autre cas l'action n'en procède pas moins de lui : si le droit est à terme, il existait de son vivant sans être exigible; si le droit est conditionnel, l'événement de la condition le fait rétroagir au jour de la donation, et par conséquent dans l'un et l'autre cas les biens doivent être considérés comme biens du défunt. Or, en prouvant, n° 136, que le retranchement pour la réserve n'est pas contraire au principe d'irrévocabilité des donations, et n'est en soi qu'une conséquence d'une condition nécessaire, tacite et légale du contrat de donation, j'ai prouvé par là même qu'il y avait eu une condition résolutoire imposée à la donation ; or, cette condition advenant, l'effet rétroactif que produit l'événement replace les biens aux mains du donateur au jour même du contrat : donc les biens compris dans la donation font partie de l'universalité acquise à l'ouverture de la succession, et les héritiers à réserve se trouvent, en vertu du même art. 724, saisis des biens réservés, entre les mains du donataire, de la même manière que des biens réservés dont le défunt n'avait pas disposé, et c'est pour cela que les art. 920, 928, 929, 930, en supposant l'existence de la saisine, ne la confèrent pas par termes dispositifs. La disposition était tout entière dans l'art. 724, qui frappe de la saisine tous les biens du défunt, et, par conséquent, ceux qui, sortis de ses mains par donations entre vifs, ne pouvaient être donnés efficacement au mépris des art. 913 et 915.

149. Ce qui démontre encore plus sûrement que la ré-

servo est dans la succession, c'est la forme prohibitive-négative des art. 913 et 915... « *ne pourront excéder.* »

Si le législateur eût voulu considérer les enfants *en tant qu'enfants seulement*, et considérer les biens comme une sorte de copropriété entre le père et les enfants, qui conserveraient, à cause de leur naissance seulement, un droit réel et individuel dans les biens donnés, la forme grammaticale la plus propre à peindre sa pensée eût été la forme attributive aux légitimaires : « *Les enfants auront à titre de légitime, etc., etc...* »

Sous cette forme directe et attributive, il eût été clair, *ex verborum vi ac potestate*, que l'enfant réclamait son droit *en tant qu'enfant seulement ;* qu'il n'avait nul besoin de la qualité d'héritier ; qu'il aurait eu action dans tous les cas pour prendre cette légitime, et qu'elle lui aurait appartenu individuellement, indépendamment du droit à la succession, soit contre ses frères acceptant la succession, soit contre les étrangers donataires

150. Au contraire, si le législateur ne considérait pas l'enfant comme copropriétaire avec le père pendant la vie du père ; s'il regardait celui-ci comme propriétaire absolu de ses biens, sauf les modifications que la loi pouvait apporter au droit de disposition ; si le législateur ne voulait réserver les biens à l'enfant qu'au cas où l'enfant serait héritier, alors la forme grammaticale la plus propre à peindre cette pensée était la forme prohibitive-négative : « *Les libéralités ne pourront excéder.* » Or c'est celle que le législateur a affectée pour que la défense portât sur l'étendue de la portion disponible. En faisant porter ainsi sa défense sur les biens, le législateur ordonne implicitement de réserver dans la succession même, pour l'intérêt d'une

certaine classe d'héritiers, ce qu'il défend de donner avec
efficacité le cas échéant. La loi n'a donc ni ne peut avoir
un sens attributif, et elle exprime clairement que les donations excessives demeurent, selon toute l'étendue de
leur excès, dans la succession relativement aux héritiers
à réserve qui voudront appréhender la succession.

Et cela est d'autant plus certain qu'au Conseil d'état on
s'était servi d'abord de la forme *attributive*, avec l'intention évidente de donner aux enfants une légitime individuelle, et qu'après délibération, le Conseil d'état est revenu à la forme prohibitive-négative.

151. Le lecteur se rappelle qu'en effet les art. 16 des projets Jacqueminot et Tronchet (V. ci-dessus n° 69, p. 76), qui
établissaient incontestablement une véritable réserve, ont
affecté la forme prohibitive-négative. La forme attributive
ne s'est produite que quand la section de législation a
voulu établir pour les enfants une légitime individuelle indépendante de la qualité d'héritier. Mais s'éleva en séance
générale la question de savoir si la réduction pourrait être
demandée contre les enfants donataires, et elle fut décidée
contre eux (V. ci-dessus n° 95, p. 118); puis, M. Tronchet
démontra qu'il fallait être héritier pour demander la réduction, et, sur son observation, le Conseil adopta en principe le rétablissement de l'art. 22 du projet de la commission (V. ci-dessus n° 96, p. 119). Dès ce moment la légitime
des enfants et des descendants a cessé d'être purement
alimentaire, elle est devenue un droit de succession ; elle
a cessé de dépendre uniquement de la proximité de parenté, elle s'est trouvée en outre attachée à la qualité d'héritier; en un mot, la légitime est redevenue réserve. Que
devait faire la section de législation pour faire passer ces

décisions du Conseil d'état dans la nouvelle rédaction ? Elle devait revenir à l'ancienne rédaction, et c'est ce qu'elle a fait loyalement en donnant de nouveau aux art. 913 et 915 la forme prohibitive-négative qu'avait l'art. 16 des projets Jacqueminot et Tronchet, et en supprimant le mot *légitime* qu'avait employé le contre-projet de la section, qui l'abandonna.

Car c'est quelque chose que d'avoir banni du projet de loi le nom de *légitime*. Les membres de la section savaient qu'on n'abolit pas un mot qui a passé dans la langue de tous ; mais en le retranchant de la loi, et en se servant des mots *Portion disponible*, antipathiques aux pays de droit écrit, et du mot *Réserve*, spécial au droit coutumier, ils ont suffisamment fait entendre que le système général de la loi nouvelle n'était pas le système de la légitime de droit ; que c'était celui des réserves coutumières (*).

─────────────

(*) J'ai déjà dit ailleurs (*Donations et Testaments*, p. 120) : « Ce
» qu'il importe surtout de remarquer, c'est qu'en circonscrivant la
» faculté de disposer, ou, pour mieux dire, en circonscrivant les effets
» des dispositions à peu près dans les mêmes limites qu'en pays de
» droit écrit, le législateur a préféré le nom de *réserve* à celui de *lé-*
» *gitime*. CETTE DÉNOMINATION N'EST POINT INDIFFÉRENTE. En droit
» romain et dans les pays de droit écrit, où la volonté de l'homme fai-
» sait les héritiers, où la légitime s'était établie contre l'esprit géné-
» ral de la législation, comme une faveur introduite par l'équité con-
» tre la volonté souveraine du testateur, la légitime ne dépendait pas
» de la qualité d'héritier, mais de celle d'enfant ou d'ascendant : c'é-
» tait une part des biens, et non de l'hérédité ; c'était une créance, et
» non un droit successif : d'où il suivait qu'on pouvait être légitimaire
» sans être héritier ; que la légitime devait être délivrée par l'héritier
» testamentaire ; qu'on l'obtenait même en répudiant la succession,
» et que la jouissance à titre de légitime des biens qui la constituaient

152. Il me semble qu'il est prouvé jusqu'à satiété que la réserve, même aux mains du donataire, ne peut appartenir à l'enfant *qu'à titre successif*, 1° parce que le texte des art. 915, 917, 922 et 930, montre le droit d'action dans la main de l'héritier; 2° parce que la loi ne soustrait à la succession *ab intestat* que la portion disponible; que la réserve, étant donc la succession même, ne peut appartenir qu'à l'héritier; 3° parce qu'il n'y a pas d'autres modes de transmission de la propriété que ceux fixés par la loi, et que l'enfant qui renonce n'a aucun titre à la propriété de ce que la loi laisse dans une succession qu'il ne recueille

---

» n'était point réputée acte d'héritier. Les auteurs des pays coutu-
» miers étaient divisés sur cette importante question : les uns pen-
» saient qu'il fallait être héritier pour obtenir la légitime de droit en
» pays coutumier; d'autres que, même en pays coutumier, le légiti-
» maire pouvait n'être pas héritier, ou ne l'être que quant à la légi-
» time seulement. *Mais aucune controverse n'existait sur la nature*
» DES RÉSERVES COUTUMIÈRES; elles constituaient une vraie succes-
» sion..... Le nom de réserve a donc été adopté *pour exprimer éner-*
» *giquement* la nature du droit établi par le Code, et pour faire enten-
» dre que c'est *en qualité d'héritier* que ce droit doit être réclamé,
» comme *les propres* ne pouvaient l'être qu'en cette qualité. »

Nos jeunes docteurs, même ceux qui sont de mon opinion sur la question qui fait l'objet de cet ouvrage, ne peuvent admettre cette doctrine, parce que les propres sont une législation abrogée, que la réserve était intimement liée au système des propres, que les réserves et les propres n'intéressaient que la ligne collatérale, etc., etc.

J'ai répondu, n°s 34 et 35, p. 38, à ces arguments sans portée.

J'abhorre les disputes inutiles!... Soit : le Code n'a pas eu pour objet d'imiter les réserves coutumières.

Mais la loi du 17 nivôse an II a abrogé légitimes de droit et réser-

pas; 4° parce que l'adage « que les biens donnés entre vifs ne sont plus dans la succession » n'est exact qu'à l'égard des tiers; mais que les biens donnés outre mesure restent pour leur excès dans la succession relativement aux héritiers et aux donataires, quoiqu'ils soient physiquement aux mains de ceux-ci; 5° parce qu'en adoptant dans la rédaction la forme prohibitive-négative, qui n'attribue de droits à personne, et qui laisse les biens inefficacement donnés suivre le cours indiqué à la transmission par la loi des successions, et en rejetant la forme attributive, susceptible de conférer à l'enfant un titre spécial à la propriété en tant qu'enfant seulement, le législateur a donné, sur le système des légitimes, la préférence au système des réserves telles qu'elles étaient dans nos provinces du centre de la France,

---

ves coutumières, pour établir une *réserve* de 9/10 au profit des enfants, de 5/6 au profit des collatéraux.

Ce n'est pas une légitime que la loi de nivôse a fondée; c'est bien une réserve, personne n'en doute.

Certes, tout en abolissant les propres et les réserves coutumières, ce sont bien les réserves coutumières dont la législation de nivôse s'est inspirée en bornant la faculté de transmettre par donation ou testament, en ne permettant aux enfants de prendre les biens qu'à titre successif, en prohibant les renonciations anticipées, en ordonnant le rapport des donations faites aux successibles, même en cas de renonciation à la succession.

En bannissant la *légitime* pour employer le mot *réserve*, le Code, si l'on veut, n'a pas imité les réserves coutumières; il a imité la loi de nivôse, qui supprimait les légitimes, et qui imitait les réserves coutumières tant en directe qu'en collatérale.

Le résultat sera toujours le même : le Code s'est servi du mot *réserve* pour avertir de ne point retomber dans l'ancien système de la *légitime de droit.*

ou même sous la loi de nivôse an II, sous laquelle la réserve n'était pas due à l'enfant en tant qu'enfant, et ne lui appartenait qu'autant qu'il se portait héritier.

153. Maintenant qu'il est établi que la réserve n'appartient à l'ascendant ou à l'enfant *qu'à titre successif*, et qu'en conséquence le renonçant n'a ni droit à la réserve ni action contre le donataire, on peut se demander ce que devient la part qu'aurait eue le renonçant dans la réserve s'il eût accepté la succession.

La réserve, ai-je dit, soit qu'elle se trouve dans les biens exstants, soit qu'elle se trouve dans les biens donnés, est la succession même.

Puisqu'elle est la succession, elle ne peut appartenir qu'à l'héritier.

Le droit à rechercher la réserve dans les donations entre vifs est un droit établi *en faveur* seulement de certains héritiers.

Les droits établis spécialement en faveur de certains héritiers, à cause de leur double qualité d'héritiers et de parents d'un ordre déterminé, ne peuvent profiter à des parents d'un autre ordre.

Donc, la renonciation à la succession par un héritier à réserve produira des effets différents selon qu'il se trouvera d'autres héritiers à réserve avec lesquels aurait partagé le renonçant, ou qu'il se trouvera des héritiers à réserve d'un autre ordre, ou qu'enfin les héritiers au profit desquels la renonciation opérera dévolution de la succession ne seront pas eux-mêmes héritiers à réserve.

Quand le renonçant aura des cohéritiers qui auraient partagé la réserve avec lui, sa part accroîtra à ses cohéritiers.

Quand, après sa renonciation, il n'y aura que des héritiers à réserve d'un ordre différent, la dévolution de la succession d'un ordre à l'autre n'entraînera par dévolution du droit de retranchement qu'avait le renonçant pour sa réserve; mais les héritiers réservataires du second ordre exerceront les droits attachés à leur réserve spéciale.

Quand la succession passera par dévolution aux collatéraux, il n'y aura pas dévolution des actions en retranchement des réservataires.

154. En un mot, toutes les difficultés se résolvent par ces deux règles : La réserve est un droit héréditaire ; on ne l'exerce contre les tiers qu'autant qu'on est héritier, et dans toute l'étendue du droit héréditaire.

Le retranchement pour la réserve ne s'exerce qu'au profit de ceux pour qui elle est établie ; ce droit ne passe pas à d'autres héritiers, il n'a pas été créé pour eux.

Voilà toute la théorie.

Il y a des cas où il y a accroissement ; il n'y en a pas où il y ait dévolution du droit de demander la réduction. Si la succession tombe par dévolution d'un ordre d'héritiers à réserve à un autre ordre d'héritiers à réserve, ceux-ci n'exercent le retranchement qu'en raison de leur propre réserve.

Pour donner un corps à ma pensée, je parcourrai diverses espèces.

155. 1re Espèce. Un ascendant dans une ligne ; des collatéraux dans les deux lignes. L'ascendant renonce à la succession.

Personne ne pourra demander la réduction des donations : ni l'ascendant, parce qu'au moyen de sa renonciation il n'a jamais été héritier ; ni les collatéraux de l'autre ligne, parce que la réserve de l'ascendant n'a pas été instituée pour leur ligne ; ni les collatéraux de sa ligne , parce que la réserve de l'ascendant n'a pas été instituée en leur faveur.

156. 2ᵉ Espèce. Deux ascendants au même degré dans une même ligne : par exemple, l'aïeul et l'aïeule paternels, ou deux bisaïeuls paternels, en concours avec des collatéraux. L'un des ascendants renonce à la succession , l'autre l'accepte.

Puisque la portion disponible est des trois quarts quand le défunt ne laisse d'ascendants que dans une ligne, la réserve est du quart dans la ligne où se trouvent plusieurs ascendants au même degré, et se partagerait entre eux si tous acceptaient. Comme ils la recueillent à titre successif, la part de l'ascendant renonçant accroît à l'autre, et l'ascendant héritier prendra, même sur les donataires, le complément de son quart de réserve, comme il prendrait seul le quart dans les biens exstants.

157. 3ᵉ Espèce. Tous les ascendants de la ligne renoncent ; il ne reste plus que des collatéraux.

Les donataires sont affranchis de l'obligation de fournir la réserve. Il y a dévolution de la réserve en même temps que de la succession , si la réserve se trouve dans les biens exstants sans être entamée par des donations testamentaires ; il n'y a pas dévolution du droit de demander le retranchement des libéralités, parce que ni la loi ni la convention tacite n'ont établi en faveur des collatéraux la condition résolutoire des donations ni la réduction du legs.

158. 4ᵉ Espèce. Ascendants dans les deux lignes. Tous

renoncent à la succession ; il ne reste plus dans chaque ligne que des collatéraux.

Même solution, et pour les mêmes raisons.

159. 5ᵉ Espèce. Ascendants de deux degrés dans une ligne, par exemple un aïeul paternel et un bisaïeul et une
bisaïeule paternelle, qui seraient empêchés de venir par
l'aïeul s'il héritait, mais qui viennent à la succession dans
leur ligne par l'effet de la renonciation de l'aïeul plus proche en degré.

L'art. 786 donne la solution dans cette espèce. Puisque
le renonçant est seul de son degré (et il en serait de même
s'il y avait plusieurs ascendants du même degré dans la ligne, qui tous renonceraient), sa part de succession serait
dévolue aux ascendants de la même ligne et du degré plus
éloigné ; et, comme ceux-ci ont droit alors à la même réserve que l'ascendant renonçant du degré plus rapproché,
ils auront de leur chef action en retranchement contre les
donataires pour leur réserve.

160. 6ᵉ Espèce. Ascendants dans les deux lignes. Renonciation par tous les ascendants d'une ligne (de la ligne
paternelle, si on veut). Les ascendants de l'autre ligne (la
ligne maternelle) auront-ils droit à la réserve affectée à la
ligne renonçante ?

Non ; ils n'auront droit qu'au quart fixé pour leur ligne.
La loi des donations fixe la quotité disponible ; mais, puisque la réserve est la succession elle-même, la loi des donations laisse à la loi des successions à fixer le sort de la
réserve. Ainsi, conformément à l'art. 733 et à l'art. 786, la
renonciation des ascendants de la ligne paternelle opérera
dévolution de la succession aux collatéraux de la ligne pa-

ternelle, et ces collatéraux n'ont point qualité pour demander réduction des donations ou legs. D'ailleurs, les
membres d'une ligne ne sont pas cohéritiers aux biens at-
tribués à l'autre ligne.

161. **7ᵉ Espèce.** Le défunt laisse des enfants, des ascendants et des collatéraux ; mais les enfants renoncent tous à
la succession, et les ascendants et les collatéraux viennent
à la succession par l'effet des renonciations des enfants.

On n'accordera pas aux ascendants la réserve de l'art.
913, qu'auraient eue les enfants ; les ascendants jouiront
seulement de tous les avantages attachés à la succession de
leur ordre, en concours avec les collatéraux, et par conséquent du droit de retrancher les donations excédant la
quotité disponible fixée par l'art. 915. Les donataires n'ont
pas à s'en plaindre. La condition tacite sous laquelle a été
faite la donation était qu'elle serait retranchable pour la
réserve des enfants ou pour celle des ascendants ; et la renonciation des enfants ne nuit pas à ces donataires, puisque la réserve des ascendants n'est jamais plus forte que
la réserve des enfants, et qu'elle est souvent plus faible.

162. **8ᵉ Espèce.** Les enfants non donataires renoncent
tous. Il n'y a point d'ascendants.

Dans ce cas, aucune réserve pour les collatéraux.

163. **9ᵉ Espèce.** Un ou plusieurs enfants non donataires
renoncent à la succession. Quelle sera la réserve des enfants acceptants ?

Celle qui aura été fixée par le nombre d'enfants existants
au jour du décès du père. Par exemple, cinq enfants au
décès, la réserve est des trois quarts des biens, partagea-

bles par cinquième. S'il y a deux enfants renonçants, la réserve sera toujours des trois quarts, mais partageables par tiers entre les trois enfants qui se portent héritiers.

164. En effet, la réserve n'est autre chose que la portion de succession dont il était défendu de disposer au préjudice des héritiers d'une qualité déterminée. La réserve (quand la portion disponible est absorbée) est toute la succession, et rien que la succession. Elle doit donc suivre la loi des successions, et par conséquent la part des renonçants accroît aux acceptants.

Sous le Code civil, la portion disponible a seule été mesurée par le législateur; la réserve ne l'a pas été. Tout ce qui n'est pas disponible est réserve à l'égard des enfants: donc tout ce qui n'est pas disponible est succession à leur égard, puisque la réserve n'a pas pour mesure, comme sous l'ancien droit, ce que l'enfant recueillerait en l'absence de toutes libéralités, mais qu'au contraire elle est ce qui reste après l'épuisement du disponible, réglé par le nombre d'enfants laissés au décès. Elle n'est pas due *distributivement*, comme sous l'ancien droit; elle est due *collectivement*, et, une fois fixée par l'événement, elle ne doit ni ne peut décroître. Elle forme la succession même, dont les réservataires sont saisis dès le décès, soit que les biens se soient trouvés en nature aux mains du défunt, soit qu'ils aient passé en des mains étrangères. Elle accroît donc aux enfants qui acceptent; il y a accroissement de la part du renonçant, en quelques mains qu'elle se trouve, sans décroissement dans l'universalité du droit acquis par le nombre d'enfants à ceux qui ont accepté. C'est la doctrine de Grenier, n° 564; de Levasseur, n° 40; de Toullier, n° 109; de Duranton, n° 208 et 209.

Et il faut bien qu'il en soit ainsi, puisque les jurisconsultes des deux partis s'accordent à refuser à l'enfant renonçant toute action contre le donataire. Dès que le donataire ne doit rien à l'enfant renonçant, c'est donc aux enfants qui acceptent qu'appartient la totalité de ce qui excède la portion disponible.

165. Cependant une nouvelle doctrine se produit et commence à se faire jour, aidée du talent de M. Marcadé. Cet auteur prétend que, pour fixer la portion disponible, il ne faut pas s'enquérir du nombre d'enfants laissés au décès, et qu'il ne faut au contraire considérer que le nombre des enfants qui ont accepté la succession ; de sorte que, si sur dix enfants il y a neuf renonciations, le seul enfant acceptant n'aura une réserve que de moitié des biens, et non une réserve des trois quarts.

Il a inventé cette doctrine dans l'intérêt des enfants donataires qui renoncent pour conserver leur don, sans faire attention que, si cette doctrine était vraie pour les enfants renonçants, elle serait également vraie pour les donataires étrangers, qui ne voudraient pas souffrir de la part d'un seul enfant acceptant la réduction jusqu'à concurrence des trois quarts des biens, et qui prétendraient que, nonobstant le nombre d'enfants existants au décès, ils ne sont tenus de compléter à l'enfant acceptant que la moitié des biens.

166. Mais sa doctrine est fausse : car, outre le principe de l'accroissement que je viens de développer comme on l'a toujours entendu depuis la publication du Code civil, le texte de l'art. 913 du Code civil repousse la doctrine nouvelle. Il fixe la quotité disponible, non si le disposant

laisse *tel* ou *tel* nombre d'enfants *pour héritiers*, mais si le disposant laisse à son décès un, deux, trois enfants, ou un plus grand nombre.

L'art. 913 n'a qu'un unique objet, celui de fixer la portion disponible en cas d'existence d'enfants au décès, et suivant le nombre des enfants laissés au décès.

167. Certes, cette vue est bien plus morale que si le législateur avait fixé la quotité disponible suivant le nombre des enfants acceptants. C'est l'état de la famille qui mesure le devoir du donateur, je dirai même qui mesure le devoir du donataire, car un honnête homme doit être moins disposé à accepter les bienfaits d'un père entouré d'une foule d'enfants que ceux d'un homme qui n'en aurait qu'un seul. Le législateur doit d'ailleurs régler nos devoirs sur ce qui se passe pendant notre vie, et non sur des faits posthumes, tels que les renonciations à succession.

Malgré cette raison morale, et malgré les termes de l'art. 913, M. Marcadé prétend que, par « *enfants laissés au décès* », l'article signifie « enfants *venant à succession*. »

168. Cette proposition est, grammaticalement parlant, un peu téméraire. L'art. 913 détermine la condition sous laquelle la portion disponible sera fixée à telle ou telle quotité ; cette quotité et ses variations constituent la partie dispositive de l'article ; le nombre des enfants ne s'y trouve placé que dans la condition : l'art. 913 n'a donc pas pour objet de dire à qui appartiendra l'indisponible ; il n'a pour objet que de fixer les cas qui limitent le disponible.

Supposons une première donation de 100,000 fr. faite à un étranger par un père qui laisserait un million à son décès, contenant cette stipulation expresse : « Il en re-

» viendra moitié à ma succession si je laisse un enfant
» à mon décès, deux tiers si j'en laisse deux, et trois
» quarts si j'en laisse trois ou un plus grand nombre,
» sans qu'en aucun cas mes collatéraux puissent profi-
» ter de cette stipulation »; supposez encore que ce mil-
lionnaire laisse trois enfants ou plus, et que tous, riche-
ment pourvus du temps de leur père, renoncent à la succession, moins un : quel sera le droit de l'enfant qui, seul, se
sera porté héritier ? Réclamera-t-il du donataire 50,000 fr.
ou 75,000 fr.? M. Marcadé n'hésiterait pas, s'il avait à interpréter un pareil contrat : il accorderait les 75,000 fr. à l'enfant unique héritier! Pourquoi ? Parce que la disposition
ordonne de payer les trois quarts à la succession en ligne directe descendante, s'il y a trois enfants au décès ;
parce que l'événement prévu par le contrat pour déterminer la somme à payer à la succession est arrivé, et enfin
parce qu'il est indifférent au donataire de payer la somme
fixée par l'événement à un seul ou à plusieurs.

169. Puisque, dans l'exemple donné, le sens indubitable des mots « *si je laisse trois enfants à mon décès* » est
que la condition n'en sera pas moins accomplie si quelques uns de ces enfants répudient la succession, pourquoi
donc la même condition, en mêmes termes, dans le texte de
l'art. 913, produirait-elle un effet contraire ?

« C'est, dit M. Marcadé, parce que dans l'art. 913 il
» n'est pas question des enfants considérés *absolument*,
» mais des enfants considérés *relativement* à l'hérédité et
» comme recueillant cette hérédité; et cela allait de soi :
» car, puisqu'on ne s'occupe ici que *de la transmission des*
» *biens*, on n'avait pas besoin de nous avertir qu'on ne
» parlait des enfants *que quant à cette transmission.* »

Tout cela est très fin, et déduit avec habileté; ce n'en est pas moins faux en raisonnement.

170. Où donc M. Marcadé a-t-il vu que l'art. 913 s'occupât de *la transmission des biens*? Est-ce à l'égard des donataires? Loin de s'occuper de leur transmettre les biens, il traite du cas dans lequel les biens à eux transmis par donation se trouveront retranchés et réduits! Est-ce à l'égard des enfants? Pas du tout. L'ouvrage du législateur était déjà fait au titre *Des Successions*. C'est le titre *Des Successions* qui seul s'occupe de la transmission des biens aux enfants dans les art. 724, 745, 774, 775, 785 et 786. Le système de la transmission est complet par tous ces articles : l'art. 913 ne transmet rien à personne.

Il ne peut rien transmettre : il est conçu en termes prohibitifs. Il arrête les effets de la transmission par donation : *Les libéralités… ne pourront excéder..... si le disposant laisse à son décès*, etc. En arrêtant les effets de la transmission par donation, il ne dispose pas à qui appartiendront les biens; il les fait rentrer dans la succession, et renvoie par conséquent pour la transmission de la propriété aux art. 724 et 745, modifiés ensuite par les lois sur l'acceptation et sur les renonciations.

Par conséquent il n'a qu'un objet : celui de modifier la donation; il n'a pas d'objet attributif.

171. S'il n'a pas d'objet attributif, pourquoi veut-on qu'il n'ait considéré le nombre d'enfants qu'en tant qu'ils se porteraient héritiers, et non le nombre d'enfants laissés au décès, comme le dit le texte?

Pourquoi? C'est que nous avons presque tous un grand défaut dans l'interprétation : nous nous saisissons d'un article, nous n'en voulons pas sortir ; nous lui faisons dire tout, même ce qui est écrit ailleurs, et nous perdons de vue l'ensemble du système : *Incivile est nisi lege totá perspectá, uná vel aliquá particulá ejus propositá, judicare vel respondere* (L. ff. *De legibus*). C'est contre cet écueil que M. Marcadé a échoué.

172. Par exemple, il nous dit : « L'art. 915 enseigne qu'à *défaut* d'enfant la quotité disponible sera réglée d'une manière spéciale pour les ascendants ; l'art. 916, qu'*à défaut* d'enfants et d'ascendants, les libéralités pourront épuiser la totalité des biens : or, dans ces deux articles se trouve compris le cas où les enfants, où les ascendants auraient répudié la succession. Les art. 915 et 916 ne parlent donc pas du défaut *absolu* d'enfants, ni du défaut *absolu* d'enfants et d'ascendants, mais de leur défaillance *relative* à l'appréhension de la succession. Ainsi parle l'art. 746 : « *Si le défunt n'a laissé ni postérité, ni frère, ni sœur, ni descendants d'eux ;....* ainsi l'art. 748 et l'art. 749 : Bien que le défunt, ait laissé postérité, frères, sœurs et neveux, si tous renoncent, la succession se partagera entre les ascendants. »

Je n'attaque pas la conclusion, j'attaque l'application des articles et le sens arbitraire qu'on leur donne. Le législateur quand il a réglé, art. 746, la succession des ascendants, si le défunt *n'a laissé* ni postérité, ni frères, ni sœurs, ni neveux, n'a pas eu alors en vue le cas de renonciation, il n'a eu en vue que l'état de la famille au temps du décès ; de même dans les art. 748 et 749 ; de même encore dans l'art. 750 : « *En cas de prédécès* d'une personne morte sans postérité, ses frères et sœurs ou leurs descendants sont appelés à la succession à l'exclusion des autres ascendants ou collatéraux. » Le législateur n'a pas

songé alors au cas de renonciation..., c'est certain ; il ne
règle là que la vocation des plus prochains hoirs. Je sais
bien que, si la postérité tout entière, si les frères, les
sœurs et descendants d'eux renoncent tous à la succession,
il s'opérera au profit des ascendants des deux lignes une
dévolution de la succession de leurs petits-fils ; je sais bien
que, si les père et mère d'une personne morte sans postérité renoncent à sa succession, les frères, sœurs ou neveux
du défunt auront la succession tout entière, comme si les
père et mère du défunt étaient prédécédés avant lui ; —
mais, encore une fois, ce ne sera ni à cause du mot « *laissé* »
de l'art. 746, ni à cause des mots « *en cas de prédécès* » de
l'art. 750. La règle est plus loin : elle est dans les art. 785
et 786, sur les effets des renonciations. Ainsi les mots : « *qu'il
laisse* », ont grammaticalement, dans les lois, trait et relation au temps du décès ; ils n'ont pas trait à l'effet des renonciations.

Il en est de même des mots *à défaut* dans les art. 915 et
916. Dans l'esprit du législateur, comme dans le sens grammatical, leur signification peint l'état de la famille au
temps du décès : si la renonciation des enfants peut donner lieu à l'exercice de la réserve des ascendants, ce n'est
pas à cause des mots « *à défaut d'enfant* » de l'art. 915 ; ce
sera à cause de la dévolution de la succession aux ascendants prononcée par l'art. 786. S'il y a enfants et ascendants, et que tous renoncent, j'accorde qu'il n'y aura pas
de retranchement à opérer sur les donations ; mais sera-ce
bien à cause des mots « *à défaut d'enfants et descendants* »
de l'art. 916? Je ne le crois pas. Le donateur n'en avait pas
moins excédé la mesure des libéralités permises par la loi ;
et s'il n'y a pas de retranchement, ce sera uniquement par

l'effet d'une fin de non-recevoir, faute d'héritiers ayant qualité pour le demander.

173. M. Marcadé veut faire dire tout à cet art. 913. Selon lui, cet article dit ou ordonne que l'enfant soit héritier pour réclamer la réserve. Mais, en vérité, comment faire sortir un commandement d'un article purement négatif? L'art. 913 ne statue que sur la portion disponible; il règle le droit du donataire. Ce qu'il ne règle pas demeure dans la succession. Donc il faut suivre l'art. 913 pour régler les droits du donataire, et compter à son égard les enfants laissés au jour du décès; mais, quant aux enfants entre eux, il faut suivre la loi des successions, et accorder l'accroissement à celui qui est demeuré seul héritier.

En effet, la maxime qu'il faut que l'enfant soit héritier pour prendre ou pour partager la réserve ne prend pas sa source dans l'art. 913. Elle naît de l'art. 724, qui confère à l'héritier la saisine de tous les biens du défunt; de l'art. 745, qui ordonne le partage égal entre enfants; de l'art. 775, qui fait dépendre la qualité d'héritier de l'acceptation, expresse ou tacite; de l'art. 785, qui efface le renonçant du nombre des héritiers sans l'effacer du nombre des enfants, et de l'art. 786, qui prononce l'accroissement de la part du renonçant au profit de ses cohéritiers qui acceptent. La réserve, même aux mains des donataires, n'est autre chose que la succession : donc la maxime « *Nul n'est réservataire s'il n'est héritier* » procède du titre des successions, et non de l'art. 913, limitatif seulement de l'effet des donations.

174. Il est vrai que M. Marcadé distingue deux espèces de successions : la succession *réservée* et la succession *ordinaire;*

que d'autres que lui se sont servis de ces expressions ; et peut-être m'en serai-je servi moi-même, car il y a des expressions inexactes qui sont de temps en temps commodes. Mais, puisqu'il s'agit d'une difficulté, rectifions notre langage et reconnaissons que la succession des réservataires ne se divise pas en deux successions. Quand le disponible est dépassé, il n'y a *pour les héritiers* à réserve qu'une succession, qui se compose du retranchement des donations et de ce qui reste dans les biens exstants après paiement des dettes ; et c'est sur la masse complète de cette succession que se produit l'accroissement quand quelques uns seulement des enfants viennent à renoncer.

175. M. Marcadé a souvent des formes vives qui forcent de le combattre pied à pied. Une de ses phrases suffit quelquefois pour étourdir l'opinion contraire. En voici un exemple : « L'art. 913 parle d'un cas où il n'y a qu'un
» enfant au décès. Or, si cet enfant répudiait la succession,
» il n'aurait pas droit à la réserve : donc, en ce cas, l'article
» veut dire un enfant acceptant ; donc, quand il parle de
» deux, de trois enfants ou d'un plus grand nombre laissés
» au décès, il entend également deux, trois ou quatre enfants acceptants ; ainsi de suite : car un même mot ne peut
» être employé dans une même phrase dans deux significations diverses, et du moment que le mot *enfant* signifie
» au singulier enfant acceptant, il faut bien qu'il signifie
» également au pluriel enfants acceptants, enfants héritiers. »

J'en demande bien pardon à M. Marcadé ; mais, pour être subtil, son raisonnement n'en est pas plus sûr. Je lui accorde que pour exercer la réserve il faut être héritier ; je lui accorde que l'unique enfant n'aura droit à la réserve

que s'il accepte expressément ou tacitement la succession ;
mais je nie que l'art. 913 ait porté ses vues sur la question
de savoir si les enfants ou l'unique enfant, placés dans la
condition déterminative de la quotité disponible, accepteraient ou n'accepteraient pas. Cet article pose une règle
abstraite sur ce qui se trouvera hors de la succession, en
cas d'existence de tel ou de tel nombre d'enfants au jour
du décès ; mais il ne s'occupe en rien de la mise en action
de la règle qu'il vient de poser : que l'enfant unique accepte
ou répudie la succession, la règle n'en sera pas moins
vraie ; et si la donation n'est pas retranchée en cas de renonciation, il n'y en aura pas moins eu une réserve, que
le réservataire s'est mis hors d'état de réclamer par son
propre fait.

176. Pour corroborer son raisonnement, M. Marcadé
fait observer que, si les enfants renonçaient tous, il n'y
aurait plus de réserve, que par conséquent il n'y aurait
pas dévolution, et il en conclut que l'art. 786, n'étant pas
applicable au cas de la dévolution par renonciation de tous,
ne doit pas être applicable au cas d'accroissement de part
à cause de la renonciation d'un seul ou de plusieurs des
enfants.

Je crois d'abord que la première proposition est une
équivoque. Quand autrefois il y avait une succession aux
propres, et que les héritiers aux propres renonçaient, on
ne disait pas qu'il n'y avait plus de propres ; on disait seulement que les propres appartenaient à l'héritier des meubles et acquêts.

De même, si nous supposons que la réserve soit restée
dans les biens extants, la renonciation de tous les réservataires *ne fera pas qu'il n'y ait plus* de réserve ; ce ne sera

pas la réserve qui manquera, puisqu'elle était dans les biens exstants au moment de la renonciation; manqueront les réservataires; manquera aux collatéraux devenus héritiers par dévolution la qualité nécessaire pour faire entre les biens réservés et les autres une distinction dont ils n'ont pas besoin. La réserve perd son nom quoique existante, quoique passant à d'autres héritiers. Autrement il faudrait dire que les biens réservés ne passent jamais aux collatéraux, même quand ils n'auraient pas été donnés : ce qui serait faux.

Sous l'ancien droit, et dans la succession aux propres, il y avait une action en réduction contre les donataires entre vifs pour tout ce qui excédait le quint, le quart ou le tiers disponible; mais il fallait être héritier aux propres, pour exercer l'action en réduction de cette réserve coutumière. Nos pères avaient trouvé injuste que les héritiers aux meubles et acquêts, qui ne devaient pas s'attendre à recueillir des propres, troublassent dans leur possession les donataires quand la renonciation des héritiers aux propres, dans l'intérêt de qui la Coutume avait établi cette réserve, avait éteint leur action spéciale.

De même, sous le Code civil, pour cette partie de la réserve qui se trouve possédée par les donataires quoique excédant le disponible, la loi ne donne d'action qu'aux héritiers ayant en eux la qualité de réservataires ; elle refuse l'action aux autres. Cela ne veut pas dire qu'il n'y a plus de réserve; cela veut dire que l'héritier par dévolution n'a pas d'action pour l'exercer, et que, s'il l'intentait, il serait repoussé par le défaut de qualité.

177. Voilà l'équivoque levée sur ces mots : « *il n'y aurait plus de réserve.* » Il faut examiner maintenant la valeur du

raisonnement de M. Marcadé sur l'art. 786, qui n'est pas, dit-il, applicable à la réserve en ce qui concerne l'accrois-sement, par la raison qu'on ne peut en appliquer la deuxième partie, qui parle de dévolution.

La réserve est la succession même, soit aux mains des donataires, soit dans les biens extants...... C'est là le principe.

Les héritiers à réserve sont saisis (art. 724) de tous les biens du défunt, et j'ai démontré, n°° 141 et suiv., p. 189, qu'entre les mains même des donataires les biens donnés au delà du disponible sont biens du défunt, et même biens de la succession, à l'égard des héritiers à réserve, dans l'intérêt de qui il était défendu de les donner avec effet ; par conséquent, si l'un des héritiers à réserve renonce à la suc-cession, l'art. 786, 1re disposition, exercera son influence sur la succession tout entière; la part de l'héritier *réser-vataire* accroîtra à ses cohéritiers, *réservataires* comme lui, soit que la réserve, qui compose seule la succession, se trouve dans les biens extants ou dans les biens donnés. L'art. 786 ni aucune autre loi ne distinguent : donc le droit d'accroissement est certain.

Quant à la dévolution, j'ai déjà démontré, n°° 153 et suiv., p. 200, que la dévolution des biens s'opérait de l'hé-ritier réservataire renonçant au collatéral; seulement *le droit d'exercer la réserve* contre les donataires n'est pas dévolu à celui-ci. Pourquoi? Parce que le droit d'exercer la réserve est un privilége accordé au réservataire.

En d'autres termes, les héritiers réservataires, s'ils prennent la précaution du bénéfice d'inventaire, ont des priviléges contraires à la seconde partie de l'art. 721. Quoi-qu'ils doivent supporter les charges de la succession, ils ont le privilége de ne délivrer les legs que jusqu'à concurrence du disponible; quoique, comme héritiers, ils doivent la garantie des donations faites par le défunt, ils ont, comme héritiers réservataires, le privilége de retrancher tout ce qui est donné au delà du disponible; quoique, enfin, ils doivent comme héritiers payer les dettes, ils ont comme héritiers réservataires le privilége de ne pas les payer sur les biens retranchés. Or ces priviléges leur sont personnels. Il ne peut y avoir dévolution de ces priviléges aux collatéraux, parce qu'ils ont été accordés aux réservataires en raison de leur qualité, et qu'il serait contre la nature des priviléges de les transporter d'une personne à une autre. Les collatéraux, de quelque manière que leur arrivent les biens, sont toujours régis par la deuxième partie de l'art. 724, par l'art. 921, par les art. 1006 et 1014; et l'absence des privilégiés fait tout rentrer dans le droit commun. Mais tant qu'il y a des enfants acceptant la succession, fût-ce un seul, le droit d'exercer la réserve contre les donataires demeure tout entier au profit dé ceux ou de celui qui a accepté la succession, parce que ce privilége est une branche de leur droit universel à la succession.

178. Qu'on ne vienne pas ajouter avec M. Marcadé : *Les renonçants ne comptent pour rien dans une succession.* Il ne s'agit pas de savoir s'ils comptent dans la succession, mais s'ils comptent dans la condition qui fixe la quotité des biens disponibles. Or il a toujours été de règle que les renonçants faisaient nombre pour la fixation de la légitime, et l'existence de l'enfant indigne ou exhérédé suffisait pour empêcher l'accomplissement de la condition *si sine liberis.*

179. Cette digression, un peu trop longue, me porte à résumer ce que j'ai dit dans cette partie. La portion disponible est ce que la loi permet de donner efficacement au préjudice de la succession des descendants et des ascendants.

Le retranchement pour fournir la réserve n'est pas contraire au principe de l'irrévocabilité des donations ; il n'est autre chose qu'une condition résolutoire tacite et légale au profit des héritiers réservataires seulement.

La réserve n'advient aux enfants qu'à titre successif et en qualité d'héritiers ; elle est dans la succession, à l'égard des héritiers réservataires, non seulement quand elle se trouve dans les biens exstants, mais encore quand ils la recherchent dans les donations excessives.

Il faut donc être héritier et réservataire pour retrancher les donations faites aux étrangers.

La part du renonçant dans la réserve accroît à ses cohéritiers de la même manière que leur accroissent les autres biens de la succession; en conséquence, le montant de la portion disponible, étant fixé au moment de l'ouverture de la succession par le nombre d'enfants laissés au décès, ne peut plus varier par le nombre des renonciations, et demeure le même, *jure non decrescendi*, tant qu'il reste un enfant sur la tête duquel est fixé le droit universel de succession.

Voilà donc deux points certains et hors de doute :

1° L'enfant renonçant ne peut demander la réserve à ses frères en possession de la succession ;

2° L'enfant renonçant ne peut demander la réduction des donations contre le donataire étranger.

180. Il n'y a donc plus qu'une proposition à justifier, à savoir que l'enfant donataire qui renonce à la succession n'a pas droit à retenir une part de réserve en sus de la por-

tion disponible. Mais, chemin faisant, le lecteur me permettra d'entrer dans quelques détails théoriques sur la nature des diverses donations faites aux enfants et sur celle des rapports à succession.

CHAPITRE VI.

L'enfant donataire par avancement d'hoirie ne peut rien retenir sur son don au delà de la portion disponible pour un étranger.

SOMMAIRE.

181. Qu'il faut principalement rechercher si l'enfant a une cause particulière pour retenir la réserve en outre de la portion disponible, et pénétrer dans la nature du contrat fait avec lui.

181. S'il est démontré qu'à la différence de la légitime de droit, la réserve de notre Code est un droit héréditaire appartenant à l'enfant en ses qualités réunies d'enfant et d'héritier ; qu'en conséquence, le droit à la réserve est un droit universel se confondant avec le droit successif ; si, par une déduction logique de sa nature universelle, ce droit ne décroît pas quoique le nombre des copartageants diminue, qu'ainsi la part de chacun des enfants dans la réserve devienne plus forte en raison du nombre de ceux qui renoncent à la succession ; si, par une conséquence ultérieure de ces principes incontestés, l'enfant renonçant n'a ni droit ni qualité pour réclamer une part de réserve contre ses frères et sœurs en possession de la succession paternelle ; s'il n'a pas même droit ou action contre l'étranger donataire pour reprendre entre ses mains une part dans ce qui excède la portion disponible, n'est-il pas évident que l'enfant donataire qui renonce à la succession, et à qui l'art. 845 accorde le droit de retenir son don jusqu'à concurrence de la portion disponible, ne peut pas retenir en outre sur la chose donnée sa part dans la réserve, à moins qu'il ne trouve, soit dans un autre texte, soit dans une autre cause légitime, une cause de rétention de cette part de réserve ?

C'est là ce qui fait la différence entre les deux partis. Les partisans du cumul conviennent presque tous (*) qu'il n'y a point de texte en faveur du renonçant; mais ils se fondent principalement sur la nature de l'avancement d'hoirie, qu'ils regardent comme l'acquit d'une dette naturelle, et puisent dans cette cause le droit de rétention d'une part de réserve, qu'ils cumulent avec le droit de rétention de la portion disponible permis par le texte de l'art. 845.

Il est donc nécessaire de descendre profondément dans la nature des donations en avancement d'hoirie, et dans celle des rapports sous notre droit actuel, pour arriver à connaître si effectivement il existerait une vraie cause de rétention de la part de réserve du renonçant, et s'il est, comme on voudrait le prétendre, vrai propriétaire de la chose donnée au regard de la famille.

(*) Je dis « presque tous » : car il y en a qui prétendent que *portion disponible* a deux sens, l'un pour les étrangers, l'autre pour les enfants.... C'est là une autre erreur, que je combattrai plus tard.

SECTION I.

DU CARACTÈRE DE L'AVANCEMENT D'HOIRIE.

SOMMAIRE.

182. Du droit des pères sur leurs biens, d'après nos lois civiles.

183. Obligations légales des pères envers les enfants sous les rapports pécuniaires.

184. Obligation morale d'établir les enfants.

185. Premier moyen d'y satisfaire : les conventions ordinaires.

186. Second moyen : les donations. Leur division.

187. Définition et parallèle des donations en avancement d'hoirie et des donations par préciput.

188. Quelle est l'intention commune des contractants dans la donation en avancement d'hoirie.

189. Que le remède légal de la renonciation ne change rien à l'intention commune du jour du contrat; et qu'il serait contraire à la loi civile et à la morale d'en faire un pacte tacite.

190. Motifs des partisans du cumul pour soutenir que la donation par avancement d'hoirie n'est pas une vraie donation.

191. De la maxime « *Filius est eadem persona cum patre.* »

192. De son empire sous le droit féodal.

193. De la maxime qu'un père ne doit se regarder que comme dépositaire.

194. Comment on établit un droit naturel sur la chose donnée à l'enfant.

195. Réponse. La donation par avancement d'hoirie est autre chose que l'acquit ou le paiement d'une dette naturelle.

196. Même en regardant l'établissement des enfants comme une obligation naturelle, il n'y aurait pas paiement d'une dette naturelle dans la donation.

197. Conclusion. La donation en avancement d'hoirie est une vraie donation sous la cause finale de rapport.

198. Il faudrait un texte formel pour attribuer à l'enfant une part, soit dans la réserve, soit dans la portion disponible.

182. Sous notre droit, le père de famille jouit du domaine le plus absolu sur ses biens, pourvu qu'il n'en fasse pas un usage prohibé par la loi (art. 544).

On a vu ci-dessus que, dans l'intérêt de la succession descendante, le législateur a regardé les donations exagérées comme un abus du droit de propriété, et qu'il a limité l'efficacité des donations par l'établissement d'une portion disponible, que les héritiers en ligne directe doivent respecter, mais avec réserve de leur droit héréditaire sur tout ce qui la dépasserait.

Telle est la limitation du droit de propriété du père de famille sur ses biens, eu égard à l'obligation de transmettre ses biens à sa famille descendante.

183. Quant aux droits des enfants sur les biens du père pendant sa vie, le législateur a dû être sobre de textes.

La nature a placé dans le cœur des pères des sentiments qui rendent les textes inutiles; leur tendresse dépasse presque toujours la mesure de leurs devoirs.

Les seules obligations légales des pères envers leurs enfants, sous le rapport des intérêts pécuniaires, sont celles de les nourrir, les élever et les entretenir jusqu'à ce qu'ils soient en état de subvenir à leurs propres besoins, et même, après ce temps, de venir à leur secours, et de leur fournir des aliments en cas de nécessité (Code Napoléon, art. 203 et 207), selon la nature des circonstances et la possibilité du père.

Le père n'est même pas légalement tenu de fournir à ses enfants un établissement par mariage ou autrement (art. 204).

184. Moralement, et quand les défauts de l'enfant ou les circonstances de fortune n'y forment pas un obstacle insurmontable, le père est tenu d'établir l'enfant.

Il n'y est pas tenu envers un seul; il y est tenu envers tous, s'il en a plusieurs ou un grand nombre; et sa tendresse doit ménager ses ressources de manière à les placer à peu près chacun d'une manière aussi avantageuse que les autres.

Quoique la nature indique que l'amour et les bienfaits doivent être égaux envers chaque enfant, néanmoins le père n'est même pas moralement tenu de faire pour l'un ce qu'il a fait pour d'autres. Une foule de raisons peuvent motiver une différence de conduite : le caractère, les besoins de l'enfant, son aptitude à tel emploi, l'affection même, peuvent être des motifs suffisants; le père en est le seul juge. Pendant sa vie, nul des enfants ne peut scruter ses motifs, et, après sa mort, nul ne peut les blâmer. Les enfants n'ont droit qu'à examiner si la mesure légale des libéralités a été dépassée.

185. Pour établir ses enfants, en leur fournissant du sien, un père a deux moyens : les conventions ordinaires et les donations.

Les conventions ordinaires, telles que des baux à prix modiques, vente de fonds de commerce avec facilités de paiement, prêt d'argent à faible intérêt, et même sans intérêt pendant la vie du père, sont souvent des moyens suffisants d'établissements, le père ayant le droit de sacrifier sur ses revenus tout ce qu'il veut, et n'en devant compte à personne, ni pendant sa vie, ni après sa mort.

Ces conventions, tout avantageuses qu'elles sont à l'enfant, ne rentrent pas dans la classe des libéralités. Si l'enfant en doit le rapport à la masse, il ne le doit que comme d'une dette (C. N. 829) dont les héritiers auront leur part à titre de créance. Quand le père n'a pas aliéné la propriété de la chose ou de la somme livrée à son fils, il y conserve le droit de domaine ou de créance; et ses droits contre l'enfant feront à sa mort partie des biens exstants, exposés non seulement au partage entre ses héritiers, mais encore à l'action des créanciers du temps du décès.

186. Le second moyen d'établissement pour les enfants consiste dans les donations que leur fera le père.

Elles sont de deux espèces : donations en avancement d'hoirie; donations par préciput ou avec dispense de rapport.

187. La donation en avancement d'hoirie est, à présent comme autrefois, celle que le père fait à l'enfant à cause de sa qualité de futur héritier, et afin de hâter pour lui les avantages de sa succession future.

La donation par préciput est celle que le père fait au fils, non comme héritier, mais par préférence à ses autres enfants. Il peut porter le préciput jusqu'à la portion disponible.

La donation en avancement est faite à l'enfant comme enfant et comme futur héritier.

La donation par préciput est faite à l'enfant comme on la ferait à un étranger.

La donation par préciput ne peut pas dépasser comme préciput ce qu'un étranger aurait pu efficacement recevoir au même titre de donation. Si elle le dépasse, elle sera réductible ou rapportable pour l'excédant.

La donation en avancement peut excéder de beaucoup

la portion disponible : la tendresse des père et mère n'y voit ordinairement d'autre inconvénient que celui de s'appauvrir eux-mêmes ; ils ne croient pas appauvrir leur famille, parce que la donation est rapportable à la succession.

188. Dans la donation en avancement d'hoirie, l'intention commune à l'instant du contrat est que la donation sera rapportée à la succession, mise à la masse commune, et partagée entre tous les frères et sœurs venant à la succession, car l'intention commune doit être supposée conforme à la loi ; or la loi veut que les enfants succèdent par égale portion (art. 745) : le père qui ne donne pas par préciput est par conséquent présumé vouloir, au temps de la donation, l'égalité de partage que veut la loi, et l'enfant donataire, sachant que le don est sujet à rapport, est aussi présumé avoir voulu se soumettre à le rapporter.

189. Quoiqu'en cas de renonciation à la succession le donataire ait le droit de retenir le don jusqu'à concurrence de la portion disponible, on ne peut pas même supposer qu'une convention sur ce point se soit formée tacitement entre le donateur et le donataire. Ce serait contraire à l'esprit de notre droit nouveau.

Dans l'origine de notre ancien droit, toute convention sur une succession future était licite avec le consentement de celui de la succession duquel il s'agissait. On comprend qu'alors un père pouvait faire avec un fils aventureux un contrat aléatoire, lui bailler une somme importante, à la charge de ne pas venir à la succession : c'était un forfait sur l'avenir ; c'était une sorte d'émancipation.

Quoique dans la suite ce droit se soit modifié, et que les traces ne s'en soient reproduites que dans les renonciations à succession des filles et des puinés en contrats de mariage, le principe n'en subsistait pas moins ; or, avec ce principe, on pouvait fort bien supposer, sous l'art. 307 de la Coutume de Paris, cette convention tacite entre le père donateur et le fils donataire, que celui-ci aurait l'alternative ou de venir à succession en rapportant, ou de s'abstenir pour garder le don, la part de légitime réservée à ses frères et sœurs. Aujourd'hui que les conventions sur les successions sont plus étroitement prohibées ; aujourd'hui qu'on ne peut, même par contrat de mariage, renoncer à la succession d'un homme vivant, ni aliéner les droits éventuels qu'on peut avoir à cette succession (C. Nap. 791), la rétention que l'enfant avancé aura la faculté de faire sur son don, en renonçant à la succession, ne peut plus résulter d'un pacte tacite : elle n'est plus qu'un remède légal. Il serait contraire à la loi et à la morale que le père et l'enfant stipulassent ensemble sur ce qui peut advenir de la succession du père. La loi avertit chacun du remède qu'elle offrira le cas échéant, mais aucune des parties ne contracte sur ce point.

190. De ce que la donation par avancement d'hoirie n'est pas ferme comme la donation par préciput, et de ce que dans la pensée des parties elle doit être rapportée, on en conclut *qu'elle n'est pas une vraie donation*, car voilà les idées qui prennent cours aujourd'hui. Pour établir cette doctrine on invoque la maxime, tirée du droit romain, *Filius est eadem persona cum patre*, et l'application qu'en faisaient nos pères sous le droit féodal ; on invoque leur pensée, qu'un chef de famille n'est qu'un dépositaire et un usufruitier ; on invoque le droit naturel, qui commande aux pères de veiller au bonheur de leurs enfants, et même

certains articles du Code, pour conclure que tout ce qu'un père fait pour l'établissement de ses enfants est une dette naturelle (C. Nap. 204, 1235, 1438, 1439, 1544), et de là on conclut que tout ce qui est donné par avancement d'hoirie est moins donation qu'acquittement d'une dette naturelle, et n'est qu'une remise anticipée de ce que l'enfant serait appelé à recueillir un jour.

191. Pour moi, aucune de ces raisons n'est de nature à détruire le caractère de donation qui se trouve aussi pleinement dans nos donations en avancement d'hoirie que dans les donations faites aux étrangers.

Oui : chez les Romains le fils pouvait être considéré PRESQUE comme la même personne que le père (le fils en puissance, l'héritier sien, non le fils émancipé). « C'est relativement aux héritiers siens (dit Paul (*) au Dig. L. 11 *De liberis et post.*), que la continuation du domaine est telle qu'on ne s'aperçoit pas qu'il y ait eu une succession, COMME SI précédemment ceux-là avaient eu le droit de domaine qui, même du vivant de leur père, étaient aussi en quelque sorte regardés comme maîtres avec lui : de là leur venait un nom commun, *fils de famille, père de fa-*

(*) In suis heredibus evidentius apparet, continuationem dominii eo rem perducere, ut nulla videatur hereditas fuisse : quasi olim hi domini essent, qui etiam vivo patre quodammodo domini existimantur. Undè etiam filius familias appellatur, sicut paterfamilias, solà notà adjectà per quam distinguitur genitor ab eo qui genitus sit. Itaque post mortem patris non hereditatem percipere videntur ; sed magis liberam bonorum administrationem consequuntur : hâc ex causâ, licet non sint heredes instituti, domini sunt ; nec obstat, quod licet eos exheredare, quod et occidere licebat.

» *mille*, distingué seulement par un signe indicatif de pa-
» ternité ou de filiation. C'est pourquoi après la mort du
» père les héritiers siens semblent n'avoir pas recueilli un
» héritage, mais seulement avoir acquis une plus libre
» administration de leurs biens, parce qu'ils sont maîtres,
» sans avoir été institués héritiers. Le droit d'exhérédation,
» l'ancien droit même de vie et de mort sur les enfants,
» n'est point un obstacle à cette doctrine. »

Mais qu'importe à notre droit la plénitude de puissance paternelle chez les Romains? Là, le fils de famille n'acquérait que pour le père; là, quand le père stipulait pour son fils, il n'acquérait que pour lui-même; là le fils semblait posséder en même temps que le père, et être propriétaire avec lui; il le fallait bien. Mais de ce droit, emblématique en soi de l'unité et de la perpétuité de la famille, que reste-t-il dans notre droit français ? Rien, que l'art. 380 du Code pénal. Il ne faut donc pas s'en occuper.

192. Ne parlons pas davantage de notre ancien droit féodal. Oui, l'on y invoquait la maxime romaine pour restreindre les droits seigneuriaux. Mais pourquoi ? Parce que dans le principe les fiefs étaient terres de conquête, et que politiquement il importait qu'ils restassent dans la famille des premiers possesseurs. Rien de tout cela n'existe aujourd'hui : l'axiome serait sans portée.

193. Il en est de même de la pensée salutaire qu'un chef de famille doit se regarder comme le dépositaire de ses biens, et ne s'en permettre que l'usufruit, hors les cas de nécessité. Dans l'origine, elle naissait de l'esprit d'un peuple conquérant, dont l'intérêt était de maintenir les vainqueurs en possession, et dont le droit public évitait ce

qui pouvait les dessaisir du sol ; ce n'est pas aujourd'hui une raison pour regarder les enfants comme copropriétaires pendant la vie du père.

194. Quant à un prétendu droit naturel sur la chose donnée, on l'établit d'une manière plus spécieuse, au moyen des art. 204, 1235, 1438, 1439 et 1544 du Code Napoléon. De ce que l'enfant n'a pas d'action contre ses parents pour un établissement, par mariage ou autrement, et de ce que celui des époux qui a doté l'enfant est tenu de sa promesse pour la totalité, on regarde la constitution de dot comme une obligation naturelle dont l'acquittement ne peut être répété ; et puisque, pour être vraiment donateur, il faut avoir agi par pur esprit de libéralité, *nullo jure cogente*, les sommes fournies pour l'établissement du fils ne sont qu'un paiement anticipé d'une obligation naturelle.

195. Mais est-ce bien là un paiement? Tout paiement suppose une dette, et toute dette un créancier. Or quel sera le jurisconsulte, quel sera même le philosophe qui osera dire que le droit de succession est une créance de l'enfant contre le père? Où irait-on avec de tels principes? On placerait les pères dans l'esclavage de leurs enfants !

La transmission des biens par succession n'est pas une dette, même naturelle, quoiqu'il soit du devoir moral des pères de n'en pas frustrer leurs enfants. En droit naturel, le père est maître absolu de son domaine ; en droit naturel, quand il a élevé ses enfants et les a mis en état de pourvoir à leurs besoins, il ne leur doit plus rien : par conséquent, le père n'est pas tenu de leur donner. A l'instant où il donne peut commencer naturellement l'obligation de garantir. Mais avant la donation il n'y avait aucune obligation à la charge du père de se dépouiller pour ses enfants. S'il le fait, ce peut être pour obéir à un sentiment d'amour que la nature a mis dans son cœur; mais ce n'est pas pour obéir à un devoir, encore moins pour payer une dette.

Et certes, en droit naturel, l'autorité paternelle est tout; il faut bien qu'elle soit tout, puisqu'en droit naturel, entre le père, chef de famille, et les enfants, membres de la famille, il n'y a pas de supérieur commun : par conséquent, les enfants n'ont aucun droit sur les biens acquis par le père; et s'ils ont l'expectative de sa succession, c'est par une conséquence combinée de la nature mortelle du père et de la présence des enfants autour de lui pour continuer sa possession : ainsi s'est établi le droit de succession sans l'ombre d'une dette de la part du père envers les enfants.

196. Il est vrai que nous sommes bien loin de l'état patriarcal, et que par *obligations naturelles* nous entendons ordinairement les devoirs que notre promesse, non contraire aux lois écrites, ou notre position dans la société, nous imposent en dehors des prescriptions des lois positives.

Or, même avec cette extension du sens du mot « obligation naturelle », la donation faite à un enfant ne serait pas encore le paiement d'une dette naturelle.

1° Parce que l'obligation naturelle d'établir un enfant n'est pas l'obligation de lui faire une donation. Dès qu'on y peut satisfaire par des conventions ordinaires, où le père ne sacrifie que ses revenus (n° 185), il faut convenir que la donation en toute-propriété excède l'obligation naturelle, puisqu'elle opère un dépouillement de propriété qu'aucune loi naturelle n'ordonne et que ne commande pas la loi civile. La donation en avancement d'hoirie est donc faite *nullo jure cogente;* elle est donc une vraie donation.

2° Parce que la donation en avancement d'hoirie est de la même nature que les partages et distributions de biens par présuccession que font par donation entre vifs les père, mère et autres ascendants, entre les descendants appelés à leur succession, suivant l'art. 1075 du Code Napoléon. En effet, toute la différence est celle de la partie au tout. Par la donation sans préciput à un enfant, on lui donne une somme ou un effet à valoir sur sa part dans la succession future; par le partage de présuccession, on distribue aux enfants leur part dans une succession qui n'est pas ouverte. La seule différence est dans le rapport auquel oblige la donation individuelle, obligation qui ne peut exister dans le partage de présuccession, parce que les parts y sont toutes faites.

Or, lorsqu'un père distribue tous ses biens présents entre ses enfants, ne s'en réserve que l'usufruit en tout ou en partie, et quelquefois n'y retient qu'une modique pension; lorsqu'à sa propre aisance, fruit de ses longs travaux, il préfère voir chacun de ses enfants avec des moyens de prospérité de plus pour augmenter leurs affaires et élever leurs familles; lorsqu'il ne se résout à ce sacrifice que par tendresse, et peut-être pour prévenir des vœux impies, qui donc oserait dire qu'il n'y a pas là contrat de bienfaisance, qu'il n'y a pas donation *nullo jure cogente?* Qui donc oserait dire que le père qui se dépouille pour tous de la propriété de ses biens ne fait que payer par avance sa dette exigible au jour de la succession? Personne! Or, il en est de la donation en avancement d'hoirie comme du partage de présuccession : aucun droit ne contraint à la faire, ni le droit civil, ni le droit naturel ; elle a le caractère gratuit et de bienfaisance de toutes les autres donations.

197. La donation par avancement d'hoirie est donc une vraie donation ; mais elle ne donne définitivement à l'enfant que la jouissance pendant la vie du donateur; elle ne lui confère la propriété qu'à la charge du rapport à succession. Le père pendant sa vie a préféré l'enfant à lui-même; mais pour le temps de l'ouverture de la succession, il le traite sur le même pied d'égalité que les autres, et ne le préfère à aucun des autres : d'où il suit que la donation, tout en investissant le donataire de la propriété relativement aux tiers, n'en investit le donataire relativement à ses frères et sœurs venant à succession qu'à charge de leur en communiquer les effets à l'ouverture de la succession. Elle est, quant au principal, un dépôt aux mains d'un futur héritier au profit de tous les héritiers. Si le dépositaire ne satisfait pas à la promesse expresse ou tacite de rapporter à la succession, la cause finale de la donation (le partage entre héritiers) n'étant pas remplie, la donation devrait, *strictiori jure*, être résolue par la condiction *causâ datâ, causâ non secutâ :* car, de même qu'en donnant à un étranger en termes purs et simples, on sous-entend le droit de réduction à la mesure du disponible au profit des enfants qui se porteront héritiers (V. n°˙ 136 et suiv.); de même dans la donation en avancement d'hoirie l'obligation de rapporter est sous-entendue : c'est une charge sans laquelle la donation n'eût pas eu lieu.

198. On a vu plus haut, n°˙ 27 et suiv., p. 30, les conséquences rigoureuses qu'en tiraient, et Dumoulin avant la réformation, et les Coutumes d'égalité parfaite, et la loi

du 17 nivôse an II. S'il n'y avait aucun texte en faveur de l'enfant donataire renonçant, il faudrait encore aujourd'hui tirer les mêmes conséquences rigoureuses contre lui. Si on lui accordait seulement de retenir part d'enfant, ce serait déjà une dérogation énorme.

Mais, même pour lui accorder part d'enfant sur sa donation, il semble qu'il faudrait un texte; car nous avons prouvé que sous le Code la réserve appartient à la succession : or, si elle appartient à la succession, comment l'enfant la retiendrait-il sans être héritier !

Il est d'autant plus certain qu'il faut un texte dérogatoire pour que l'enfant qui a reçu comme futur héritier puisse retenir quelque chose sur sa donation; que c'est en vertu de textes formels que se faisait autrefois la retenue tant de ce qu'aurait pu garder un étranger que de la part de légitime du donataire renonçant à la succession, tant dans les Coutumes d'option que dans les Coutumes de préciput et en pays de droit écrit. (V. la Novelle 92, l'art. 307 de la Coutume de Paris, l'art. 34 de l'ordonnance de 1731, et les nᵒˢ 55 et suiv., p. 55.)

SECTION II.

EXPLICATION DE L'ART. 845.

SOMMAIRE.

199. Enchaînement des trois art. 843, 844, 845, de la section des rapports, au titre *Des Successions*.

200. Cavillations grammaticales des partisans du cumul. Ils font remarquer que l'art. 845 ne porte pas NE....QUE..., comme si *jusqu'à* ne marquait pas la limite d'une action.

201. Pourquoi l'art. 844 emploie NE.... QUE; et pourquoi cet adverbe ne devait pas se trouver dans l'art. 845.

202. Comparaison des deux parties similaires de l'art. 845 pour le donataire et pour le légataire.

203. Pourquoi a été retranchée l'incise « ainsi qu'un étranger pourrait le faire. »

204. De l'argument que le don ne commence qu'au point où la réserve finit.

205. Que le mot *cependant* est mis dans l'art. 845 pour indiquer l'opposition avec la loi du 17 nivôse an II.

206. Nouvelle définition de la *portion disponible* relativement aux enfants.

207. Distinction entre *portion* dans un article et *quotité* dans l'autre. — Réfutation. — Seule nuance entre les deux mots.

208. Réfutation du système d'une portion disponible pour les enfants et d'une autre portion disponible pour les étrangers.

209. Différence entre *disponible* employé seul et la locution toute faite *portion disponible*.

210. *Portion* employé dans l'art. 918 comme *quotité* dans l'art. 845.

211. La distinction entre la portion disponible *absolue* et la portion disponible *relative* réfutée par voie de conséquence.

212. Et par la combinaison des art. 913, 919, 920.

213. Il en est de la réserve légale comme de la réserve coutumière, dont le donataire, en renonçant, ne pouvait retenir sa part héréditaire.

214. Objection que la renonciation de l'enfant donataire n'est point une renonciation gratuite, mais au contraire une renonciation *aliquo dato aut accepto.*

215. La question est préjugée par l'impossibilité pour l'enfant renonçant de demander quoi que ce soit au donataire.

216. Nous ne connaissons plus de renonciation *aliquo dato* qu'autant qu'elle rend l'enfant héritier pur et simple.

217. Différence de rédaction entre l'art. 307 de la Coutume de Paris et l'art. 845 du Code Napoléon. Plus de possibilité de s'abstenir; il faut renoncer purement et simplement.

199. Or je ne connais de texte dérogatoire que l'art. 845, au titre *Des Successions.*

Pour bien l'entendre, il faut le joindre aux deux articles qui le précèdent, 843 et 844.

Les deux articles 843 et 844 règlent les devoirs des donataires qui viennent à succession : le donataire en avancement d'hoirie venant à succession doit rapporter son don à ses cohéritiers ; *il ne peut le retenir* (art. 843).

Le donataire par préciput qui veut venir à partage peut retenir le don à lui fait (art. 843) ; mais dans ce cas même *il* NE *peut le retenir* QUE jusqu'à concurrence de la quotité disponible : l'excédant est sujet à rapport (art. 844). Car il ne peut prendre le préciput que dans la mesure légale, et ce qui lui a été donné au delà de cette mesure appartient à la succession qu'il vient partager, et doit y être rapporté.

Enfin l'art. 845 règle les droits de l'enfant renonçant : « L'héritier qui renonce à la succession peut *cependant* retenir le don entre vifs (ou réclamer le legs à lui fait) jusqu'à concurrence de la quotité disponible. »

L'enchaînement de ces trois articles en détermine bien le sens respectif et le sens absolu. Quand l'enfant viendra à succession, il y rapportera tout ce qu'il aura reçu, excepté le préciput, qu'il retiendra hors part jusqu'à concurrence de la quotité disponible.

Quand il y renoncera, sa renonciation à succession lui laissera cependant la faculté de retenir le don jusqu'à concurrence de la portion disponible.

Alors il n'y aura pas de distinction entre l'enfant donataire par préciput et l'enfant donataire par avancement d'hoirie ; le droit de rétention est mesuré pour l'un comme pour l'autre par le disponible seulement : ni l'un ni l'autre n'aura droit à l'indisponible ou réserve.

Rien n'est plus clair : dès qu'il renonce à la succession, l'enfant ne doit pas avoir de part successive.

Donc, nulle différence entre l'enfant donataire par préciput et l'enfant donataire par avancement d'hoirie quand ils ne veulent pas être héritiers ; ils ne peuvent plus exercer leur droit de donataires que sur le disponible ; la réserve appartient aux enfants héritiers. Que les renonçants calculent leur intérêt ; ils ont un droit d'option, mais leur option peut s'éclairer par l'inventaire et par la délibération. Jamais ils ne perdront leur droit à la réserve s'ils ne renoncent pas.

200. Et pourtant jamais article si clair n'a été attaqué par plus de pointilleries grammaticales.

On dit d'abord que l'art. 845 n'est pas conçu en termes privatifs ni limitatifs. Il n'ajoute pas l'adverbe *seulement* aux mots « jusqu'à concurrence de la portion disponible ». Il ne porte pas « NE *peut retenir* QUE », ainsi que l'a fait l'art. 844 en parlant de l'enfant donataire par préciput qui accepte la succession ; car, ajoute-t-on, dire que l'enfant peut retenir jusqu'à concurrence de la portion disponible, ce n'est pas dire qu'il ne retiendra pas au delà.

Raisonner ainsi sur un texte, c'est détruire le sens des mots.

La locution prépositive « *jusqu'à* » présente une signification limitative de tout acte qui s'exerce sur le temps, le lieu ou la quantité, et précise le terme où l'acte doit cesser : aller jusqu'à Rome, donner délai jusqu'à Pâques, recevoir jusqu'à concurrence de telle somme, n'ont jamais signifié aller plus loin que Rome, avoir délai au delà de Pâques, recevoir plus que la somme fixée. Pour que *jusqu'à*, qui par lui-même marque un terme qu'on ne doit pas dépasser, ait un sens limitatif, il n'est donc pas besoin d'ajouter les locutions adverbiales « *seulement* » ou « *ne... que...* »

Ce serait un pléonasme indigne du style sévère des lois.

201. L'exemple du ne... que employé dans l'art. 844 est mal choisi. Ces mots étaient nécessaires dans l'art. 844, parce que cet article est une suite de l'art. 843, affectant la forme prohibitive de toute retenue de la chose donnée : « L'héritier venant à la succession *ne peut* retenir le don... *à moins que...* », et qu'en prenant ensuite la même forme prohibitive et négative pour le donataire par préciput venant à la succession, il était tout naturel, pour faire jaillir l'exception de cette forme même, de limiter la négation par un *seulement*, ou par un *ne... que* : le donataire par préciput venant à la succession ne peut retenir le don que jusqu'à concurrence... Prenez la forme permissive dans l'art. 844, au lieu de la forme négative, et le *ne... que* disparaîtra. Vous aurez absolument comme dans l'art. 845 : « Dans le cas où les dons... auraient été faits par » préciput..., l'héritier *peut les retenir* jusqu'à concurren- » ce de la quotité disponible ; mais l'excédant sera sujet à » rapport ». Il n'y a pas pléonasme dans l'art. 844, parce qu'il y a une suite d'idées négatives et opposition des effets différents de la défense, absolue pour le cas de l'art. 843, bornée pour le cas de l'art. 844. Au contraire, dans l'art. 845, il ne s'agit plus de la défense de la rétention ; il s'agit de l'établissement de ce droit au profit du renonçant et de l'étendue de son droit : tout est donc disertement et limitativement exprimé par la forme positive et permissive ;... *il peut retenir le don jusqu'à telle mesure.*

202. Comment d'ailleurs entendrait-on sans cela les deux parties similaires de cet article 845 ? Il faudra donc les entendre en deux sens différents !

L'art. 845 est une proposition complexe, qui se résout en ces deux propositions : « L'héritier qui renonce à la suc- » cession peut cependant *retenir le don* à lui fait jusqu'à » concurrence de la portion disponible », et « l'héritier qui » renonce à la succession peut cependant *réclamer le legs* » à lui fait jusqu'à concurrence de la portion disponible. »

Nous disons dans notre parti : Comment le légataire re- nonçant à la succession pourrait-il réclamer la portion dis- ponible et une part de réserve en sus ? On ne peut certes pas se fonder à son égard sur un droit de rétention, comme pour le donataire; car le légataire ne détient rien.

L'art. 845 n'accorde donc rien de plus à l'enfant léga- taire qui renonce à la succession qu'un droit de réclama- tion jusqu'à concurrence du disponible, s'il se trouve dans les biens exstants.

Or il règle les droits de l'enfant donataire renonçant de la même manière et selon la même mesure que les droits de l'enfant légataire renonçant; l'unique différence, c'est que le légataire *réclame,* et que le donataire *retient.*

Donc le donataire ne peut retenir que jusqu'à concur- rence de ce que le légataire est autorisé à réclamer.

Et puisque le légataire ne peut réclamer que la portion disponible, sans y joindre une part de réserve, il faut con- clure forcément que l'enfant donataire qui renoncera à la succession retiendra son don jusqu'à concurrence de la portion disponible, et qu'il n'a rien à retenir au delà.

Ainsi, par le texte même la loi s'explique.

L'enfant n'a jamais droit à la réserve que comme hé- ritier.

L'enfant n'a jamais droit à la portion disponible qu'alors qu'un étranger y aurait droit.

Quand il vient à la succession , et qu'il est donataire sans préciput, tout rentre dans la masse à partager avec ses frères.

Quand il vient à la succession, quoique donataire par préciput, il prend la portion disponible, comme s'il était étranger, et le surplus rentre dans la masse à partager avec ses frères.

Quand il ne vient pas à succession, il prend la portion disponible, comme la prendrait un étranger, et restitue le surplus, comme le restituerait un étranger, puisqu'il n'a qu'un droit de rétention égal au droit de réclamation qu'aurait un légataire étranger.

203. Et c'est justement cette assimilation de l'enfant donataire ou légataire renonçant à la succession qui a dû faire retrancher des premiers projets (V. n° 78) les mots : « *ainsi* » *qu'un étranger pourrait le faire.* » L'enfant légataire est traité comme étranger à la succession qu'il répudie : donc l'enfant donataire, que l'article traite de même, est aussi considéré comme étranger à la succession, et ne peut rien retenir à titre de réserve.

Remarquons-le bien, les membres de la section de législation ont, tant qu'ils ont pu, retranché les rameaux parasites du projet de Code civil *Tronchet*, si semblable en tout au projet *Jacqueminot* dans la partie dont j'occupe mes lecteurs.

Par exemple, entre l'art. 152 du projet *Jacqueminot*, 158 du projet *Tronchet*, 844 du Code civil, et l'art. 154 projet *Jacqueminot*, 160 projet *Tronchet* et 845 du Code civil, existait un autre article (153, *Jacqueminot*; 159, *Tronchet*), non reproduit ni par la section de législation ni par le Code civil : « Les dispositions des deux articles précédents (843 » et 844) ont lieu en toute succession, directe *ou collatérale,*

» la loi établissant la même égalité entre tous les héritiers
» quelconques qui viennent au partage d'une même suc-
» cession. » Or, comme en se servant, dans l'art. 843,
des mots *tout héritier venant...*, et, dans l'art. 844, du mot
l'héritier venant à partage, ces articles n'ont pas fait de distinction entre la directe et la collatérale, l'assimilation entre elles était déjà établie entre les diverses classes d'héritiers quand elles venaient à succession, et, dès lors, il
devenait redondant d'établir une assimilation déjà consacrée par des termes universaux, et plus redondant encore
de parler d'une égalité entre tous héritiers venant au partage d'une même succession. La section de législation a
supprimé l'article comme inutile; de même, dans l'art. 845,
il était inutile d'écrire : « *ainsi qu'un étranger pourrait le*
» *faire* »; c'était encore une phrase parasite à retrancher.

204. En vain viendra-t-on dire que tout ce qui a été donné à valoir sur la succession future a d'abord été donné
sur la réserve, et n'est pas compris dans ces mots : *retenir
le don ;* de sorte que le don ne commence *qu'au point* où la
réserve finit, et qu'ainsi l'enfant renonçant se conforme à
l'art. 845 en gardant comme maître et seigneur de la chose
tout ce qui compose sa part d'enfant, et en retenant le surplus jusqu'à concurrence de la portion disponible.

Je ne réfuterai pas ici l'argument tout entier : je n'exa-
mine l'art. 845 que sous le rapport grammatical.

Mais cette subtilité n'est-elle pas détruite à l'avance? J'ai
prouvé ci-dessus que le père, pendant sa vie, est propriétaire absolu de ses biens; que les enfants n'y ont
qu'une simple expectative; que ce n'est pas à titre de paiement, ni même par suite d'une obligation naturelle, qu'il
se dessaisit d'une partie de ses biens pour les remettre aux

mains de l'enfant; qu'en admettant même l'obligation naturelle d'employer une partie de ses revenus à aider l'enfant dans un établissement, aucune loi naturelle ni civile ne le contraint à se dessaisir en faveur de l'enfant d'aucune portion de la propriété; qu'en conséquence, le don en avancement d'hoirie, loin d'être un paiement anticipé, est un acte de bienfaisance, une véritable donation faite *nullo jure cogente*. Or, si la chose donnée est donation dans son entier, pourquoi donc le renonçant en pourrait-il retenir plus que la loi ne le dit? Pourquoi retiendrait-il plus que cette portion disponible jusqu'aux limites de laquelle le texte de la loi lui permet la rétention?

Grammaticalement parlant, les mots « *retenir le don* » n'ont aucun trait au droit éventuel que le donataire pourrait avoir un jour à la chose comme héritier ou autrement; ils prennent LE DON dans son être physique et indivisible, le don dans son être entier, sans égard au droit et à l'expectative. Ainsi, c'est bien du don tout entier que l'art. 845 dit « qu'il peut LE RETENIR jusqu'à concurrence du disponible » : donc, quand le donataire a retenu le disponible, il n'a plus rien à retenir sur le don.

Et quand même on soutiendrait avec vérité que l'enfant est copropriétaire avec le père des biens du père; quand même on soutiendrait que les enfants reçoivent, comme créanciers, les biens dont leur père se dépouille par tendresse pour eux, il n'en faudrait pas moins reconnaître 1° que la loi a qualifié ce prétendu paiement du nom de *donation;* 2° et que la loi avait le pouvoir de fixer ce que l'enfant renonçant aurait le droit d'en retenir. Elle pouvait permettre de le retenir tout entier, quelle qu'en fût l'étendue; elle pouvait permettre de ne retenir que la part de réserve; ou de retenir le don jusqu'à concurrence du disponible;

enfin de le retenir jusqu'à part de réserve, cumulée avec la portion disponible. De ces quatre partis, elle n'en a adopté qu'un. Elle a repoussé le premier, qui était monstrueux. Elle a rejeté le second, parce que, dès que le nombre d'enfants eût été un peu élevé, l'enfant donataire aurait eu trop faible part; c'était pourtant le parti que réclamait la stricte égalité entre les enfants. Elle a adopté le troisième, parce que c'était concilier tous les droits que de laisser au donataire renonçant ce qu'on aurait pu donner à un étranger. Et quant au quatrième, le législateur n'y a jamais songé, parce qu'il ne l'a pas dit, qu'il était facile de le dire, et que, s'il eût eu une volonté aussi contraire à son système général de succession, il l'aurait exprimée.

205. Il y a encore un mot dans l'art. 845 qui confirme cette interprétation : c'est le mot *cependant*. Il n'est pas placé au commencement de l'article, et par conséquent ne forme pas liaison avec les art. 843 et 844. Il tombe sur les mots mêmes « *peut retenir* », et fait opposition aux mots « *qui renonce à la succession.* » Le lecteur n'a pas oublié qu'au temps de la rédaction du Code, on n'était plus sous l'empire du droit écrit ni des Coutumes en fait de succession ou de rapport. La loi régnante était la loi du 17 nivôse an II, modifiée par la loi provisoire du 4 germinal an VIII; or la législation de nivôse avait placé la réserve dans la succession d'une manière si absolue que l'héritier renonçant était sujet au rapport. Le mot «*cependant*» a pour objet d'indiquer l'abrogation de cette règle. Malgré sa renonciation à la succession et malgré les lois précédentes sur ce point, l'héritier renonçant pourra néanmoins retenir le don jusqu'à concurrence de la portion disponible. Tel est le sens évident de la loi, et je ne puis comprendre que des

esprits d'un ordre éminent y attachent un autre sens.

206. Aussi les partisans du cumul ne défendent-ils pas tous leur système par les mêmes moyens ; il y en a qui disputent sur les mots *portion disponible*, *quote disponible*. » Le Code civil, disent-ils, n'a pas donné une définition » littérale de la quote disponible ; MAIS LA RAISON SUPPLÉE » A CE SILENCE. Cette expression signifie *tout ce dont une* » *personne peut disposer sans ébrécher* la part de chacun » des réservataires *autres que le donataire*. Ainsi la quote » disponible d'un père en faveur d'un de ses enfants con- » siste dans tout son patrimoine, moins la réserve compétant » à chacun de ses autres enfants, c'est-à-dire toute la por- » tion qui était disponible envers un étranger, et EN OUTRE » la part de réserve que la loi assignait de plus à cet enfant » donataire » (*Arrêt de Toulouse*, 16 *juillet* 1829, S. 29. 2.233). On trouve la même doctrine en termes plus sub- stantiels dans l'arrêt de cassation du 4 août 1845, exprimée avec tant de délicatesse que, pour se douter de l'erreur dans la définition, il faut savoir que dans l'espèce de cet ar- rêt il y avait donation à un enfant dont les représentants avaient de son chef renoncé à la succession du donateur : » Là portion disponible qui, d'après l'art. 919, peut être » donnée aux enfants du donateur est tout ce que la loi » ne réserve pas à ses héritiers (*). »

(*) Une pareille définition est presque inattaquable : car, puisque je soutiens que la réserve, aux mains du donataire renonçant, n'entre pas dans la portion disponible, et appartient aux seuls enfants qui se portent héritiers, j'ai le droit de dire aussi : « La portion disponible est tout ce que la loi ne réserve pas aux héritiers du donateur..... » Le principal défaut de cette définition est donc d'être conçue en termes équivoques. Mais elle en a encore un autre. C'est de définir la

207. Quelques uns même vont plus loin, et semblent établir une distinction entre la *portion* disponible dont parle l'art. 845 et la *quotité* dont parlent les art. 844 et 919 (l'arrêt de Toulouse touche à cette subtilité). Distinction insoutenable! L'art. 844, dans l'espèce de la donation par préciput exprimé, dit « *quotité disponible* »; l'art. 918, dans l'espèce du préciput présumé de droit par la nature du contrat à fonds perdu, dit « *la portion disponible* », comme l'art. 845. Si, pour exprimer ce qui constitue le préciput, l'art. 844 et l'art. 918 se servent indifféremment des deux expressions, les deux expressions sont donc synonymes.

Veut-on en distinguer les nuances, on n'y trouvera que celles qui différencient le genre de l'espèce. *Portion disponible* est générique et comprend dans sa signification le système entier des diverses quotités disponibles accordées à la liberté du donateur sur ses biens, eu égard à la différence de qualité des héritiers qu'il laissera. *Quotité disponible* est spécifique et ne s'applique qu'eu égard à une classe déterminée d'héritiers, quoique susceptible d'être employé pour chacune d'elles. C'est là l'unique nuance entre les deux locutions. Voilà pourquoi « *portion disponible* » est employé dans les rubriques comme d'une étendue plus générale; et que « *quotité disponible* » est plus fréquemment employé dans les articles d'application et y vient souvent plus naturellement. Mais, cette nuance une fois admise, les deux expressions sont indifféremment employées.

---

chose par ce qu'elle n'est pas, ce qui n'est pas un moyen de faire connaître ce qu'elle est. Ce genre de définition peut convenir à l'orateur qui vise à l'effet; le magistrat et le philosophe qui ne songent qu'à instruire doivent s'en garder, parce qu'il est inexact.

208. Après avoir ainsi écarté cette distinction trop subtile, revenons au sens que l'arrêt de Toulouse de 1829 et l'arrêt de cassation de 1845 veulent donner aux mots *portion disponible*, *quotité* ou *quote disponible*, quand la donation est faite à l'un des héritiers à réserve. Voici comment on peut en traduire la doctrine :

L'expression « *portion disponible* » a une double signification. Dans la rubrique du chapitre III du titre II du livre III du Code Napoléon, elle signifie précisément la portion de biens dont le propriétaire n'a pu disposer au préjudice de la succession des descendants; mais, quand il s'agira d'une donation faite à l'enfant, elle aura une signification plus étendue, et comprendra EN OUTRE la part de réserve de l'enfant donataire.

Malgré mon respect pour ceux qui la professent, cette doctrine est erronée.

Portion disponible est un terme scientifique introduit dans le langage de la loi; or comment penser que le législateur aurait donné deux significations différentes à un terme technique?

209. J'admettrai, si l'on veut, que dans le langage du monde l'adjectif « *disponible* » puisse être pris dans un sens relatif à la personne à qui l'on donne, et qu'un père de quatre enfants, en donnant à l'un d'eux par institution contractuelle les sept seizièmes de ses biens à venir, ait pu croire que ces sept seizièmes constituaient le disponible en faveur de cet enfant : cette concession ne militera pas du tout au profit de l'opinion contraire à la mienne.

En effet, il ne s'agit pas dans la loi du sens de l'adjectif *disponible*, dont la signification peut varier suivant la manière de l'enchâsser; il s'agit du sens de ces trois mots employés absolument : « *la portion disponible* ». Or nous savons tous que l'effet de l'article *le, la, les*, est déterminatif, et empêche la signification de la chose dont on parle de varier. Donc, quand dans l'art. 845 la loi permet de retenir *la portion disponible*, elle s'exprime d'une manière absolue et fait signifier à ces trois mots ce qu'ils signifient dans la rubrique du chap. III du titre II, à savoir ce qui aurait pu être donné efficacement à un étranger, et non pas une part de réserve en sus.

210. Or l'art. 844 prouve bien que la *quotité disponible* signifie ce qui pourrait être donné à un étranger, et rien de plus, puisque l'enfant donataire par préciput doit en rapporter l'excédant, et que ce sera dans le partage que l'enfant donataire prendra sa part de cet excédant. L'art. 918, qui dit *portion disponible*, est conforme à l'art. 844 et porte la même prescription : donc, dès que l'excédant qui doit tomber en partage est rapportable, il est toujours dans la réserve, ou, pour mieux dire, dans la succession même.

211. Le système de ces arrêts aboutit donc à créer dans la même succession deux quotités disponibles, une pour les étrangers, une pour les enfants ; en d'autres termes, une quotité disponible *absolue*, une quotité disponible *relative*. Où trouve-t-on cette distinction dans la loi ?

Les conséquences de cette distinction prouvent qu'elle ne peut exister.

Si quotité disponible *relativement aux enfants* signifie la quotité disponible permise pour un étranger, plus une part d'enfant, il faudra entendre l'art. 844 en ce sens que l'enfant donataire par préciput retiendra sur son don ce que le père aurait pu donner à un étranger, plus sa part de réserve, et viendra à partage pour le surplus; ce qui serait absurde.

Si le père donnait à l'un de ses enfants à titre alimentaire et avec condition d'insaisissabilité tout ce que la loi lui permet de lui donner, l'enfant pourrait prétendre, à l'égard de ses propres créanciers, n'avoir reçu de son père que la *quotité disponible* fixée *relativement* aux enfants par l'art. 910, et qu'aucune partie des biens à lui échus n'est saisissable pour dettes antérieures au don; et cela est contraire au droit.

De même, si le don n'excédait pas cette portion disponible relative, par exemple les sept seizièmes quand il y aurait trois frères cohéritiers, l'enfant grevé de restitution ne pourrait plus prétendre que sa part héréditaire doit être dégrevée des charges, et serait forcé de souffrir que les sept seizièmes, et non quatre seizièmes, fussent grevés au profit de ses propres enfants nés et à naître de la charge de conserver et de rendre: car, puisque le père, dans l'espèce, aurait la faculté de disposer de sept seizièmes au profit de l'enfant avantagé, il paraîtrait naturel d'affecter le tout à la substitution; ce qui est évidemment contraire au droit, et ne pourrait arriver, suivant l'art. 1052, qu'en cas de seconde donation acceptée avec charge.

Disons fermement que « *biens dont père et mère ont faculté de disposer* », que « *portion ou quotité disponible* », n'ont qu'un sens unique : « portion dont il est permis aux père et mère de priver leur succession »; et que cette portion est toujours la même, soit que les donations soient faites aux enfants, soit qu'elles aient gratifié l'étranger.

212. Et cela résulte encore de la combinaison des art. 913, 919 et 920.

Par l'art. 913 , le législateur fixe la portion disponible. Il la fixe nécessairement à l'égard de tous, puisque l'article est conçu en termes absolus et sans distinction.

Par l'art. 919 , le législateur édicte que, quand le père voudra disposer de tout ou partie de la quotité disponible au profit d'un enfant ou de plusieurs, il le pourra en le disant expressément, ou en dispensant de rapport l'enfant donataire. Or, dans cet article, « quotité disponible » a le même sens que « portion disponible » dans l'art. 913.

Par l'art. 920, il dit enfin que les dispositions entre vifs (ce qui comprend tout, les donations faites aux enfants aussi bien que les donations faites aux étrangers) seront à l'ouverture de la succession, réduites à la quotité disponible, si elles l'excèdent.

Comme ce qui est dit en termes généraux par la loi s'applique à tous, à moins d'une exception résultant de la même loi ou d'une autre, il est donc dit textuellement dans la rédaction actuelle que la réduction à la quotité disponible aura lieu contre les enfants donataires de la même manière que contre les donataires étrangers.

Or il y a une exception formelle à la réduction des donations faites aux enfants : c'est quand l'enfant *vient à partage;* alors il ne subit pas la réduction ; il rapporte, soit le tout, s'il est simplement avancé (art. 843), soit l'excédant de la portion disponible, s'il est donataire par préciput (art. 844). Rapport à succession et réduction sont deux opérations de nature différente.

Puisqu'il résulte bien de l'art. 920 combiné avec les art. 913 et 919, qu'il ordonne la réduction à l'égard de tous donataires, enfants ou étrangers; et qu'en même temps il résultait des art. 843 et 844 que les enfants *venant à partage* seraient soumis, non pas à la réduction, mais au rapport, soit de l'avancement, soit de l'excédant de la quotité disponible, ces art. 843 et 844 avaient donc, par avance, formé une exception écrite à la disposition générale de l'art. 920, comme les art. 151 et 152 du titre *Des Successions*, au projet *Jacqueminot* (V. p. 81 et 82), formaient une exception à l'art. 20 du titre *Des Donations* du même projet (p. 76 et 77).

Déduisez donc de l'art. 920, quant aux enfants soumis à la réduction, les enfants donataires par avancement qui viennent à succession, et les enfants précipués, qui, venant aussi à succession, conservent le préciput et rapportent le surplus, que vous restera-t-il ? — Il vous restera uniquement, comme sujets à la réduction spéciale de l'art. 920, les enfants qui renonceront à la succession pour retenir leur don ; il vous restera uniquement ceux dont parle l'art. 845. Donc, de la combinaison des textes de la loi il sort cette règle que, parmi les enfants, ceux qui renoncent à succession sont les seuls soumis à la règle générale du retranchement, et par conséquent qu'ils ne peuvent, pas plus que les étrangers, retenir le don, si ce n'est jusqu'à concurrence de la quotité disponible : sans cela, l'art. 920 ne pourrait s'appliquer qu'aux étrangers, contrairement à la généralité de son texte, que l'interprète ne peut méconnaître.

213. Et il faut bien qu'il en soit ainsi, puisqu'il avait été arrêté en Conseil d'état que la réduction à la quotité disponible aurait lieu contre les enfants donataires ; ce qui ne pouvait s'appliquer qu'aux seuls enfants renonçant à la succession. (Séance du 5 nivôse an XI... — V. ci-dessus n° 95, p. 118, et 98, p. 120.)

En conséquence, toutes les fois que l'enfant ne rapporte pas, il ne peut prétendre à une rétention excédant la portion disponible, même sous prétexte de réserve légale.

Ce qui peut se trouver de réserve légale entre ses mains appartient à la succession.

Si ce qu'il peut avoir à titre de réserve légale appartient à la succession, il n'a pas le titre d'héritier pour le retenir.

S'il n'a pas le titre d'héritier, ses frères, seuls héritiers, ont donc le droit de revendication sur tout ce qui excède en ses mains la portion disponible.

Et là revient encore la doctrine sur la différence entre la légitime de droit et la réserve coutumière qu'a imitée la réserve légale. Nos pères n'accordaient pas à l'héritier aux propres qui renonçait pour conserver sa donation la faculté de retenir la portion disponible et sa part héréditaire dans l'indisponible. Non, ils disaient au contraire que l'héritier aux propres, quoique donataire, ne pouvait, en renonçant, rien retenir au préjudice des héritiers de sa ligne. Écoutons Pothier : « Cette légitime ou réserve coutumière, dit-il
» (*Traité des donations entre vifs*, sect. 3, art. 6, § 1), est
» accordée aux héritiers principalement *en tant qu'héritiers*,
» à la différence de celle de droit, qui est accordée aux en-
» fants en tant qu'enfants : d'où il suit qu'encore que les
» enfants en tant qu'enfants puissent avoir leur légitime
» de droit, au moins par voie de rétention sur les choses
» qui leur auraient été données ou léguées, néanmoins,
» les héritiers présomptifs de la ligne, s'ils n'ont accepté
» la succession, ne peuvent retenir aucune part, *même par*
» *voie de rétention*, de ce qui appartient en entier (les
» quatre quints) à ceux de la ligne qui se sont portés
» héritiers. »

Donc, de même, les trois quarts ou les deux tiers de réserve appartiennent en entier comme réserve légale, collectivement et avec accroissement de la part du renonçant, qui n'en peut retenir aucune part, même par voie de rétention, aux enfants qui se sont portés héritiers.

214. Nous savons bien que les partisans du cumul répondent que celui qui renonce pour s'en tenir à son don fait une donation *aliquo dato aut accepto*, puisque la rétention de son don lui fait garder par devers lui une portion de ce qu'il avait reçu en sa qualité de futur héritier; et cet argument est même consigné dans un arrêt de la Cour de cassation (aff. *Mourgues*, p. 145) : « La renoncia- » tion à la qualité d'héritier faite par l'enfant doté en avan- » cement d'hoirie n'est pas un acte déterminé d'abandon » pur et simple.

215. Il me semble avoir répondu, au moins indirectement, à cette difficulté (n°° 153 à 180), en établissant ce que devenait aux mains du donataire étranger la part de réserve que l'enfant renonçant aurait pu y prendre s'il fût venu à succession, et en décidant que, quoique l'enfant non donataire eût renoncé, la quotité disponible était invariablement fixée par le nombre d'enfants existants au jour du décès; que la réserve était acquise à titre successif aux seuls enfants acceptants dans toute l'étendue que l'état de famille au jour du décès avait fixée, et que, par conséquent, la part des renonçants accroissant aux enfants acceptants, l'enfant renonçant n'avait rien à demander au donataire, et le donataire rien à retenir pour la diminution que les renonciations avaient apportée au nombre des copartageants.

216. En effet, nous ne connaissons actuellement de re-

nonciation *aliquo dato aut accepto* que quand la renonciation est accompagnée d'un acte qui imprime au renonçant la qualité d'héritier, et le met, par conséquent, en
butte à l'action des créanciers ; comme lorsque la renonciation se fait *in favorem*, ou pour un prix ou autre équivalent que lui fournit un héritier (C. N. 780).

Mais si l'enfant renonce parce qu'à ses yeux il y aurait
danger à se porter héritier ou avantage à ne l'être pas, la
renonciation sera une renonciation purement gratuite, car
il ne recevra rien de personne. Une renonciation *aliquo
dato aut accepto* suppose un agent qui donne ou duquel on
reçoit quelque chose pour déterminer la volonté à renoncer. Or cette condition ne se trouve pas ici : le renonçant
y est l'unique agent de la renonciation et de la rétention.

Qu'on fasse bien attention à la manière dont s'est introduite dans notre ancien droit l'explication de la rétention
par l'enfant donataire de sa part de légitime. Les jurisconsultes étaient partagés en deux camps, non pas sur le droit
de rétention, tous l'accordaient, mais sur la cause de ce
droit. Les uns voulaient qu'on pût être légitimaire sans
avoir la qualité d'héritier, pourvu qu'on eût aptitude à l'ê-
tre, et ceux-là, comme Pothier, comme Merlin, expli-
quaient facilement le droit de rétention, en disant qu'il
s'opérait par l'enfant *en tant qu'enfant seulement*, et que la
naissance suffisait pour l'exercice de ce droit, sans recourir
au droit civil : or, c'est ce que les art. 307 et 208 de la nouvelle Coutume de Paris avaient admirablement fixé par
leurs textes. Les autres prétendaient qu'il fallait être nécessairement héritier pour pouvoir retenir la légitime sur
son don, et, quoique avant le texte de la Coutume, ils eussent en leur faveur la Novelle 92 : « *Licet ci abstinere ab*
» *hereditate, dummodò suppleat ex donatione, si opus sit,*

» *cœterorum portionem* », comme la maxime de droit coutumier était qu'on ne pouvait être légitimaire si l'on n'était héritier (V. n° 81 , p. 83), ils se servirent des règles de la renonciation *aliquo dato* pour prouver que l'enfant retenait sa légitime à titre d'héritier. Cela même avait sa justesse, parce que le pacte de renonciation pour conserver la portion d'héritage reçue n'était pas alors aussi sévèrement défendu qu'aujourd'hui.

Mais il en était autrement, même sous l'ancien droit, pour les réserves coutumières. Le réservataire renonçant n'y retenait que la portion disponible, comme le prouvent le passage de Pothier que je viens de citer, et le passage de Ricard cité à la fin de la première partie, p. 87.

La question est donc toujours la même. *Le Code civil a-t-il imité le système des réserves coutumières et de la loi du 17 nivôse an II, ou le système de la légitime de droit?* S'il a imité la légitime de droit, l'argument tiré des principes des renonciations *aliquo dato* a quelque valeur. — S'il a voulu imiter le système des réserves coutumières et de la loi de nivôse, qui plaçaient la réserve dans la succession, même aux mains du donataire, pour la *composer* ou l'*augmenter*, l'argument tiré de ce que l'enfant renonçant ne fait point une renonciation purement gratuite ne vaut rien, parce que la loi lui défend de garder rien de ce qui appartient à la succession, parce qu'il ne lui est rien permis de retenir de plus que la portion disponible. De sorte que cet argument n'est que secondaire, et dépend pour sa solution de la solution de la question principale.

217. D'ailleurs l'art. 845 est rédigé dans une tout autre forme que l'art. 307 de la Coutume de Paris. La Coutu-

me ne disait pas au légitimaire de répudier la succession ;
elle lui recommandait seulement de se garder d'y venir :
« Où... il se voudrait tenir à son don, faire le peut,
» EN S'ABSTENANT de l'hérédité, la légitime réservée aux
» autres... » De sorte qu'alors une renonciation formelle
n'était pas nécessaire, et si l'enfant faisait un acte pour
l'opposer aux créanciers, cet acte était conditionné et son
abstention motivée sur l'option qu'il faisait de sa donation.

Aujourd'hui c'est tout différent : celui qui s'abstient peut
être poursuivi comme héritier jusqu'à ce qu'il ait renoncé ;
et quand il renonce, sa renonciation doit être pure et simple. La loi nouvelle dit simplement que la renonciation à
la succession ne sera pas un obstacle à la rétention du don
jusqu'à concurrence de la portion disponible : elle regarde
donc la renonciation comme un acte principal qui exclut
l'enfant de la succession, et ne permet au donataire de retenir que ce qu'un étranger pourrait obtenir.

Rappelons-en les termes : « L'héritier qui renonce à la
succession », — et non pas l'héritier qui veut garder son
don ; — *l'héritier qui renonce à la succession*, c'est-à-dire
celui qui a fait un acte positif et pur et simple de renonciation au greffe, selon l'art. 784, qui est censé n'avoir jamais
été héritier, selon l'art. 745, et dont la part héréditaire a
accru à ses cohéritiers, selon l'art. 786, — « peut cepen-
» dant retenir le don à lui fait jusqu'à concurrence de la
» portion disponible... », c'est-à-dire peut néanmoins opposer sa qualité de donataire pour conserver la chose donnée jusqu'à concurrence de la portion disponible, ou, en
d'autres termes, retenir la chose donnée dans les mêmes
limites qu'un étranger la pourrait retenir.

Ce n'est donc pas comme enfant qu'il conserve, ce n'est

pas comme héritier; c'est comme donataire. La loi a seulement voulu que, quand il renonce, il ne soit pas de pire condition qu'un étranger.

Et d'ailleurs, comme on l'a déjà dit (V. nº 15), il n'y a pas même convention présumée qu'il gardera *telle* ou *telle* somme, puisqu'il est défendu par le nouveau droit de faire des pactes sur la succession future.

Si donc, cette interprétation de l'art. 845 est exacte, et si tout ce qui a été dit jusqu'à présent démontre que le Code civil a préféré la nature de la réserve à la nature de la légitime, il faut répéter avec la Cour de cassation en 1818 (V. ci-dessus p. 137, 3º alinéa) : « Le législateur n'a pas » permis aux enfants de prendre ni même de retenir une » partie des biens de leurs père et mère autrement qu'à » l'un des titres de *donataire* ou d'*héritier.* » Ce qui arriverait pourtant s'il était permis à l'enfant donataire renonçant à la succession de retenir la portion disponible en tant que donataire, en vertu de l'art. 845, et une part de réserve en tant qu'enfant seulement.

SECTION III.

EXPLICATION DE L'ART. 919.

SOMMAIRE.

218. Les partisans du cumul se fondent sur ce que la réserve se reçoit avant le disponible.

219. *Première réponse.* Même dans ce cas, la toute-puissance de la loi peut réduire l'enfant au disponible.

220. *Deuxième réponse.* Le système conduirait à l'absurde. L'enfant donataire par préciput ne pourrait pas retenir la réserve, puisque le père n'aurait pas entendu la donner, et l'héritier donataire par préciput aurait moins à retenir que l'enfant simplement avancé !

221. *Troisième réponse.* Dans l'interprétation la plus douce, l'enfant renonçant obtiendrait du moins autant que l'enfant préféré qui accepte; ce qui serait encore bizarre.

222. *Quatrième réponse*, tirée des projets précédents. — Première partie de l'art. 919.

223. Deuxième partie de l'article. Elle n'est qu'une explication de la première.

224. Ce n'est pas une disposition inutile : il y avait à craindre que la jurisprudence ne fût trop facile sur la forme.

225. L'interprétation nouvelle va au delà de l'objet de la loi.

226. Objection qui consiste à induire de la seconde partie de l'art. 919 que dans l'intérieur de la famille, on commence par la réserve que le père a voulu donner.

227. Il ne s'agit plus d'intérieur de famille quand l'enfant n'en veut pas supporter les charges.

228. Quand la convention est altérée par la renonciation, la volonté du père ne peut être invoquée.

229. Deux partis sur la question spéciale : les uns veulent que ce que l'enfant retient soit imputé sur la portion disponible; les autres, qu'il retienne jusqu'à concurrence de la portion disponible, en imputant sur la réserve tout ce qu'on y pourra imputer. — Raison par laquelle on soutient le premier parti.

230. Raisons du second parti, auquel s'est rangée la jurisprudence.

231. Aucune de ces deux opinions ne viole ni l'art. 845, ni l'art. 919. — La seconde paraît blesser le principe de l'accroissement.

232. Si cette seconde opinion viole l'art. 786, l'ancienne opinion de l'auteur sur l'imputabilité de la réserve du donataire doit être rejetée.

233. Les arrêts *Mourgues* et *Castille* semblent avoir violé l'art. 786, en faisant passer au donataire subséquent, sous le titre de fraction de portion disponible, la portion de réserve du renonçant qui appartenait aux enfants acceptants.

234. Nécessité d'opter entre la doctrine de l'arrêt *Laroque* et la doctrine des arrêts *Mourgues* et *Castille*.

218. Les partisans du cumul insistent, et prétendent que dans le système de l'arrêt Laroque de Mons on viole l'art. 919 ; que, dès que le don a été fait en avancement d'hoirie, il ne peut être pris sur la portion disponible ; que le père conserve toujours le droit de convertir en préciput ce qu'il a donné à l'enfant ; et que, tant qu'il ne l'a pas fait, c'est à titre de part de réserve que l'enfant a reçu.

De sorte que, bien que la réserve commence là où la portion disponible finit quand les donations sont faites à des étrangers ou par préciput à des successibles, néanmoins dans l'intérieur de la famille la réserve se reçoit avant la portion disponible, puisque l'intention principale du père a été de donner d'abord à l'enfant ce que celui-ci pourrait retenir à titre héréditaire.

219. Première réponse. Quand tout cela serait exact, il suffit d'avoir prouvé que, d'après l'art. 845, l'enfant ne peut rien retenir au delà de la valeur de la portion disponible et qu'aucun autre article ne lui attribue une part de réserve pour que tous ces arguments disparaissent. Quelle que soit la portion de sa fortune sur laquelle le père aurait eu intention que l'imputation se fît par l'enfant VENANT A PARTAGE, la loi n'en aurait pas moins la puissance, AU CAS CONTRAIRE, de restreindre la rétention de l'enfant à ce qui reste de disponible, et d'ordonner l'imputation sur toute autre chose que ne l'aurait voulu la convention rompue par la renonciation : c'est ce qu'a fait l'art. 845, sans qu'aucun article ait dit, dans ce titre ou dans un autre, que l'enfant renonçant y pourrait ajouter une part de réserve.

Car, dans l'opinion contraire, on ne fait pas assez attention à cette rupture volontaire de la convention par le fait même du donataire. Je ne lui en fais pas un crime : car, en acceptant la donation, il ne pouvait pas accepter irrévocablement la succession d'une personne vivante; on ne peut donc pas le blâmer d'user sans fraude d'une faculté offerte par la loi. Je dis seulement qu'une fois la convention dérangée, la loi était maîtresse absolue de fixer l'étendue de ce qu'il lui serait permis de retenir, et de dire sur quels biens porterait cette rétention. Or, si la rétention n'est fixée que par l'art. 845, et si la loi a dit, dans cet article, que la portion disponible serait la limite de la rétention, de quel droit et en vertu de quel texte y ajouterait-on la réserve, que l'art. 845 passe sous silence et qu'aucun article n'attribue au renonçant?

220. DEUXIÈME RÉPONSE. Ce système conduit à l'absurde : car, si, en renonçant, le donataire par simple avancement a droit à une part de réserve (parce que son père a voulu que le don fût imputé sur la réserve), plus la portion disponible (parce que l'art. 845 la lui donne), que décidera-t-on de l'enfant donataire par préciput qui renoncera à la

succession? Lui permettra-t-on de retenir la réserve et la portion disponible ? Non, puisque, selon l'opinion contraire à la mienne, le père n'a pas entendu affecter la réserve à son don, et que l'enfant ne tire son droit que de l'art. 845.... Quoi, l'enfant donataire par préférence aurait moins que l'enfant simplement avancé ! Ce serait une anomalie choquante. Qu'on revienne donc à la simplicité de la loi, et qu'on convienne que, s'il a reçu une donation excessive, soit par préciput, soit en avancement, et qu'il renonce à la succession, l'enfant commet un faux calcul en renonçant, et ne peut, dans un cas comme dans l'autre, retenir le don que jusqu'à concurrence du disponible.

221. TROISIÈME RÉPONSE. L'enfant donataire hors part est certainement plus favorisé par le père que l'enfant donataire par avancement d'hoirie, qui dans l'intention du père doit tout rapporter à la masse. Or tout ce que l'enfant donataire par préciput peut espérer en acceptant la succession, c'est la portion disponible et une part d'enfant ! Par quelle aberration l'enfant simplement avancé, que le père n'a préféré à aucun autre, obtiendrait-il autant en renonçant que pourrait retenir en acceptant l'enfant donataire par préciput, à qui le père a donné une marque absolue de préférence ? On ne le pourrait comprendre.

222. QUATRIÈME RÉPONSE. L'origine de l'art. 919 prouve qu'il n'a pas été écrit pour modifier l'art. 845.

En effet, tout le monde convient que les projets *Jacqueminot* et *Tronchet* établissaient une vraie réserve. L'enfant donataire, mais renonçant à la succession, y pouvait retenir le don jusqu'à concurrence de la portion disponible, *ainsi qu'un étranger aurait pu le faire.*

Or les art. 18 et 19 de ces mêmes projets portaient : « La
» donation de la quotité disponible peut être faite en tout
» ou en partie, même en faveur des enfants et autres suc-
» cessibles du donateur. — Cette donation n'est pas rap-
» portable par le donataire venant à succession, pourvu
» qu'elle ait été faite expressément à titre de préciput et
» hors part. » — C'est absolument la première partie de
l'art. 919.

S'il est évident que cette rédaction ne changeait rien aux
art. 154 et 160 des deux premiers projets au titre *Des Successions* (devenus le 845e); s'il est évident que, sous ces projets, la réserve appartenait exclusivement à la succession, et
que le renonçant n'avait de droit qu'autant qu'en pouvait
avoir un étranger; il est de même évidence que la première
partie de l'art. 919, entièrement conforme aux art. 18 et 19
des mêmes projets, est également sans influence sur l'interprétation de l'art. 845, lequel a le même sens que les
art. 154 ou 160 des deux premiers projets.

Puisqu'il a été démontré (V. n° 203 et suiv.) que le retranchement des mots : « *ainsi qu'un étranger pourrait le
faire* », n'a nullement altéré le sens primitif de l'art. 160
du projet *Tronchet*, passé dans l'art. 845 du Code, on est
donc bien forcé de conclure que la première partie de l'art.
919 ne modifie pas non plus le sens de l'art. 845; et, par
une conséquence ultérieure, que, sous le Code civil, l'enfant donataire renonçant peut bien, en vertu de l'art. 845,
retenir le don jusqu'à concurrence de la portion disponible, sans que l'art. 919 lui confère le droit de rien réclamer
au delà.

223. Serait-ce donc la seconde partie de cet art. 919 qui
aurait tout d'un coup renversé le système : « La déclara-

« tion que le don ou le legs est à titre de préciput ou hors
» part pourrra être faite, soit dans l'acte qui contiendra la
» disposition, soit postérieurement dans la forme des dis-
» positions entre vifs ou testamentaires ? »

Aucunement. Cette seconde partie de l'art. 919, qui
n'existait dans aucun des deux projets antérieurs, et qui
s'accommoderait aussi bien au système de la légitime de
faveur et de grâce, qui a été rejeté, qu'au système de la réserve héréditaire, auquel on est revenu, n'est rien autre
chose qu'une prévision du législateur sur une difficulté qui
pouvait se présenter.

Dans les pays de droit écrit, et sous les Coutumes de
préciput, le préciput ou la dispense de rapport pouvait se
faire après coup.

Mais on n'était pas habitué au préciput dans les Coutumes d'option, qui formaient la plus importante partie du
territoire.

Puisqu'on venait de conférer aux pères le droit de faire
un préciput, contrairement à l'ancien droit français et à
l'usage de Paris et des pays du centre, il était bon de leur
dire que la donation par simple avancement n'épuisait pas
leur droit, et qu'ils étaient libres encore de donner par
préciput la chose même qu'ils auraient donnée par simple
avancement.

La seconde partie de l'article n'est donc qu'une explication et une conséquence de la première partie; elle ne
change donc rien au sens de cette première partie.

224. Ce n'est pas pourtant une disposition inutile, car il
y avait à régler la forme de ces constitutions de préciput
après coup : on sentait bien que le préciput *ex post facto*
s'établirait de lui-même par la jurisprudence; mais il y

avait à craindre que les juges ne devinssent trop faciles sur la forme de ces changements, et ne les induisissent de faits, de présomptions ou de simples notes émanées du père de famille : une disposition législative était donc nécessaire sur ce point.

Mais en tout cela s'est-il opéré un changement essentiel aux projets *Jacqueminot* et *Tronchet*? Non : c'est la même forme et le même esprit.

Dans les deux projets, comme dans le Code civil, réserve semblable aux réserves coutumières ; réserve semblable à la réserve de nivôse an II, sauf la faculté d'établir une dispense de rapport au temps de la donation, ou plus tard. En tout cela où peut-on voir une disposition législative qui donne une part de réserve au renonçant? Nulle part.

225. Les partisans du cumul sont tombés ici dans le défaut que j'ai reproché à ceux qui veulent faire de l'art. 913 un article attributif; ils ont établi tout un système à l'aide d'un seul article. Or l'art. 919 n'a qu'un double objet : celui de permettre le préciput au profit d'un héritier venant à succession, et celui d'exprimer quand et sous quelles formes peut être faite la constitution de préciput. Tout autre chose est hors de l'objet de l'article, et surtout la question de savoir si le renonçant peut retenir sa réserve; car l'art. 919 ne parle en rien du renonçant! Jamais l'interprétation d'une loi ne doit s'étendre au delà des choses que son texte témoigne avoir eues pour objet.

226. Mais, dit-on, bien que la réserve commence là où la portion disponible finit, quand les donations sont faites à des étrangers, ou par préciput à des successibles, néan-

moins il résulte bien de la seconde partie de l'art. 919 que dans l'intérieur de la famille la réserve se reçoit avant la portion disponible, puisque l'intention principale du père a été de donner d'abord à l'enfant ce que celui-ci pourrait conserver ou retenir à titre héréditaire.

227. D'abord, est-il bien vrai qu'il s'agisse d'intérieur de famille quand l'enfant renonce à la succession? Ne se place-t-il pas volontairement et dans une vue d'intérêt pécuniaire hors de la famille quant à la succession seulement?

228. Est-il bien vrai aussi qu'il faille prendre la volonté du père au moment du contrat de donation pour base de la quotité de ce que retient l'enfant renonçant? Le père donne à la charge d'imputer sur la part héréditaire, c'est vrai, mais en même temps à la charge de rapporter. Le père meurt, l'enfant ne veut pas être héritier. Ce n'est plus la volonté du père que l'enfant peut invoquer; pour retenir, il n'a plus de ressource que dans la faculté que lui donne la loi? Le contrat de donation est une convention altérée par lui, et qui n'aura plus que les effets particuliers assignés par la loi à la position que l'enfant se crée volontairement; ainsi, conformément à la loi, il retiendra, nonobstant sa renonciation contraire au contrat, la chose donnée, jusqu'à concurrence de la portion disponible. Malgré les réflexions les plus attentives, je ne vois pas en quoi cette doctrine peut, je ne dirai pas violer, mais même légèrement blesser le sens de l'art. 919.

229. Je sais bien que, même parmi ceux qui partagent mon opinion, il se forme deux partis sur la question spéciale; mais aucun des deux ne viole l'art. 919.

Tous deux disent : l'enfant donataire renonçant ne peut rien retenir au delà de la portion disponible.

Mais les uns, plus rigoureux observateurs des textes, soutiennent que, si l'enfant renonçant absorbe la quotité disponible, les dispositions ultérieures du père seront caduques, et que les enfants acceptants n'auront d'autre ressource que de partager entre eux la réserve tout entière, même en allant la rechercher aux mains de l'enfant qui renonce à la succession, en supposant que le don soit assez étendu pour contenir portion disponible et réserve.

C'est le parti le plus simple : il ne viole en rien la loi, mais on l'accuse de présenter un grand danger, celui de renonciations faites par concert frauduleux entre les enfants pour annuler des donations postérieures.

230. Le second parti ne viole non plus ni l'art. 845, ni l'art. 919 : on l'a pris comme un tempérament de jurisprudence pour assurer autant que possible l'exécution des dispositions ultérieures quand une renonciation inattendue vient frapper de caducité les donations ou dispositions ultérieures ; il consiste à *ne laisser rien retenir* au renonçant *au delà de la portion disponible.* Ainsi la position du renonçant ne change pas ; mais, dans la liquidation entre les héritiers, on considère que le donateur, en donnant au renonçant un à-compte sur sa succession future, n'a pas entendu se priver du droit d'accorder un préciput à un autre enfant ou de gratifier un étranger ; que la renonciation de l'enfant est un événement fortuit, auquel il faut parer autant qu'on le peut sans violer la loi ; que la faculté dans le donataire de retenir le don jusqu'à concurrence du disponible n'empêche pas que le donateur n'ait eu à l'égard de la famille l'intention que le

don fût imputé sur la réserve du donataire; qu'ainsi on rentre dans son intention si, dans les calculs faits entre ceux qui héritent, on impute la rétention d'abord sur la part de réserve qu'aurait eue le renonçant s'il fût venu à succession; ensuite et subsidiairement sur la portion disponible d'une manière suffisante pour lui compléter ce qu'un étranger aurait pu recevoir. Ainsi, du moins, à l'aide de ces imputations, qui n'appauvrissent ni n'enrichissent le renonçant, puisqu'il n'aura jamais rien de plus que la quotité disponible, il restera quelque chose pour les donataires subséquents, et le père ne sera point absolument intestat par la renonciation du fils. C'est la doctrine commune; c'est celle des arrêts *Mourgues* et *Castille*, et de bien d'autres arrêts. Et j'ai en effet adopté et développé cette doctrine il y a douze ans (V. mon commentaire DONATIONS ET TESTAMENTS, p. 146, nᵒˢ 10 et suivants), parce qu'elle ne peut violer l'art. 845, où les mots retenir *jusqu'à concurrence de la portion disponible* pourraient fort bien signifier *jusqu'à la valeur de...,* et parce que, loin de violer l'art. 919, elle lui fait produire des effets dans des cas où il n'en produirait aucun sans cette imputation équitable, du moins en apparence.

231. Ce n'est donc ni l'art. 845 ni l'art. 919 qui se trouveraient blessés par ce second parti; ce serait le principe de l'accroissement établi par l'art. 786, auquel cette jurisprudence a porté atteinte dans des espèces favorables, et c'est le seul doute qui me touche.

232. Pourtant, si cette opinion viole l'art. 786 et le principe de l'accroissement que fonde cet article, c'est là une présomption bien forte contre sa régularité.

Peu importe que je l'aie développée autrefois ; peu importe que mon respect pour de nombreux arrêts imprègne encore mon langage d'une hésitation révérentielle ; peu importe qu'en certaines espèces cette opinion paraisse équitable : c'est contre cette équité particulière que la loi devient l'appui de l'interprète ; la loi est l'unique ancre de salut. Nous nous trompons nous-mêmes quand nous l'abandonnons sur une apparence du mieux, *decipimur specie recti.*

Peu importe encore que, dans des espèces où les renonçants avaient déclaré *en justice* ne vouloir pas demander au delà de la portion disponible, je me sois obstiné à ne voir que la solution de cas particuliers ; que je ne me sois occupé que des espèces et du dispositif, sans avoir suffisamment réfléchi sur les motifs et sur la pensée de la Cour. La vérité n'en sera pas moins que je me suis trompé avec d'autres sur la portée de la doctrine des arrêts d'imputabilité ; la vérité n'en sera pas moins que d'anciennes idées se réveillaient et cherchaient à se faire jour ; et que ces idées, trouvant une issue pour se produire, en ont jailli avec plus de force.

Peu importe enfin que j'aie cru qu'en conservant même la jurisprudence sur l'imputabilité, on pourrait, dans tous les autres cas, observer immuablement la jurisprudence de l'arrêt *Laroque de Mons.* Dès que la Cour de cassation m'enseigne le contraire ; dès que, suivant dans leurs conséquences les principes qu'elle a posés pour motiver l'arrêt *Mourgues* et l'arrêt *Castille,* elle les emploie logiquement (je dois le confesser) à détruire la volonté des défunts et à accorder réserve et portion disponible à l'enfant donataire renonçant, comme dans l'arrêt *Vien ;* dès qu'après un simple avancement d'hoirie (mais suivi de renonciation) elle réduit le préciputaire postérieur à sa part de réserve légale, sans accroissement de celle du renonçant, oh ! alors, il est de mon devoir de reconnaître mon erreur, de la publier, et de m'écrier avec l'imprévoyant berger de Mantoue :

Sæpè malum hoc nobis, si mens non læva fuisset !....

233. En effet, si l'on avait suivi dans les affaires *Mourgues* et *Castille* les principes que je regarde comme certains, que serait-il arrivé ?

D'abord, dans l'affaire *Mourgues,* où il n'y avait que trois enfants, Elisabeth, première donataire, aurait, à cause de sa renonciation, retenu seulement le quart ; mais elle l'aurait retenu comme portion disponible, ainsi qu'un étranger. Sa part de réserve se serait trouvée dans la succession (le tiers des 3/4 restant, ou 1/4), et ce quart, accroissant aux deux autres quarts, aurait formé une réserve des trois quarts, partageable par moitié entre Ferdinand et Angélique, qui, en acceptant, auraient eu chacun 3/8 ; au lieu qu'en faisant juger qu'Elisabeth avait pris 1/4 pour sa réserve légale, Ferdinand a pris à son tour 1/4 pour la portion disponible, comme préciputaire, plus 1/4 pour sa part de réserve, et a réduit Angélique au dernier quart.

En second lieu, dans l'affaire *Castille,* si madame Duroure, première donataire, et renonçante, avait pris son quart comme portion disponible, la réserve ou part d'enfant aurait accru à tous les acceptants, préciputaires ou autres ; le préciputaire n'aurait rien eu à titre de préciput ; mais lui et les autres enfants acceptants auraient partagé également la réserve, accrue de la part de madame Duroure, et en auraient eu une part plus forte que si elle eût accepté. Le contraire est arrivé. Les arrêts ayant composé le quart à retenir par madame Duroure 1º de sa part de succession ou de réserve, 2º et d'une fraction de quotité disponible pour compléter le quart de l'entier, il n'est plus resté dans le retranchement de la donation qu'un fragment de la quotité disponible, lequel a été intercepté au passage par le baron de Castille, préciputaire, et les frères en minorité se sont trouvés réduits à une part de réserve toute sèche, sans rencontrer la plus légère indemnité dans l'accroissement de la réserve.

234. Si donc ces arrêts limitent la règle de l'accroissement au cas où la réserve serait, soit dans les biens exstants, soit dans les donations faites aux étrangers, et la détruisent à l'égard des donations faites aux enfants qui renoncent à la succession, il faut reconnaître que la doctrine de ces arrêts ne peut subsister en même temps que la doctrine de l'arrêt *Laroque de Mons*.

Si ces deux doctrines ne peuvent subsister en même temps, si la réserve ne peut demeurer aux mains de celui qui ne veut point être héritier, ces arrêts auraient donc, contrairement au droit, attribué au donataire de la portion disponible une partie de ce qui appartenait aux enfants non dotés qui acceptaient la succession.

Il n'y a donc plus à balancer.

Il faut prendre parti et dire avec la Cour de cassation en 1818 : « La réserve est assurée à tous les enfants *collective-* » *ment*, et leur est donnée (par la loi) *en qualité d'héritiers*, » pour être partagée entre eux également, ainsi que la por- » tion disponible le serait si les père et mère n'en avaient » pas disposé, ou n'en avaient disposé qu'au profit d'un ou » de plusieurs de leurs enfants, sans les dispenser du rap- » port. A ce titre d'héritiers, ils sont saisis collective-

» ment de tous les biens et actions du défunt, et INVESTIS
» du droit de former contre tous les donataires, SANS DIS-
» TINCTION (entre les donataires enfants ou les donataires
» étrangers), la demande en réduction des donations qui
» excèdent la portion disponible. Donc, ceux d'entre eux
» qui renoncent sont *censés n'avoir jamais été héritiers*, et
» *la part* qu'ils auraient eue en cette qualité ACCROIT à leurs
» cohéritiers *pour le tout, sans y distinguer* la partie des
» biens existants en nature au jour du décès *de celle com-*
» *prise dans des donations faites* à des étrangers ou *aux en-*
» *fants renonçants*, et sujettes à retranchement *pour tout*
» *ce qui excède la portion disponible.* »

Ou bien prendre parti avec la Cour de cassation en 1829
et 1834, et dire avec elle : « Que le don en avancement
» d'hoirie sans clause de préciput ni dispense de rapport
» n'enlève jamais au père la faculté de disposer de la quo-
» tité disponible ; — Que la renonciation de l'enfant avancé
» ne peut changer la nature du don qui lui a été fait, et n'a
» d'autre effet que de lui donner le droit de retenir ou de
» recevoir ce qui lui a été donné, d'abord en sa qualité
» d'enfant, qu'il ne peut ni perdre ni abdiquer, sur la
» part qui lui aurait appartenu dans la réserve légale s'il
» n'eût pas renoncé, et subsidiairement, s'il y a lieu, sur
» la quotité disponible, afin que la réserve légale de ses
» frères et sœurs ne soit pas entamée ;

» Que cette doctrine vient de ce que l'avancement
» d'hoirie n'est qu'une remise anticipée de la part que
» l'enfant est appelé à recueillir dans la succession de son
» père ;

» De ce que l'enfant qui accepte cette constitution dotale
» ne peut en changer ni la nature, ni la cause, ni les
» effets ;

» Et de ce que la renonciation à la qualité d'héritier faite
» par l'enfant doté en avancement d'hoirie n'est pas un
» acte déterminé d'abandon pur et simple. »

C'est cette dernière doctrine qu'il faut abandonner.

Je ne reviendrai pas, à ce sujet, sur ce que je n'ai que
trop répété, que les donations par simple avancement sont
autre chose qu'un paiement de dette naturelle; qu'entre les mains des donataires (enfants ou étrangers), les
biens réservés sont biens de la succession relativement aux
donataires et aux héritiers; que le droit successif est un
droit universel, et que ce qui *compose* ou *augmente* la succession ne peut rester qu'aux mains de ceux qui se portent
héritiers; mais je ne puis pourtant m'empêcher de revenir
sur une observation générale, et de faire au sujet de ces
arrêts quelques observations particulières.

235. L'observation générale sera que la Cour de cassation, qui en 1818 se servait indifféremment des mots *légitime* ou *réserve*, appliquait au Code civil les principes des
réserves coutumières modifiées par la faculté de faire un
préciput; et qu'au contraire, la Cour de cassation, depuis
1828, emploie exactement le nom de *réserve légale*, bannit
par respect pour la loi le mot *légitime* de ses arrêts, et traite
la réserve légale comme les jurisconsultes du 18ᵉ siècle
traitaient la légitime de droit sous la Coutume de Paris; de
sorte que l'unique question sur laquelle je supplie les magistrats et les jurisconsultes de diriger principalement leur
attention est celle de savoir si en l'an VIII, lors du projet
Jacqueminot; si en l'an VIII, lors du projet *Tronchet;* si
même en l'an XI, quand une fraction du Conseil d'état
voulait que le retranchement des donations profitât aux
créanciers postérieurs; si, lorsqu'on prenait pour fonde-

ment de la loi des successions le système de la loi de nivôse, en diminuant seulement ses réserves monstrueuses et en supprimant ses refentes, il a pu naître dans la pensée du législateur, et si l'on trouve dans son expression, la volonté de donner à l'héritier renonçant le moyen d'être presque toujours le plus riche de la famille, en retenant portion disponible et part d'enfant; certes le législateur avait fait assez en admettant, contre les maximes de la Coutume, le préciput par la volonté expresse du père, et la faculté de le conserver en venant à partage, malgré la jalousie entre frères, innée dans le caractère français.

Je passe aux observations particulières.

236. La maxime de la Cour, « que le don en avancement d'hoirie *n'enlève jamais au père* la faculté de disposer de la quotité disponible », est une maxime trop générale, et qui, malgré sa généralité, a ses limitations.

237. Une première limitation évidente, c'est que le père de famille ne pourra pas donner (avec effet, car je ne nie pas la capacité) la portion disponible de ses biens à un étranger, après des avancements d'hoirie si considérables qu'ils auront épuisé ses biens. Le donataire ou légataire de la portion disponible a bien le droit de demander la réunion fictive des avancements faits aux enfants pour faire calculer le montant de la quotité disponible; mais s'il ne trouve pas ce montant dans les biens exstants, mais si effectivement les enfants se trouvent possesseurs de leur réserve et des biens disponibles, parce que leur père a été ruiné depuis qu'il les a tous établis, l'étranger donataire ou légataire de la portion disponible sera sans recours contre eux. Leurs donations, pour avoir été faites en avancement, n'en sont

pas moins irrévocables, sauf rapport entre l'héritier ; et l'étranger, après le stérile plaisir d'avoir fait fixer le montant de la portion disponible, ne prendra que ce qui se trouvera dans les biens exstants, quoique infiniment au dessous de la quotité disponible ; car, n'étant pas cohéritier, il n'a droit ni à rapport ni à retranchement des donations, suivant les art. 857 et 921.

La maxime est donc trop générale, puisqu'elle est limitée déjà par ces deux articles.

238. Et pourquoi donc l'art. 845 n'en serait-il pas lui-même une autre limitation ? La loi donne à l'enfant donataire par avancement la faculté de retenir le don jusqu'à concurrence de la portion disponible : ce qui, comme on l'a démontré plus haut, veut au moins dire qu'il ne retiendra pas au delà, et ce qui veut dire, selon la Cour de cassation en 1818, que ce que retiendra le donataire ne peut être retenu que sur la portion disponible. Si cette doctrine est vraie, elle constitue bien une limitation au droit de donner ultérieurement. Pourquoi, par exemple, s'il se contente du quart, quand il y a cinq enfants, imputerait-on d'abord ce quart sur la réserve, c'est-à-dire sur le cinquième des trois quarts de réserve, de manière à lui faire retenir 3/20 en réserve et 2/20 en portion disponible, ce qui laissera seulement 12/20 de réserve aux enfants acceptants et fera passer 3/20 de portion disponible aux donataires subséquents, au lieu de donner 15/20 aux enfants qui acceptent ?

239. « Parce, disent les arrêts, que l'enfant qui a accepté
» la donation en avancement d'hoirie ne peut en changer
» ni la nature, ni la cause, ni les effets. »

Mais ce que ne peut l'enfant, est-ce que la loi n'en a pas le pouvoir ?

Est-ce que la loi n'a pas eu la puissance de dire : Le don fait à l'enfant comme futur héritier n'est qu'une avance sur la succession , et devra, quelle que soit son étendue , y être rapporté en entier ; mais si l'enfant refuse la succession, il ne retiendra pas le don en qualité d'héritier, puisqu'il ne veut pas l'être ; il le retiendra, comme tout autre donataire, jusqu'à concurrence de la portion disponible, qui sera fixée par l'art. 913.

Ce n'est donc pas l'enfant qui change la cause et les effets du contrat (je ne dirai pas la nature du contrat, puisque, dans tous les cas, il est contrat de donation); c'est la loi qui a voulu que le fils (dans l'impossibilité légale d'accepter la succession d'une personne vivante) retînt de la donation qu'il avait acceptée comme futur héritier tout ce qu'aurait pu retenir un étranger ; c'est la loi qui en change la cause et les effets, en donnant à l'enfant une faculté pour tous les cas où il aurait plus d'intérêt à retenir la portion disponible comme donataire, qu'à rapporter comme héritier.

Et par conséquent, le cas de l'art. 845 est une seconde limitation de la maxime que le don en avancement d'hoirie n'enlève *jamais* au père la faculté de disposer de la portion disponible.

240. Le père, dit-on, a donné à valoir sur la réserve ; par conséquent c'est à titre de réserve que les biens sont entrés aux mains de l'enfant donataire : c'est donc la réserve qu'il détient ; c'est donc la réserve qu'il retiendra d'abord.

Certes, je connais la puissance de ces arguments ; je l'ai assez long-temps subie. Je tâcherai pourtant d'en démêler la subtilité.

Quand le père fait une donation en avancement d'hoirie, il donne sur sa succession; mais il ignore lui-même s'il donne sur la réserve ou sur la portion disponible : souvent et très souvent il fait pour établir ses enfants de tels efforts, que, s'il mourait peu de temps après, la quotité disponible ne se trouverait pas dans les biens exstants; et ceci est l'ordinaire dans les fortunes médiocres, quand les pères y sont chargés d'enfants.

Le père ne donne donc pas spécialement sur la réserve de l'enfant; il donne à imputer sur sa succession, et à rapporter à sa succession : car souvent il donne bien plus que la part successive, qu'aux événements seuls il appartient de déterminer.

Quand l'enfant est premier donataire, c'est mathématiquement sur les biens disponibles que s'est faite la donation, tant à l'égard des étrangers que pour le cas où l'enfant renoncera à la succession; car, puisque, lorsqu'il y a des donations entre vifs, la réserve commence là où la portion disponible finit (V. n° 134. p. 180), la renonciation de l'enfant premier donataire lui enlevant la qualité d'héritier, il ne lui reste plus (relativement aux biens) que la qualité de donataire, et, comme sa donation est la plus ancienne, elle est la moins exposée à être atteinte par le retranchement.

La donation en avancement d'hoirie est donc faite dans l'espérance que l'enfant se portera héritier; mais aussi elle est faite dans l'incertitude de cet événement; et *en présence d'une loi* qui permet au donataire, non de retenir une part de succession (qui ne peut lui appartenir, puisqu'il déclare *ne vouloir être héritier*), mais de retenir jusqu'à concurrence de la portion disponible, c'est-à-dire jusqu'à concurrence *de ce que pourrait retenir un étranger*, résistant à une demande en réduction.

Comment donc a-t-on été fondé à dire : « L'enfant ne peut changer ni la cause ni les effets du contrat » , quand la loi, plus puissante que le donateur, plus puissante que le donataire, plus puissante que les magistrats chargés de l'appliquer, a elle-même déclaré que la donation avait conditionnellement une double cause et de doubles effets, et qu'elle a laissé le donataire arbitre pour choisir entre ces deux causes et ces deux sortes d'effets.

Double cause : 1° La volonté de donner, comme on donne à un héritier, avec la faculté d'exclure les créanciers postérieurs, les donataires ultérieurs et les légataires, mais à la charge de rapporter à la succession et de soumettre au partage entre héritiers la chose donnée ; 2° La volonté subsidiaire de donner, même au cas où l'enfant refuserait d'être héritier, mais de lui donner seulement audit cas tout ce qu'on pourrait donner à une personne étrangère.

Doubles effets : 1° Tous les effets de la donation en avancement d'hoirie, quand le donataire venant à la succession se portera héritier ; 2° Tous les effets de la donation faite à une personne étrangère à la succession, quand, par une renonciation formelle, l'enfant donataire aura voulu y demeurer étranger.

L'enfant en est arbitre. En effet, son intérêt seul y est engagé. C'est à lui à calculer les chances de sa position, et son intérêt de demeurer héritier et de n'avoir qu'une part d'enfant, relativement à ses cohéritiers (car il demeure, quoique héritier, donataire à l'égard des tiers), ou de rester étranger à la succession, et de ne prendre sur son don que ce que pourrait retenir tout donataire qui ne serait pas en même temps héritier.

211. Je le répéterai donc ici : ce n'est pas l'enfant qui change la cause ou les effets de la constitution dotale qu'il a acceptée. C'EST LA LOI qui a voulu que, dans l'incertitude des événements futurs, la donation eût à l'instant de sa formation et *conditionnellement* une double cause par une sorte d'alternative. C'EST LA LOI qui a réglé les effets de la donation en avancement d'hoirie *pour le cas* où l'enfant viendrait à la succession, dans l'art. 843. C'EST LA LOI qui a réglé ces effets d'une manière toute différente pour le cas où l'enfant donataire répudierait la succession, dans l'art. 845. CE N'EST PAS L'ENFANT qui en change la cause ni les effets, quoiqu'il faille un acte de sa volonté pour que l'une des deux conditions s'accomplisse; il choisit seulement entre les deux causes de donation que la loi a supposé exister en même temps dans la volonté du donateur, l'une principale, l'autre subsidiaire; il se détermine par les effets que la loi a attachés à l'accomplissement de l'une ou de l'autre des conditions, et son acte n'est pas plus extraordinaire que celui d'un créancier de l'une de deux choses sous une alternative, lequel, par le fait même de son option, cesse *ab initio* d'être créancier de la chose qu'il n'a pas choisie.

Le motif des arrêts était donc un motif spécieux, trop spécieux et trop séduisant, puisqu'il a trompé tant de bons esprits!

242. Je ne m'arrêterai guère à d'autres motifs, tels que la crainte de voir le père de famille dérangé dans toutes ses dispositions ultérieures par des renonciations inattendues! tels que les réflexions de l'arrêt de Montpellier, qu'on lira dans les recueils!

Nous n'avons pas à nous occuper, pour l'expliquer, des inconvénients d'une loi. Si elle est mauvaise qu'on l'applique telle qu'elle est, et qu'on écrive contre la loi pour la faire réformer. Les magistrats ne sont chargés ni de la réforme des lois positives, ni d'en pallier les défauts par des actes transactionnels.

D'ailleurs, la jurisprudence que je combats a été inconséquente toutes les fois qu'elle s'est appuyée sur l'intérêt du donateur de n'être pas troublé dans la distribution de son patrimoine pour l'avenir !

Dès qu'il y a *conditionnellement* deux causes dans le contrat; dès que le père sait ne devoir compter sur la faculté de disposer avec effet, soit par préciput pour un ou plusieurs, soit au profit d'un étranger qu'autant que l'état de sa succession incitera le donataire par avancement d'hoirie à se porter héritier, il n'a point à se plaindre d'une loi qui l'a averti de la faculté qu'aura l'enfant donataire. C'est à lui à redoubler de soins et de vigilance sur le maintien de son patrimoine.

Qu'on n'accuse pas l'enfant donataire de chercher à nuire au légataire subséquent par sa renonciation !..... Nul n'est présumé nuire quand il use d'une faculté donnée par la loi.....

Qu'on ne parle pas non plus de renonciation concertée !.. S'il y avait concert frauduleux entre les héritiers du sang pour faire renoncer l'un d'entre eux afin de priver un légataire, sans intérêt réel pour le renonçant, et sous le pacte honteux de partager les biens interceptés au légataire, ce serait au légataire de prouver la fraude; et, comme les actions en fraude sont supérieures à toutes les règles, comme de simples présomptions de fait graves, précises et concordantes, suffisent pour prouver la fraude, il ne se trouvera en cette matière que la difficulté qui se rencontre en toute autre matière dans des cas semblables : celle de faire la preuve.

Qu'on ne dise pas avec la Cour de Montpellier :.... « On inspirera aux parents la crainte de faire des avancements d'hoirie, qui, par une renonciation, empêcheraient l'exécution d'une volonté nouvelle. » Ce n'est là qu'une chimère. La règle qui laisse à l'enfant renonçant ce qui était disponible pour un étranger à l'époque de la donation n'empêchera jamais les avancements d'hoirie dans les familles où la sagesse des pères saura calculer ces donations suivant la puissance de leurs biens et l'état de la famille, parce qu'alors les enfants donataires auront toujours à gagner en venant à succession. Si elle empêche les donations excessives, qui ruinent l'avenir du père et de la famille pour un seul enfant, tant mieux !

Qu'on remarque bien qu'avec une jurisprudence qui attribuerait au renonçant réserve et part d'enfant, les inconvénients seront plus nombreux et plus forts... Toutes ces raisons portent à faux, puisque, dans le système de 1828, de 1834, de 1843, le renonçant, qui n'a pas la modération des dames Bonnet et Duroure dans les affaires *Mourgues* et *Castille*, ne fera pas comme elles : il ne se bornera pas à retenir la portion disponible ; il retiendra d'abord sa part d'enfant, comme se prétendant héritier en dehors de la succession, puis la portion disponible, telle qu'un étranger aurait pu la conserver.— Avec un pareil droit, les avancements d'hoirie seront possibles pour le premier enfant à marier, mais impossibles pour les seconds, les troisièmes enfants. — Qu'arrivera-t-il, d'ailleurs, si cette jurisprudence se consolide ? Il arrivera que les enfants non dotés presseront leur père de leur fournir leur dot, même avant le mariage, pour n'avoir pas à redouter une rétention excessive de la part de leur frère établi le premier.

Au surplus, je n'ai jamais compris comment on invoque

l'art. 919 à l'appui de cette jurisprudence. L'art. 919 donne au père le droit de donner le disponible à titre de préciput, et le droit de convertir un avancement d'hoirie en don préciputaire..... Tout cela doit produire effet si, antérieurement à la constitution de préciput, il n'y a pas eu disposition de la quotité disponible, soit purement et simplement, soit conditionnellement. Or il y en a implicitement disposition conditionnelle dans toute donation en avancement d'hoirie, pour le cas de renonciation future, avec effet rétroactif au jour du contrat qui produit le droit de rétention. L'art. 919, dans sa simplicité, ne peut donc venir à l'appui de la doctrine contraire à l'arrêt Mourgues.

SECTION IV.

EXPLICATION DE L'ART. 921.

SOMMAIRE.

243. Objection des partisans du cumul : que l'art. 921 est conçu en termes partitifs, et qu'ainsi, chaque enfant n'a droit qu'à réclamer sa part de réserve contre l'enfant donataire renonçant.

244. Les termes partitifs au profit de ceux qui ont l'action n'empêcheraient pas que l'enfant héritier n'eût une plus forte part, par l'effet de l'accroissement.

245. Transformations successives de l'art. 921. — Art. 22 du projet Jacqueminot et du projet Tronchet. — Sens de ces premiers projets.

246. Art. 24 du projet de la section de législation. — Sens qu'il obtenait de ses termes, combinés avec l'art. 18 du contre-projet. — Suppression subite de cet art. 24. — L'art. 22 du projet Tronchet y est substitué.

247. Nouvelle rédaction communiquée au Tribunat, et rédaction définitive.

248. L'objet de l'art. 921 n'est pas de fixer l'étendue de l'action.

249. Comment les partisans du cumul aux mains de l'enfant donataire qui répudie la succession établissent leur système sur la dernière partie du même article.

250. Leur argumentation prouve trop. Elle donnerait même action à
l'enfant renonçant contre le donataire étranger.

251. Elle repose sur la pensée que, dans le système des réserves, les
créanciers avaient droit au retranchement des donations.

252. L'opinion contraire régnait dans les derniers temps. L'art. 921
est insusceptible de convertir une loi de réserve en loi de légitime,
ou réciproquement; le caractère de la loi est fixé par les art. 913,
915 et 920, et l'on ne peut tirer parti d'une discussion sur un in-
cident pour détruire le caractère d'une loi.

243. J'ai fait tous mes efforts pour comprendre ce que
le texte de l'art. 921 peut avoir de contraire à l'opinion
qui repousse la rétention de la portion disponible et de la
réserve par l'enfant donataire renonçant. Les arrêts du 4
août 1845 et du 21 juin 1848 s'expriment ainsi sur ce point:
le premier : « Le droit de demander la réduction des dis-
» positions à titre gratuit, consacré par l'art. 921, en fa-
» veur de ceux au profit desquels la loi fait la réserve, a
» pour but d'assurer A CHACUN DE CEUX-CI sa part dans la-
» dite réserve »; et le second : « Qu'une des conséquences
» de l'art. 785, consacrée dans les art. 845, 919 et 921 com-
» binés, est que le droit de rétention du donataire renon-
» çant s'étend jusqu'à concurrence de la valeur qui n'est
» pas nécessaire pour fournir aux héritiers acceptants *leur*
» *part personnelle* dans la réserve..., c'est-à-dire jusqu'à
» concurrence à la fois de la quotité disponible et de la

» portion que le renonçant aurait prise dans cette réserve,
» s'il eût accepté la succession. »

Ainsi, dans la pensée des arrêts, le sens de l'art. 921 (la réduction ne pourra être demandée que PAR CEUX au profit desquels la loi fait la réserve) est partitif et individuel.

S'il est partitif et individuel, chacun des enfants acceptants ne peut demander au donataire que sa part individuelle de réserve : donc, si le donataire est enfant lui-même, et que ses frères ne puissent que demander chacun sa part, le donataire conservera sa part de réserve, en sus de la quotité disponible, comme l'enfant donataire, dans l'art. 307 de la Coutume de Paris, « la légitime réservée aux autres. »

Tel est le raisonnement.

244. Admettons que ces mots : « par ceux au profit desquels », soient nécessairement partitifs et qu'ils signifient » *par chacun de ceux* », on n'en pourrait pas encore conclure que le renonçant peut garder, sur son don, portion disponible et part d'enfant.

En effet, s'il est prouvé que la réserve est la succession même, qu'elle la compose ou l'augmente;

S'il est prouvé qu'entre le donataire et les héritiers, et relativement à eux, les donations excédant la quotité disponible sont biens de la succession et dans la succession; qu'ils ne sont *extra bona* qu'à l'égard des créanciers et des tiers;

S'il est prouvé que les enfants non renonçants sont seuls héritiers et qu'ils sont saisis de plein droit de la succession, par conséquent de la réserve, même entre les mains du donataire qui la détient;

S'il est prouvé que l'enfant renonçant n'a jamais été héritier, et que la part de l'héritier qui renonce accroît aux héritiers du même degré,

Il sera incontestablement prouvé que la part de réserve de chaque enfant acceptant sera devenue plus forte à mesure des renonciations de leurs frères, par l'effet de l'accroissement, et que l'art. 921, fût-il conçu en termes nécessairement partitifs, ne serait pas un obstacle à ce que leur action contre leur frère s'étendît pour chacun d'eux selon l'importance de la part héréditaire de chacun, fixée selon le nombre des acceptants.

Par exemple, il sera incontestablement prouvé que, s'il y a sept enfants, dont l'un soit donataire renonçant, la part héréditaire de chacun des autres sera, dans la réserve comme dans le reste de la succession, d'un sixième, et non d'un septième ; qu'ils seront saisis universellement de l'entier, divisible par six, et non par sept, et qu'ils seront saisis de la réserve aux mains même des donataires ; qu'en conséquence, leur action fût-elle individuelle, ils auront le droit de revendiquer la donation excessive chacun pour son sixième, et non pour un septième ; qu'aucune loi n'apportant de distinction entre l'enfant donataire renonçant à la succession et l'étranger donataire, qui l'un et l'autre (suivant l'art. 920) doivent subir la réduction à la portion disponible, ils auront chacun pour un sixième, et non pour un septième, le droit de réduction entre les mains de leur frère, que la loi déclare n'avoir jamais été héritier et par conséquent n'avoir jamais été propriétaire d'une part de réserve. De ce que les termes de l'art. 921 seraient partitifs, il n'en résulterait donc pas que l'action individuelle de chacun n'aurait pas accru par l'effet des renonciations.

245. Etudions l'art. 921 dans les transformations qu'il a subies.

Il vient de l'art. 22 du projet *Jacqueminot* (V. n° 69, p. 77). L'art. 22 du projet de la commission l'a développé et appliqué à plusieurs espèces. J'en rappellerai ici la phrase principale : « La réduction des donations ne peut être de-
» mandée que par ceux des *héritiers venant à succession*
» au profit desquels la loi a restreint la faculté de dispo-
» ser, *et que proportionnellement à la part qu'ils recueillent*
» *dans la succession.* »

Dans ce premier état de la rédaction, pas de doute possible.

Elle exprimait d'abord que, pour opérer la réduction, il fallait être *héritier venant à succession...* Cette partie superflue a disparu comme beaucoup d'autres expressions parasites. Personne ne doute qu'il faille être héritier pour réduire les donations.

En second lieu, pour réduire les donations, il faut non seulement être héritier, mais encore héritier réservataire. L'art. 921 le dit d'une manière plus ferme encore que le projet.

En troisième lieu, il faut remarquer la fin de la phrase : « proportionnellement à la part qu'ils (les réservataires)
» recueillent dans la succession ».

Cette phrase déniait-elle l'accroissement dans la réserve, quand le donataire serait enfant, qu'il renoncerait, et qu'il aurait un don assez important pour avoir entre ses mains portion disponible et réserve ? Pas le moins du monde. Puisque la renonciation de l'un des héritiers diminuait le nombre des copartageants, la décroissance du nombre des héritiers faisait accroître la portion virile de chacun des acceptants dans tout ce qui composait ou augmentait la succession. Ces mots faisaient bien entendre que les parts des enfants venant à succession accroissaient en valeur dans la même proportion que leurs parts en la succession.

L'objet de cette première rédaction n'était pas pourtant d'établir le droit d'accroissement : on n'en avait pas besoin, puisqu'il avait été statué sur le droit d'accroissement au titre *Des Successions.* Il suffisait de n'y pas déroger. L'objet de cette rédaction était d'écarter le droit de dévolution, établi en général au titre *Des Successions*, et auquel il était besoin de déroger, de peur que les renonciations ne fissent tomber le droit de réduction aux mains des héritiers non réservataires.

Le projet établissait des réserves différentes pour les enfants, pour les ascendants, pour les frères et sœurs, pour les neveux. Des héritiers réservataires pouvaient aussi s'y trouver en concours avec des héritiers non réservataires. Il pouvait se trouver aussi des héritiers réservataires dans une ligne, et ne s'en pas trouver dans l'autre. Les auteurs du projet ont donc voulu embrasser tous les cas où les non-réservataires ne profiteraient ni de la présence ni de l'existence de parents appelés à la réserve ou la recueillant. C'est ce qu'ils ont fait dans cette phrase et dans les autres développements que contient l'article. Depuis, les mêmes idées ont passé dans l'art. 915 sur la réserve des ascendants; mais les développements sont devenus inutiles par la suppression de la réserve au profit des frères et neveux, et l'art. 921 a été simplifié. En quoi tout cela touche-t-il le droit d'accroissement et le droit de rétention d'une part de réserve par l'enfant qui n'est pas héritier? En rien.

246. A ce projet a succédé celui par lequel la section de législation proposait une vraie légitime attribuée à chaque

enfant, en tant qu'enfant seulement. L'art. 24 de ce projet (V. ci-dessus, n° 89, p. 110) s'occupait, dans une première partie, d'empêcher que la présence des légitimaires ne profitât à ceux qui n'auraient pas eu droit à la légitime ; et la seconde partie porte « que *la réduction sera* dans les pro-» portions établies par l'art. 18 *en raison de la légitime* ou » de la réserve *de chaque successible.* »

Certes, avec l'art. 18 du contre-projet tel qu'il est rédigé (n° 80, p. 96), cette rédaction aurait produit le droit de rétention de la part de réserve, non par elle-même, mais parce que l'art. 18 détruisait le droit d'accroissement.

Mais on sait que cet art. 24 du contre-projet ne fut pas discuté. On a vu (n° 90, p. 111) que le consul Lebrun l'a fait supprimer au commencement de la séance du 5 ventôse an XI, sans raison bien plausible, en l'absence de M. Tronchet; qu'à la même séance il fut décidé aussi que la réduction s'opérerait même contre les enfants donataires (n° 95, p. 118); qu'à la séance du 12 ventôse (V. n° 96, p. 119), M. Tronchet exprima sa surprise, non du retranchement de cet art. 24 du contre-projet, mais du retranchement de l'art. 22 du projet de la commission de l'an VIII (dont le sens vient d'être exprimé tout à l'heure, n° 234), et qu'ainsi c'est bien l'art. 22 du premier projet qui a servi de base à l'art. 921. Or il suit bien de là que cet art. 921 n'a jamais eu pour objet de détruire le droit d'accroissement; il a été rédigé, replacé, proposé et adopté en concordance avec ce qui avait été réglé le 5 ventôse, que *l'enfant donataire serait lui-même soumis à la réduction.*

247. Cependant, au moyen du rejet des détails des articles précédents sur la quotité disponible pour les enfants, ascendants, frères, sœurs, neveux, cet ancien art.

22 du projet de la commission, devenu le 31e de la rédaction à communiquer au Tribunat, se trouva simplifié par la section de législation dans la rédaction présentée à la séance du 3 germinal an XI, et fut alors adopté dans les termes suivants :

« Art. 31. La réduction pourra être demandée par ceux
» au profit desquels la loi fait la réserve, par leurs héri-
» tiers ou ayant-cause; elle ne pourra l'être par les dona-
» taires ou légataires, ni par les créanciers du défunt, sauf
» à ces créanciers à exercer leurs droits sur les biens re-
» couvrés par l'effet de la réduction. »

Enfin cet article subit encore un changement par suite de la communication au Tribunat, et se revêtit d'une forme privative pour bien exprimer que personne autre que l'héritier à réserve ou ses représentants n'exercerait le retranchement. C. N. 921 : « La réduction des dispositions
» entre vifs *ne pourra être demandée que par ceux au profit*
» *desquels* la loi fait la réserve, par leurs héritiers ou ayant-
» cause; les donataires, les légataires, ni les créanciers du
» défunt, ne pourront demander cette réduction ni en
» profiter. »

248. Quand on a suivi ainsi l'ennuyeuse histoire de la formation de l'art. 921, peut-on dire que les mots « *par ceux*
» *qui...* » expriment que chaque enfant ne peut demander au renonçant que la part de réserve qu'il aurait eue si le renonçant fût venu à succession ? Évidemment non. L'article n'a qu'un objet, celui d'indiquer dans quelle main est l'action; il n'a pas pour objet de fixer l'étendue de l'action; il n'a pas pour objet de dire si le droit à la réserve est un titre particulier ou un titre universel; il n'a pas pour objet d'indiquer quel est le débiteur de la réserve, ni quels sont

les droits du renonçant. Dites, si vous le voulez, qu'il ne décide rien; dites qu'il s'adapterait aussi bien à un système qu'à un autre, je vous l'accorderai, parce qu'en effet ce n'est qu'un article organique, et non un article qui règle le fond du droit.

249. Reste donc la seconde partie de l'art. 921; et de cette seconde partie, qui refuse aux créanciers du défunt de profiter des effets de la réduction opérée par l'enfant, on tire une objection qui préoccupe beaucoup trop les esprits. Je tâcherai de lui ôter tout ce qu'elle a de vague.

« Nous convenons, disent les partisans du cumul, que le
» projet *Jacqueminot* et que le projet de la commission
» présidée par M. Tronchet, tels qu'ils étaient rédigés art.
» 16 et 22 (V. p. 76 et 77), constituaient l'établissement
» d'une véritable réserve héréditaire, que nul ne pouvait
» obtenir et conserver sans avoir le titre d'héritier.

» On est forcé de nous accorder que le contre-projet de
» la section, dans les termes de son art. 18, p. 96, insti-
» tuait une légitime individuelle due à l'enfant en tant
» qu'enfant, et sans exiger en lui la qualité d'héritier,
» soit pour la demander, soit pour la retenir.

» On est forcé de nous accorder que c'est sur ce contre-
» projet que s'est établie la discussion au Conseil d'état, et
« qu'ainsi, au moins jusqu'au 5 ventôse an XI, la discus-
» sion portait, non sur la réserve, mais sur le droit de lé-
» gitime des enfants, contrairement aux projets *Jacquemi-*
» *not* et *Tronchet* ...

» A notre tour, nous convenons que la séance du 5 ven-
» tôse an XI a renversé le contre-projet de la section, en
» l'absence de M. Tronchet, qui l'avait si vigoureusement
» attaqué. Il l'a renversé parce que le Conseil a décidé

» que les créanciers profiteraient des biens que la réduc-
» tion demandée par l'enfant ferait rentrer entre ses
» mains.

» Car le privilége de réduire les donations, et de ne pas
» faire profiter les créanciers du produit de la réduction,
» était un privilége appartenant exclusivement au droit de
» légitime : ce n'était pas là un privilége attaché à la ré-
» duction des donations pour les réserves coutumières.

» Ainsi, continuent-ils, si l'art. 921 était resté tel que
» l'art. 31 de la rédaction communiquée au Tribunat,
» nous conviendrions que le système de légitime a été
» abandonné dès le 5 ventôse; qu'on est revenu dès lors
» aux projets *Jacqueminot* et *Tronchet*; qu'on a institué
» à ce moment un système de réserve héréditaire, et qu'on
» ne peut obtenir et garder la réserve qu'à titre d'héritier.

» Mais le projet, après avoir reçu les modifications qui
» le dénaturaient, et qui, malgré le contre-projet, en fai-
» saient une réserve légale, a été soumis au Tribunat; et, sur
» cette communication, le Tribunat a demandé la modifi-
» cation de l'art. 31 (921), en se fondant sur ce que *la légi-*
» *time* était un droit *personnel* à l'enfant; qu'il était récla-
» mé par l'individu comme enfant, abstraction faite de la
» qualité d'héritier, qu'il peut prendre ou non ; qu'il fallait
» donc rayer de l'article cette addition : *sauf à ces créan-*
» *ciers à exercer leurs droits sur les biens recouvrés par*
» *l'effet de cette réduction*, et y substituer : *elle ne pourra*
» *profiter aux créanciers du défunt.* »

» Le Conseil d'état a répondu pleinement au vœu du
» Tribunat, en admettant cet amendement, et en rédigeant
» l'art. 921 tel qu'il est aujourd'hui, dans la séance du 24
» germinal.

» Donc, dès cet instant, le projet est redevenu ce qu'était

» le contre-projet avant la séance du 5 ventôse an XI, l'in-
» stitution législative d'une légitime qu'on recevait en tant
» qu'enfant seulement, et non comme héritier; or, comme
» le renonçant ne perd pas la qualité d'enfant par sa re-
» nonciation, il ne perd pas son droit à la légitime; et s'il
» n'y perd pas son droit, il a la faculté de la retenir en sus
» de la portion disponible dont l'art. 785 lui assure la ré-
» tention. »

250. Le premier vice de cette argumentation c'est de
trop prouver.

Si la rédaction nouvelle de l'art. 921 a eu la force de
convertir un système de réserve héréditaire, universelle et
collective, en un titre individuel et particulier de légitime à
l'enfant en tant qu'enfant, abstraction faite de la qualité
d'héritier, qu'il peut prendre ou non, selon son choix ou
son intérêt, non seulement il faut en conclure, avec les
partisans du cumul au profit du renonçant, que l'enfant
renonçant peut retenir portion disponible et réserve, mais
encore il faudra décider, contre leur propre opinion, que
l'enfant renonçant qui n'aura pas reçu sa réserve aura le
droit de la demander entière ou par supplément, soit aux
donataires étrangers, soit aux enfants qui se sont portés
héritiers (contrairement à ce qui a été démontré dans cette
étude, ch. 4 et 5 de cette 3e partie). C'est là la conséquence
nécessaire de toute légitime accordée à l'enfant comme individu, en tant qu'enfant et abstraction faite de la qualité
d'héritier laissée à son choix. Or les partisans de l'enfant
qui renonce ne vont pas jusque là : ils ne veulent lui donner aucun droit contre le donataire étranger, aucun contre
ses frères et sœurs détenteurs de la succession; ils établis-

sent un système et en répudient les conséquences naturelles. Donc leur système est faux.

251. Le second vice de cette argumentation est de supposer qu'une différence caractéristique entre la légitime et la réserve consistait en ce que les créanciers du défunt n'avaient aucun droit sur la légitime, et qu'ils en avaient toujours sur la réserve.

Or c'est là une erreur de tous les jeunes juristes, de quelque parti qu'ils soient sur la question. Les réserves coutumières, quand elles se prenaient sur les donataires, ne devaient pas plus profiter aux créanciers que la légitime de droit (V. le passage de Choppin, p, 22; le n° 40, p. 44, et le n° 53, p. 54). Il n'y en avait qu'une raison : c'est que les biens dont le défunt avait disposé de son vivant, même à charge de rapport à sa succession, n'avaient pas servi de fondement au crédit qu'il avait obtenu plus tard. Donc les créanciers ne pouvaient envier à l'héritier un retranchement qu'ils n'auraient pas pu opérer eux-mêmes sur le donataire, qui avait reçu sans fraude du donateur, agissant lui-même sans fraude.

252. Or, s'il en est ainsi, l'amendement qui a détruit le profit attribué aux créanciers par l'art. 31 du projet n'a pas eu pour effet de substituer un droit de légitime au droit de réserve.

En effet, que devait exprimer l'art 921 au 5 ventôse? Que les créanciers auraient action sur les biens qui rentreraient par l'effet du retranchement. Etait-ce là détruire le droit de légitime? Non : c'était seulement le rendre illusoire en certains cas ; il n'aurait été utile que lorsque les biens exstants auraient suffi au paiement des dettes, ou que le retranchement les eût de beaucoup dépassés. Mais, même avec cette modification, la légitime ne perdait pas sa nature. L'enfant pouvait payer comme tiers détenteur, sans payer comme héritier.

Cela faisait-il de la loi une loi de réserve au lieu d'une loi de légitime? Pas du tout : car il était de jurisprudence sous l'ancien droit que les créanciers, donataires et légataires du défunt, ne profitaient pas des réserves coutumières quand elles étaient obtenues par le retranchement des donations, pourvu que l'héritier aux propres eût pris la précaution du bénéfice d'inventaire. La discussion au Conseil d'état paraît dire le contraire; mais j'aime mieux m'en rapporter à Ricard, à Renusson, à Pothier (*),

---

(*) V. RICARD, *Donations*, 3ᵉ partie, chap. 8, sect. 5, nᵒˢ 980 à 985.

Ce passage n'est relatif qu'à *la légitime de droit;* mais il ne faut pas oublier que Ricard pensait qu'on ne pouvait demander la légitime qu'en qualité d'héritier. Son opinion était donc applicable aux réserves coutumières, qu'on ne pouvait recueillir que *comme héritier.*

V. RENUSSON, *Traité des propres*, chap. 3, sect. 6, nᵒ 9.

« Ils doivent prendre la qualité de parents habiles à succéder, et
» déclarer qu'ils se contentent de la *légitime coutumière,* et qu'ils
» abandonnent aux créanciers les biens non compris dans la dona-
» tion; ou bien ils peuvent accepter la succession *par bénéfice d'in-*
» *ventaire;* et en ce faisant, ils conserveront *leur légitime coutu-*
» *mière,* et demeureront *quittes des dettes* postérieures à la donation.»

V. POTHIER, *Traité des Donations entre vifs*, sect. 3, art. 6, § 3.

« Dans les Coutumes qui soumettent les donations entre vifs à une
» réserve, l'héritier de ligne, *en prenant la précaution du bénéfice*

qu'à des énonciations rapides de procès-verbaux. Ainsi, comme la légitime de droit, la réserve coutumière était aussi un droit personnel; la réduction donnait un privilége; et c'était juste, si, par le bénéfice d'inventaire, l'héritier avait le soin de ne ne pas confondre ses actions avec la succession, puisque la réduction n'était pas due aux créanciers par les donataires.

L'amendement arrêté le 5 ventôse sur ce point ne pouvait donc pas convertir la loi en une loi de réserve, puisqu'il était aussi contraire au système de la réduction des donations en fait de réserves coutumières qu'en fait de légitime.

La preuve que ce n'est pas l'amendement relatif aux créanciers qui a opéré un changement radical dans le système de la loi existe dans l'amendement bien plus important du même jour 5 ventôse, *que la réduction aurait lieu contre les enfants donataires.* C'est là la grande différence entre l'ancienne légitime de droit et l'ancienne réserve coutumière. Le légitimaire, même en s'abstenant, conservait autant qu'un étranger, plus sa part de légitime; le

---

» *d'inventaire*, conserve les retranchement faits sur les donations » entre vifs, sans qu'ils souffrent l'atteinte des créanciers. »

Si l'on ne peut pas multiplier les citations sur ce point, c'est uniquement parce que la plupart des Coutumes, comme celle de Paris, admettaient la liberté des donations entre vifs sur les propres, en n'établissant les réserves que sur les biens donnés par testaments; or, dans ces Coutumes, la précaution du bénéfice d'inventaire mettait l'héritier aux propres à l'abri des legs sur les quatre quints de réserve (V. Lebrun, *Traité des Successions*, liv. 2, ch. 4, n° 32); et d'un autre côté, l'usage avait conduit à appliquer les principes de la légitime de droit aux légitimes coutumières.

réservataire, en répudiant la succession, conservait autant qu'un étranger, mais laissait sa part dans les quatre quints accroître aux cohéritiers acceptants.

Or j'ai déjà dit que c'est cet amendement que la section a fidèlement rendu en rédigeant l'art. 913 de manière à régler la portion disponible, et non l'attribution d'une légitime à chaque enfant, et en maintenant l'art. 920 de manière à ce qu'il s'appliquât à la fois aux étrangers et aux héritiers : car c'est vraiment dans ces deux articles que la légitime du contre-projet a été convertie en réserve.

Puisque ce n'est pas la rédaction première de l'art. 921 qui a conféré à la loi le caractère de loi de réserve, ce ne peut pas être non plus un changement à cet art. 921, fait sur les observations du Tribunat, qui aura eu la puissance de convertir une loi de réserve en loi de légitime.

Non, certes. Pour arriver à ce changement radical, il aurait fallu que le Conseil d'état eût de nouveau repris les art. 913, 915 et 920, et eût donné aux deux premiers la forme attributive qu'avait eue autrefois l'art. 18 du contre-projet.

Mais personne n'a proposé, au retour de la communication officieuse au Tribunat, de changer la loi et son principe d'indisponibilité et de réserve, imprimé par la résolution du 5 ventôse de retrancher les donations faites aux enfants comme celles des étrangers ; et consacré tant par la suppression du titre de légitime, par l'abandon du contre-projet, par la suppression des art. 18 et 21 d'icelui, que par le retour au projet de la commission présidée par M. Tronchet et par l'adoption des art. 913, 915 et 920. C'était là un travail législatif entièrement préparé, entièrement élaboré, qui n'attendait plus que la sanction du Corps législatif. Or il n'était en rien attaqué. Pas de proposition contraire, ni au Tribunat, ni au sein du Conseil. L'amendement du Tribunat était un amendement de détail, et non un amendement sur le système principal; il y a plus, la disposition qu'il attaquait était aussi contraire aux effets utiles des réserves qu'aux effets utiles de la légitime proprement dite, comme je l'ai dit ci-dessus et que je l'ai prouvé à la note; en un mot, l'amendement proposé à l'art. 921 ne touchait pas au principe de la loi : donc, en adoptant l'amendement du Tribunat, le Conseil d'état n'a ni modifié ni pu penser à modifier l'esprit général de la loi. C'est évident. Dès lors, qu'importerait que le Tribunat même se fût trompé sur le caractère général de la réserve? Qu'importerait qu'il y eût vu une légitime de droit? Qu'importerait que quelques membres du Conseil d'état, même ses orateurs, eussent exprimé une idée analogue? La loi n'en était pas moins arrêtée dans ses articles principaux contrairement à ces opinions isolées, et les principes des réserves héréditaires, résultant de leur rédaction, doivent produire leur effet, c'est-à-dire produire l'accroissement au profit des héritiers réservataires, quel que soit le détenteur de la réserve, fût-ce un héritier renonçant.

SECTION V.

EXPLICATION DE L'ART. 922.

SOMMAIRE.

253. Examen de cette maxime : « La donation NE doit être réunie à la succession QUE pour déterminer la réserve. »

254. Première partie de l'article. On ne peut point induire de ses termes que tels ou tels biens donnés ne soient pas biens de la succession.

255. Deuxième partie. La réunion demeure fictive jusqu'à ce que le montant du disponible soit déterminé.

256. Mais, le disponible fixé, tout le reste, même entre les mains des donataires, fait partie de la succession, surtout si les donataires sont étrangers.

257. Il est important pour la clarté du raisonnement de dire avec la loi que l'opération a lieu pour déterminer la portion disponible et les biens qui la composent. Dangers de la proposition inverse.

258. La proposition indiquée n° 253 peut être vraie pour les donations en avancement d'hoirie quand les enfants donataires viennent à partage.

259. Mais elle ne peut l'être quand l'enfant renonce, parce qu'il n'est point héritier.

253. Quoique les arrêts n'aient pas dit que les décisions judiciaires qui n'accordent à l'enfant donataire renonçant que la portion disponible sur le don qu'il retient, sans aucune portion de réserve, continssent une violation de l'art. 922 du Code Napoléon, néanmoins je crois devoir m'occuper de cet article, parce que l'arrêt du 4 août 1845 (aff. *Lecesne*) vise l'art. 922, et contient cette proposition : « Que
» le bien donné, n'étant pas dans la succession, ne doit y
» être fictivement réuni que pour déterminer, assurer... la
» part de chacun dans la réserve. »

Je n'ai pas à m'occuper ici de la question de savoir si les biens donnés (mais qui doivent être atteints par le retranchement) sont dans la succession relativement aux enfants qui se sont portés héritiers et relativement aux donataires qui en doivent la restitution : il me semble que j'ai prouvé l'affirmative n° 143 à 150, p. 191 et suiv., à l'égard du donataire étranger ; et que tout ce que j'ai écrit dans le chapitre VI jusqu'à présent concourt à prouver qu'il en est de même à l'égard de la rétention que ferait l'enfant renonçant en dehors de la portion disponible.

Je soutiens donc ici que l'opinion contraire ne peut aucunement s'induire des termes de l'art. 922 ; et que cet article a un autre objet et un autre résultat que de déterminer des parts de réserve.

Examinons donc cet article.

254. Pour arriver à déterminer la réduction, il ordonne de former une masse de *tous les biens existants au décès du donateur* (ce que j'appelle les biens exstants).

C'est là la première opération. Si ces biens étaient les seuls biens de la succession, la loi aurait ordonné de former une masse des *biens de la succession*, et d'ajouter fictivement à cette masse les biens donnés entre vifs. Mais ce n'est pas ainsi que parle l'art. 922 : il ordonne de faire une première masse de *tous les biens existants* au décès du donateur. Ces termes laissent donc entière la question de savoir si les biens donnés peuvent être aussi biens de la succession, question résolue par l'affirmative avec les art. 724, 850, 857, 913 et suiv., 920, 928, 929 et 930.

255. La seconde partie de l'article 922 ordonne en effet de *réunir fictivement* à la masse des biens exstants tous les biens dont il a été disposé entre vifs.

Cette réunion n'est que fictive alors. C'est vrai.

Pourquoi ?

Parce que, comme il s'agit de savoir quel est le montant de tous les biens que posséderait le défunt s'il n'avait fait aucune disposition entre vifs, on ne cherche pas encore quel est le montant de sa succession. Par conséquent, cette réunion, devant renfermer une portion de biens sortis irrévocablement du domaine du défunt, ne peut être encore que fictive.

Que fait-on après cette opération? On fait une somme de tous les biens donnés, et des biens exstants dettes déduites, et l'on calcule sur tous ces biens, eu égard à la qualité des héritiers que laisse le disposant, la quotité dont il a pu disposer.

256. Jusque là, l'opération n'est que fictive; mais quand la quotité est fixée, on laisse en dehors de la succession tout ce qui a été donné sur la portion disponible seulement; et, au contraire, tout ce qui a été donné sur la réserve se trouve de droit dans la succession, au moyen de la saisine des héritiers sur tous les biens qui composent la succession.

Oui, la réunion n'est d'abord que fictive pour établir un calcul mathématique et pour dégager une inconnue; mais quand cette réunion fictive fait découvrir quels biens étaient disponibles, quels biens étaient indisponibles, les biens disponibles restent en dehors de la succession, les biens indisponibles précédemment donnés concourent à faire la masse à partager; ils se trouvent *réellement* dans la succession pour être partagés entre les héritiers; et ce n'est pas par une fiction qu'ils y rentrent : le calcul a commencé par une fiction et s'est terminé par une réalité qui justifie l'action en retranchement.

Donc la réunion *fictive* devient alors *réelle* pour tous les biens retranchés des donations, lesquels *augmentent* la succession s'il y a des biens exstants, ou la *composent* si les biens exstants sont absorbés par les dettes; toute la différence, c'est que la réunion fictive n'attribue encore rien à la succession, et qu'après l'opération faite, on est certain

que tout ce qui vient après la portion disponible appartient
à la succession.

Tel est le sens de l'art. 922, surtout quand toutes les donations ont été faites à des étrangers.

257. Il me paraît donc certain que, si toutes les donations
entre vifs avaient été faites à des étrangers dans l'affaire *Lecesne*, on ne trouverait pas cette proposition dans l'arrêt :
« Le bien donné, n'étant pas dans la succession, NE DOIT Y
» ÊTRE FICTIVEMENT RÉUNI que pour déterminer et assurer
» la part de chacun des enfants dans la réserve. »

Loin d'avoir pour objet de déterminer la *réserve*, la réunion fictive a pour objet de déterminer l'étendue arith-
métique de la *portion disponible* que la loi a établie par
proportion abstraite sur la totalité des biens donnés et des
biens exstants ; et la loi le dit expressément : on calcule la
quotité dont le défunt a pu disposer, et l'on arrive ainsi à
la connaissance concrète des biens qui la composent.

On dira qu'il est minutieux de remarquer que l'art. 922
donne principalement les moyens de fixer l'étendue de la
portion disponible, puisque, cette portion et le point où elle
s'arrête étant connus, commence la réserve. La détermination de l'une entraîne la détermination de l'autre.

Je le reconnais ; mais, dans les matières abstraites, il
faut prendre les termes de la loi avec une rigoureuse exactitude.

L'arrêt a déjà dit que la portion disponible est tout ce
que la loi ne réserve pas aux héritiers du donateur ; il l'a
défini par son contraire, genre de définition qui appartient plus à la dialectique qu'à l'analyse. (V. ci-dessus, p.
243, à la note.)

Maintenant il en fait autant pour la réunion fictive, et lui
donne pour objet de déterminer la réserve quand l'objet

principal de cette opération est de déterminer ce qui compose la portion disponible.

Si la proposition inverse avait été posée ; si les arrêts disaient : « La réunion fictive est faite pour déterminer les biens qui composent la portion disponible », l'attention du conseiller rédacteur de l'arrêt se serait fixée sur la quotité disponible, non sur la réserve, et il n'aurait pas dit en termes exclusifs que cette réunion fictive N'ÉTAIT ORDONNÉE par l'art. 922 QUE pour *déterminer et assurer* LA PART DE CHACUN des enfants dans la réserve.

Voilà donc où le changement des termes de la loi conduit et l'interprète et le magistrat : il les fait dévier du sens naturel de la loi et aboutir à l'erreur.

Certes, en reconnaissant que tout ce qui reste après le disponible est réserve, je suis bien loin de reconnaître que l'art. 922 fasse des parts de réserve pour chaque enfant. J'ai trop souvent dit que c'était l'art. 745, au titre *Des Successions*, qui seul partageait la réserve entre les enfants héritiers.

Donc il est permis de se plaindre de voir d'abord définir la portion disponible par son contraire ; puis, de voir convertir un article d'application pour calculer la portion disponible en un article d'application pour calculer la réserve..... La réserve de qui ? — Des héritiers ? — Non ! — *la part* de réserve *de chaque* enfant ! — En effet, il eût été impossible de tourner l'art. 922 en faveur du cumul du renonçant, si l'on s'était tenu à son texte ; il aurait conduit seulement à la fixation du disponible ; et, le disponible donné n'appartenant jamais à la succession, l'idée de la fixation *de la part de réserve de chaque enfant* n'aurait aucunement pu jaillir de l'art. 922. Mon observation n'est donc pas minutieuse. Elle n'est que le rétablissement des effets exacts d'un texte 'qu'il faut mettre hors de la discussion.

258. Je conviendrai encore qu'il y a un cas où la réunion fictive, tout en ayant pour objet de calculer la quotité dont le défunt a pu disposer entre vifs, n'amène pas la réduction des donations : c'est quand les donations ont été faites par avancement d'hoirie à des enfants venant à succession. Supposons, pour plus de clarté, qu'après des avancements d'hoirie considérables, le père lègue la portion disponible de ses biens à un étranger, et que les biens exstants soient presque sans valeur : celui-ci pourra bien demander la réunion fictive à la masse des biens donnés aux enfants; mais, quoique l'opération amène la preuve que les enfants ont reçu non seulement leur réserve, mais la plus grande partie de la portion disponible, l'étranger sera contraint de se contenter de la bribe disponible qui se trouvera dans les biens exstants.

Sera-ce à cause de l'art. 922 ? Non. Ce sera, d'une part, parce que les donations en avancement d'hoirie sont de vraies donations ; d'autre part, en vertu de l'art. 857, qui ne permet le rapport que du cohéritier au cohéritier; enfin, en vertu de l'art. 921, qui défend aux donataires et légataires du défunt de demander la réduction des donations. L'art. 922 permet bien au donataire ou au légataire d'une quotité disponible épuisée par avance de demander la réunion fictive si les enfants lui contestent les biens exstants ; mais il n'est point attributif de droits à son profit. Ce n'est qu'un article organique et de procédure.

Peut-être, dans ce cas, serait-il permis de dire avec l'arrêt *Lecesne*, « que le bien donné (aux enfants), n'étant pas » dans la succession (à l'égard du légataire étranger), ne » doit y être fictivement réuni que pour déterminer la part

» de chacun des enfants (acceptants) dans la réserve (s'ils
» ne la trouvaient pas chacun dans leur donation spéciale). »
Mais cette proposition ne serait qu'une proposition particulière, qu'on ne peut légalement appliquer à un autre cas.

259. Mais cette proposition particulière (vraie pour les
avancements d'hoirie qui conservent et leur qualité et les
conditions du contrat primitif, parce que les donataires
satisfont à la cause qui affecte la chose donnée et rapportent à leurs cohéritiers) cesse d'être vraie quand on passe
à l'espèce de l'enfant qui ne rapporte pas. S'il n'est point
héritier, s'il garde parce qu'il est donataire, il usera
des droits d'un donataire, et non des droits d'un héritier; il
retiendra le disponible, il restituera la réserve comme un
donataire étranger. Si j'ai prouvé cette vérité, que l'enfant
doté, mais renonçant, conserve seulement comme donataire, et non comme héritier, le motif de l'arrêt *Lecesne* sur
l'art. 922 doit s'effacer, parce que la réunion fictive de la
masse à comparer a amené la preuve que partie du don appartenait à la réserve héréditaire, que cette réserve appartient aux héritiers seulement, et qu'en conséquence la réunion fictive, demeurant fictive pour tout le disponible,
devient réunion réelle de fait et de droit, pour tout ce que
l'opération a prouvé appartenir à la réserve susceptible
d'être revendiquée.

L'art. 922 ne peut être le pivot d'une argumentation, car
il n'est point attributif de droits. Il règle un mode d'opération, et, selon qu'on aura décidé que l'enfant qui renonce à la succession est héritier ou ne l'est pas, selon
qu'on aura décidé qu'il peut retenir sa réserve avec la portion disponible, ou qu'il ne peut prendre que la portion
disponible, on l'appliquera différemment. Pour ceux qui,

comme moi, ne peuvent voir d'avancement d'hoirie aux mains de celui qui répudie l'hoirie, ils ne s'occuperont de l'art. 922 que pour repousser les inductions fausses qu'on en a tirées.

SECTION VI.

EXPLICATIONS SUR L'ART. 924.

SOMMAIRE.

260. Que les difficultés élevées sur l'art. 924 n'ont pas de fondement.

261. Comparaison des projets avec l'ordonnance de 1731.

262. Solution des objections grammaticales.

263. Qu'on ne peut pas, comme M. Gabriel Demante, conclure de la rétention commutative de la réserve par l'héritier venant à succession à la rétention de la réserve par le renonçant.

260. Parmi les premiers interprètes du Code, MM. Maléville et Delvincourt ont vu dans l'art. 924 la preuve que l'enfant donataire renonçant pouvait retenir sa réserve et la portion disponible.

Leur opinion se fondait sur l'ancien droit, sur le mot « *successible* » et sur le conditionnel « *appartiendrait* », écrits dans l'article.

Quant à l'ancien droit, on en a vu l'histoire. On a sans doute bien reconnu à présent que ce que nous appelons l'ancien droit n'existait plus lors du Code civil; qu'il y avait à modifier seulement la loi du 17 nivôse an II, qui forme encore la base principale du système des successions au Code civil.

261. Quant aux termes de l'article (qui était le 25ᵉ du projet *Jacqueminot* et du projet *Tronchet*, 2ᵉ alinéa, V. ci-

dessus, p. 78), si on cherche leur origine, on reconnaît facilement que l'art. 34 de l'ordonnance des donations (V. ci-
dessus, p. 56) a été le type qui a produit l'art. 25 du projet,
devenu depuis art. 923 et 924 du Code. Or, la dernière
partie de cet art. 34 portant nettement que l'enfant donataire retiendrait sa légitime sur les biens donnés et ne four-
nirait aux autres que leur part de légitime, on se demande
pourquoi les rédacteurs du projet auraient abandonné la
rédaction claire et explicite de l'ordonnance, s'ils avaient
voulu établir le même droit.

Ils n'ont voulu parler que du donataire *venant à succession*, détenteur d'une donation soit en avancement d'hoirie,
soit par préciput, et le dispenser de rapporter en nature
sa part de réserve sur ces biens.

262. Peu importe le mot *successible*, puisque le donataire n'était pas encore héritier lorsque la donation lui a été
faite.

Peu importe le conditionnel « *qui lui appartiendrait* » : il
est juste dans son application ; c'est comme s'il y avait : « il
lui est loisible de retenir sur la chose donnée une valeur
égale à celle *qu'il aurait droit* de prendre dans la masse de
la réserve s'il rapportait en nature l'excédant de la portion disponible. »

Aussi cette difficulté est-elle abandonnée depuis long-
temps.

263. Il est vrai que dans une dissertation insérée dans
la *Revue critique de la jurisprudence*, t. 2, p. 96, un jeune
professeur, M. Gabriel Demante, veut encore tirer parti de
cet art. 924. Mais, au fond, il l'entend, comme nous l'entendons tous, du préciputaire qui accepte la succession, et

dont le don excessif souffrira d'autant moins de retranchement physique, qu'il sera autorisé à retenir l'excédant,
parce qu'il n'en fera le rapport qu'en moins prenant.

Mais confondant cette rétention de la réserve (rétention
commutative, puisqu'elle s'opère en moins prenant dans
les autres valeurs) avec la rétention de la portion disponible
(rétention sans compensation, puisqu'elle se fait par prélè-
vement), on veut en induire à tort que les rédacteurs ont
voulu protéger autant le donataire renonçant que le préciputaire venant à succession. C'est là une pure imagination.
L'art. 924, comme l'art. 922 n'est qu'une loi organique.
Il n'enrichit pas le donataire par préciput, ou même le donataire en avancement d'hoirie, qui viendront à la succession ; il leur donne la faculté de garder en nature ce qui
serait par eux rapportable, et ne déroge pas à la compensation qu'ils doivent sur le reste. Donc il est inapplicable à
l'enfant donataire renonçant, lequel n'a rien dans la masse
des biens à offrir en compensation.

Il faut donc dire avec l'arrêt de 1818 : « La faculté pour
» le donataire renonçant de retenir la portion disponible
» et une part de réserve ne résulte pas de l'art. 924, qui,
» conformément au droit établi pour les rapports à faire
» entre cohéritiers par les art. 858 et 859, autorise le do-
» nataire successible à retenir sur les biens donnés sa part
» dans les biens indisponibles; mais qui, bien loin de l'y au-
» toriser lorsqu'il cesse d'être héritier, ne lui donne cette
» faculté que s'il y a dans la succession *des biens de même*
» *nature*, ce qui signifie bien clairement : *s'il vient à partage*
» avec ses cohéritiers. »

SECTION VII.

RÉSUMÉ ET CONCLUSION.

SOMMAIRE.

264. Le Code civil doit souvent se suffire à lui-même.
265. Résumé de la première partie de cet ouvrage.
266. Résumé de la deuxième partie.
267. Indication de la portion historique de la troisième partie, et de la division de la dissertation en trois questions.
268. Les deux premières questions ont été l'occasion de l'examen de questions accessoires.
269. Sur la troisième question, la reproduction du rapport de M. le Conseiller Porriquet est le résumé le plus complet des motifs de décision.

264. Après ce travail et ces observations partielles, il serait bon de résumer tout ce que j'ai dit dans cet ouvrage.

Je rappellerai donc que le Code civil, étant indépendant des Coutumes et du droit romain, doit souvent se suffire à lui-même dans les matières de pur droit civil, et que l'interprétation naturelle doit se tirer de l'économie de ses divisions et de la combinaison des textes : non que l'histoire du droit soit chose indifférente à l'interprète, mais parce qu'il doit s'en servir avec discrétion, quand l'histoire elle-même enseigne que les institutions n'ont pas eu le même effet dans tous les lieux, qu'elles ont changé avec les temps, et parce que le législateur, en établissant un système complet de législation civile, a été inspiré par un esprit différent de celui des législations abrogées.

265. J'ai représenté rapidement sur le point qui nous

occupe l'histoire des législations qui ont précédé notre grande révolution, et, malgré la rapidité de mon exposé, je crois n'y avoir rien omis d'essentiel ; j'ai démontré avec les partisans du cumul que des textes mêmes il résultait bien que, tant en pays de droit écrit que dans la plus grande partie des pays coutumiers, la légitime de droit était une part attribuée individuellement à l'enfant dans les biens que son père possédait ou dont il avait disposé à titre gratuit, et que l'enfant qui s'abstenait de la succession retenait sur son don sa part de légitime, outre tout ce que l'étranger aurait pu retenir, excepté dans les coutumes d'égalité parfaite, où l'enfant donataire était soumis au rapport, même en renonçant à la succession.

En même temps, j'ai rappelé que cet effet de la légitime de droit était fondé sur des textes formels du droit romain, auquel elle avait été empruntée, et qu'il a fallu les textes positifs des art. 298 et 307 de la Coutume de Paris pour consacrer comme Coutume nouvelle l'envahissement sur notre droit français de la rétention de la légitime par le donataire *in anticipationem successionis*, malgré la digue énergique que notre plus grand jurisconsulte, Charles Dumoulin, opposait à cet envahissement.

En même temps j'ai démontré que ce qui était raisonnable en droit romain, où la puissance paternelle était le centre et le pivot de l'organisation de la famille, était inconséquent sous les Coutumes d'option, où l'étendue du bienfait se trouvait alors déterminée, non par la volonté du père de famille, mais par celle du donataire, qui pouvait à son gré enrichir ou appauvrir ses frères et sœurs.

Cependant je n'ai pas négligé de dire qu'il pouvait y en avoir une autre cause dans la pente qu'ont eue nos pères à admettre les institutions d'héritiers et les renonciations à succession par contrat; que ces sortes d'éventualités ont été le droit commun; que le cercle s'en est restreint peu à peu jusqu'à ce que les lois intermédiaires et l'art. 1130 du Code civil soient venus prohiber les conventions sur les successions futures, même avec le consentement de la personne de la succession de qui il s'agirait, et qu'ainsi on pouvait, même sous les Coutumes d'option, expliquer la rétention de la légitime par une alternative sous-entendue au jour du contrat de donation.

J'ai énuméré ensuite les diverses institutions créées par les Coutumes pour protéger les enfants, et j'ai opposé aux légitimes de droit les légitimes ou réserves coutumières, en démontrant que, parce qu'elles s'étendaient aux collatéraux, il n'en fallait pas conclure qu'elles n'avaient eu en vue que les collatéraux; qu'au contraire, quoiqu'il fallût être héritier pour y avoir droit; quoiqu'on n'en était pas seulement saisi en tant que parent de la ligne, mais en tant que parent et héritier à la fois, les réserves avaient été établies principalement en vue des enfants, et que, si elles continuaient dans la ligne collatérale, c'était pour conserver à une branche de la postérité ce qui avait été donné à l'autre, en cas d'extinction de celle-ci; qu'il ne fallait pas confondre le système des propres avec les réserves, qui n'étaient qu'un mode d'organisation; et qu'il était possible qu'une loi établît des réserves héréditaires tout en rejetant les anciennes divisions des biens en propres, meubles et acquêts.

266. Dans une deuxième partie, j'ai montré la législation intermédiaire détruisant pièce à pièce l'édifice si compliqué des successions de l'ancien droit; la loi du 17 nivôse an II, codifiant ces lois partielles, abolissant les lois

anciennes sur les successions et la transmission des biens à titre gratuit, par conséquent abrogeant la légitime de droit et les réserves coutumières, effaçant la distinction des propres et des acquêts, prohibant les avantages aux héritiers, surtout en ligne directe, fixant pour les libéralités une mince portion disponible, de manière à établir une réserve héréditaire de neuf dixièmes pour les enfants et de cinq sixièmes pour les collatéraux, et contraignant au rapport même l'héritier renonçant.

Ensuite j'ai rappelé les travaux législatifs qui ont conduit au Code civil, la loi du 4 germinal an VIII, les divers projets, qui tous ont procédé par voie de fixation de quotité disponible et de réserve légale ; j'en ai donné l'extrait tant en ce qui concerne le système général des successions, les rapports et la faculté à l'enfant renonçant de retenir la portion disponible comme un étranger pourrait le faire, qu'en ce qui concernait le droit ou la faculté de donner tant aux étrangers qu'aux enfants venant à la succession : j'ai eu le soin de faire ces extraits assez étendus pour que le système général de chaque projet fût bien saisi du lecteur, tant dans son ensemble que dans chacune de ses parties.

Il est certain (V. n° 74, p. 89) qu'arrivé à ce point des travaux préparatoires, personne n'y trouvera qu'aucun des auteurs des projets ait eu la pensée d'établir autre chose qu'une réserve héréditaire appartenant à l'héritier en tant qu'héritier, avec faculté pour le père de famille de donner la portion disponible, soit aux étrangers, soit aux successibles.

Restait à rendre compte des travaux du Conseil d'état. On voit dans ce compte-rendu que la section de législation, contrairement au vœu des projets antérieurs, demandait l'établissement d'une *légitime* pour les enfants et les ascendants, laquelle leur était accordée en termes qui supposaient l'attribution de la propriété en leur seule qualité d'enfants, et sans égard à leur qualité d'héritiers : *ils auront* A TITRE *de légitime.....* Mais, plus tard, on décide en séance générale que les donations faites aux successibles seront réductibles comme celles faites aux étrangers, et cet amendement, adopté en principe, fait abandonner par la section même la rédaction qu'elle avait proposée, pour reprendre partout la rédaction du projet *Tronchet*, régulatrice d'une réserve à titre héréditaire, comme il vient d'être dit. Dans la suite de cette longue discussion se trouvent les incidents sur lesquels s'appuient les partisans du cumul ; mais on peut juger par la lecture des procès-verbaux qu'aucun n'a porté sur la question spéciale de savoir si l'enfant renonçant cumulerait part d'enfant et portion disponible ; et que même, s'il en avait été ainsi, ce ne serait qu'après la discussion à laquelle on attache tant d'importance qu'aurait été prise la résolution de faire subir le retranchement à l'enfant donataire, et que la rédaction tendant à établir une légitime aurait été convertie en une rédaction fixant une portion disponible, la loi réservant ainsi le sort de l'indisponible aux règles déjà tracées par le titre *Des Successions.*

De l'ensemble des documents réunis dans cette deuxième partie résultent encore deux faits importants : le premier, que les projets qui réglaient les successions et les donations sous le rapport de la portion disponible et de la réductibilité étaient connus dans leur ensemble avant la discussion d'aucune des deux lois de succession et de donation ; le second, que l'art. 845 était adopté avant que la section eût élevé la prétention d'introduire une légitime, et que « portion disponible » a été pris par le Conseil, au titre *Des Successions*, dans le sens qu'offraient les projets *Jacqueminot* et *Tronchet*.

267. La troisième partie commence par l'histoire de la jurisprudence sur la question ; elle rppelle l'arrêt célèbre du 18 février 1818, qui décida la thèse de droit d'une manière absolue contre la prétention de l'enfant donataire renonçant à la succession, et suit la jurisprudence dans ses variations successives jusqu'aux arrêts de 1843, 1845 et 1848 ; elle rassemble ensuite les arguments à l'aide desquels l'enfant renonçant veut retenir réserve et portion disponible ; puis, après quelques réponses aux objections morales contre la solution donnée à la question en 1818, j'ai posé trois questions qui font l'objet des chapitres IV, V et VI.

1° L'enfant qui renonce à la succession aura-t-il action pour sa réserve contre ses frères et sœurs acceptants ?

2° Aura-t-il action contre les donataires étrangers ?

3° Aura-t-il le droit de retenir sur sa donation sa réserve et la portion disponible ?

268. Les deux premières questions n'étaient pas de mon sujet, mais elles y conduisent. La solution négative est certaine pour tous ; mais c'est pourtant sur ces deux questions que j'ai traité occasionnellement une partie des questions accessoires qui embarrassent la matière.

Sur la première question, j'ai démontré que, malgré l'adage judiciaire, que la qualité d'enfant ne peut se perdre ni s'abdiquer, l'universalité du titre successif attribuait la réserve tout entière aux seuls enfants acceptants.

Sur la seconde, que tous résolvent par la négative, je

suis descendu plus avant dans la nature de la portion disponible et de la réserve : j'ai examiné pourquoi les renonciations de tous faisaient disparaître l'indisponibilité ; si la réduction était en soi contraire à l'irrévocabilité des donations ; s'il était vrai que les choses données sur la réserve légale ne fussent plus dans la succession du donateur ; si la réserve était susceptible du droit d'accroissement, et si elle faisait dévolution ; j'ai réfuté une doctrine nouvelle, qui tend à modifier la portion disponible suivant le nombre des enfants qui acceptent la succession, et non suivant le nombre de ceux que le défunt a laissés au jour de son décès.

269. Enfin, la troisième question , qui est l'objet de cet ouvrage, est traitée dans le chapitre VI.

Je pourrais rappeler ici la marche que j'ai suivie dans ce chapitre et dans les sections qui le composent pour résoudre la question dans le même sens que l'arrêt *Laroque ;* mais il vaut mieux terminer ce travail en reproduisant le rapport de M. le conseiller Porriquet. Ce sera le meilleur résumé, ou pour mieux dire une meilleure dissertation sur la matière, avec toute l'autorité de la parole d'un magistrat.

« L'enfant donataire d'immeubles dont la valeur excède
» la quotité disponible peut-il, lorsque ses frères et sœurs
» exercent contre lui l'action en réduction, retenir, en re-
» nonçant à la succession, non seulement la portion dont il
» était permis au donateur de disposer, mais même ce qui
» excède cette portion disponible jusqu'à concurrence de la
» réserve légale à laquelle il aurait eu droit s'il eût conservé
» la qualité d'héritier? »

» Dans les pays régis par le droit écrit l'affirmative n'aurait pas fait le plus léger doute, La légitime y était regardée plutôt comme une créance que comme un droit de succession; et, quoique la légitime dût être laissée par le père à titre d'institution, les enfants n'avaient pas besoin de prendre la qualité d'héritiers pour la demander; à plus forte raison n'en avaient-ils pas besoin pour conserver, par voie d'exception, ce qu'ils avaient reçu. (Nov. 92.)

» En pays coutumier la solution de la question n'eût pas été différente, parce que, encore bien qu'il y fût nécessaire d'être héritier pour intenter l'action en paiement de la légitime, il n'était pas nécessaire d'avoir cette qualité pour la conserver par voie d'exception et repousser l'action en retranchement des objets donnés. (Cout. de Paris, 307 ; ord. de 1731, art. 34.)

» En doit-il être de même sous l'empire du Code civil? Voilà ce qu'il s'agit d'examiner.

» Des jurisconsultes très estimables, en tête desquels il faut placer M. Grenier, ont répondu affirmativement.

» Et leurs motifs de décider ont été, d'une part, que, dans le silence du Code, il fallait se reporter aux anciens principes, admis universellement en matière de légitime ;

» De l'autre, que le Code civil n'avait pas de dispositions explicites sur le droit réel de cumul réclamé par les enfants donataires qui renoncent à la succession.

» L'art. 845, ont-ils dit, est le seul dans lequel on ait pu chercher cette disposition explicite ; mais, de ce qu'il y est dit que l'enfant peut retenir les biens donnés jusqu'à concurrence de la quotité disponible, il n'en résulte pas qu'il ne puisse pas en même temps retenir sa réserve légale. *L'art. 845 n'a été inséré dans le Code que parce qu'il était indispensable d'y consacrer un principe qui n'était pas ad-*

mis dans les coutumes d'égalité parfaite, où les enfants, même en renonçant, étaient obligés de rapporter les dons qu'ils avaient reçus.

» Je vais répondre successivement à ces deux motifs, qui me paraissent être les seuls auxquels on puisse donner quelque importance.

» Je réponds au premier, avec M. Toullier et M. Grenier lui-même, *qu'il ne faut pas confondre la réserve légale avec la légitime*, et que le Code civil a introduit, en matière de succession, un droit absolument nouveau en ce qui concerne ce dont il est permis de disposer.

» Ce qu'on appelle en effet dans notre nouvelle législation la réserve légale *n'est pas borné, comme l'était la légitime, à l'attribution faite à chaque enfant personnellement d'une partie de ce qu'il aurait eu dans la succession ab intestat.* Ce n'est plus cette modique pension alimentaire au delà de laquelle il n'avait rien à réclamer contre les donataires universels, étrangers ou enfants du donateur. Cette réserve est la succession même, la succession tout entière, qui est assurée à tous les enfants collectivement, qui leur est accordée comme héritiers, dont ils sont saisis en cette qualité à l'instant du décès, *et à laquelle ils n'ont plus aucun droit lorsqu'ils renoncent, leur part en ce cas restant, par droit d'accroissement, à leurs cohéritiers.*

» Ce droit nouveau est établi par l'art. 913 du Code, qui divise le patrimoine du père en deux masses distinctes, chacune irrévocablement fixée à une quotité de biens plus ou moins grande, suivant le nombre d'enfants existants à son décès. L'une est disponible, et la loi permet au père de donner les biens qui la composent à des étrangers, et même à ses enfants, avec dispense d'en faire le rapport.

» Quant à l'autre masse, *la loi la déclare indisponible et ordonne en termes généraux, absolus, qu'elle ne pourra pas être entamée par les libéralités ; et c'est cette masse qu'elle assure aux enfants comme héritiers, dont elle veut qu'ils soient saisis de plein droit, et que le partage ne soit fait* QU'ENTRE CEUX *qui ne renoncent pas à la succession.*

» De cette différence qu'il y a entre la légitime du droit romain ou des pays coutumiers, où les enfants n'étaient pas recevables à demander plus que cette légitime, et la réserve légale, à la totalité de laquelle chacun des enfants a droit, en cas de renonciation de ses cohéritiers, je tire la conséquence que *les principes relatifs à la légitime ne peuvent pas servir à interpréter les questions nées dans une législation toute différente,* et que c'est par le Code civil, et autant que possible par ce Code seul et la combinaison de ses divers articles, sans mélange d'anciens principes plus ou moins analogues, qu'il faut résoudre toutes les difficultés relatives à l'exercice du droit des héritiers, auxquels ce Code assure la succession de leur père et mère.

» J'en conclus encore qu'en cette matière, comme dans toute autre, il faut s'en tenir à la lettre de la loi, sans distinguer où elle n'a pas distingué, sans admettre aux principes généraux qu'elle a posés, des exceptions qu'elle n'y a pas faites.

» Examinons ensuite les divers articles du Code relatifs à la réserve légale : il me semble qu'il en est un assez grand nombre qui s'opposent, de la manière la plus explicite, à ce que l'enfant donataire universel ou avec clause de préciput qui renonce à la succession puisse retenir sur les biens donnés ce qui excède la quotité disponible, et qui, sous ce rapport, fait partie de la succession.

» Mais avant de les rappeler, j'observe que, si le législateur avait laissé à l'enfant donataire qui renonce la faculté de conserver sur les biens donnés non seulement la quotité disponible, mais de plus la part qu'il aurait eue dans la succession comme héritier, *il aurait manqué le but qu'il s'est principalement proposé dans le Code, celui de maintenir l'égalité entre les enfants, dans tous les cas autres que celui de donation faite à l'un d'eux avec clause de préciput ;*

» Qu'en effet, cette égalité serait rompue, soit que le don eût été fait par préciput, soit qu'il l'eût été sans dispense de rapport ;

» Qu'elle le serait dans la première hypothèse, puisque les autres enfants, restés seuls héritiers de la masse indisponible, seraient aussi seuls exposés, tant aux poursuites des créanciers de la succession qu'à l'obligation de leur rendre des comptes de bénéfice d'inventaire, et à courir les chances très multipliées qui peuvent mettre l'héritier bénéficiaire dans le cas d'être regardé comme héritier pur et simple ;

» Qu'elle le serait dans la deuxième hypothèse, en attribuant au donataire la quotité disponible et une partie de la succession, tandis qu'il était dans l'intention bien prouvée du donateur que, si ce donataire venait à succession, il y fît le rapport de ce qui lui avait été donné ;

» Qu'ainsi on ne doit pas s'attendre dans la loi à des dispositions qui auraient été directement contraires au but du législateur.

» Cela posé, j'arrive à l'examen des divers articles du Code.

» D'abord j'arrête mon attention sur cet art. 913, qui, établissant la division des biens du père en deux masses, veut que ses libéralités, soit par actes entre vifs, soit par testament, ne puissent pas excéder la moitié des biens du disposant, s'il ne laisse à son décès qu'un enfant légitime ;

le tiers, s'il laisse deux enfants ; le quart, s'il en laisse trois ou un plus grand nombre.

» J'y joins l'art. 920, qui dispose que les dispositions, soit entre vifs, soit à cause de mort, seront réductibles à cette quotité lors de l'ouverture de la succession , ce qui signifie bien clairement que la partie à retrancher fait partie de la succession relativement aux successibles.

» En observant que, dans l'un et l'autre de ces articles, le législateur parle en termes généraux, absolus ; qu'il n'admet aucune distinction entre les libéralités faites à un étranger et celles qui seraient faites à l'un des enfants ; qu'il veut, toujours sans faire cette distinction, que les dispositions qui excéderont la quotité disponible soient réductibles. J'en tire la conséquence que l'enfant donataire ne peut, dans aucun cas, retenir rien de plus que la quotité disponible.

» Dans les art. 724 et 1004, je lis que, lorsqu'au décès du donataire ou du testateur il y a des héritiers auxquels une quotité de ses biens est réservée par la loi, ces héritiers sont saisis de plein droit par sa mort de tous les biens, droits et actions du défunt ;

» Art. 785, que ceux d'entre eux qui renoncent sont censés n'avoir jamais été héritiers ; art. 786, que leur part accroît à leurs cohéritiers.

» Et, ne trouvant rien dans ces articles qui autorise à diviser le droit que le donataire renonçant aurait eu à la réserve comme héritier en deux parts, l'une dont il serait en possession en vertu de sa donation, l'autre à prendre dans le surplus des biens de la succession, j'en tire la conséquence qu'on ne peut pas plus attribuer à ce donataire le droit de retenir l'une que de demander l'autre, parce qu'il faudrait pour cela faire des distinctions que la loi n'a pas faites, et créer une exception à ce que la loi a établi comme règle générale et sans y faire d'exception.

» Les inductions qu'on peut tirer des art. 843, 844 et 845 du Code ne sont pas moins concluantes.

» En effet, après avoir dit dans l'art. 843 que tout héritier bénéficiaire venant à succession doit rapporter ce qu'il a reçu, à moins que les dons n'aient été faits par préciput, le législateur parle de ce qui doit avoir lieu dans le cas où ces dons ont été faits par préciput, et il veut que l'héritier venant à partage ne puisse les retenir que jusqu'à concurrence de la portion disponible et que l'excédant soit sujet à rapport.

» Enfin, il prévoit le cas où cet héritier donataire, avec ou sans préciput, renoncerait à la succession, et l'art. 845 du Code porte qu'il peut cependant retenir le don entre vifs, jusqu'à concurrence de la quotité disponible.

» Cette disposition pouvait être utile, ainsi que l'a dit M. Grenier, pour écarter le principe admis dans les Coutumes d'égalité parfaite, mais il n'était pas nécessaire; car, dès lors qu'il était dit dans l'art. 844 que le donataire avec préciput pouvait retenir le don, même en acceptant la succession, il en résultait clairement qu'il pouvait à plus forte raison le retenir en renonçant.

» Mais, s'il n'était pas très utile d'insérer un article particulier pour autoriser à retenir en renonçant, il eût été *très nécessaire d'y ajouter*, en l'insérant, que le renonçant *pourrait retenir la quotité disponible*, et, de plus, ce qui n'excédait pas la valeur de la réserve qu'il aurait eue s'il n'avait pas renoncé.

» Car, si cette règle, *Qui dicit de uno, negat de altero*, n'est pas toujours d'une vérité absolue, *toujours est-il vrai que, lorsqu'au défaut d'énonciation précise du droit de faire cette*

retenue il se joint une série de dispositions précédentes des-
quelles il résulte que la règle générale s'y oppose, on doit
compter *cet article* au rang de ceux qui défendent au renonçant de retenir plus que la quotité disponible.

» Avant de terminer cette analyse des articles du Code
qui doivent servir à résoudre la question proposée, contre
l'avis de M. Grenier et des jurisconsultes qui ont adopté son
système, il faut encore s'arrêter aux art. 858 et 859, placés au titre des rapports.

» L'art. 858 porte que le rapport se fait en nature ou en
moins prenant, et l'art. 859 ajoute qu'il peut être exigé en
nature.... toutes les fois qu'il n'y a pas dans la succession
d'immeubles de même nature et bonté.

» Le principe général ainsi posé, il restait à en faire l'application au cas de l'art. 844, dans lequel l'héritier venant
au partage, auquel il a été fait des dons et des legs avec la
clause de préciput, peut les retenir jusqu'à concurrence de
la quotité disponible, et doit faire le rapport de l'excédant :
c'est ce que le législateur a fait dans l'art. 924, placé au titre de la réduction des dons et legs.

» Si la donation entre vifs réductible, y est-il dit, a été
faite à l'un des successibles, il pourra retenir sur les biens
donnés la valeur de la portion qui lui appartiendrait comme héritier dans les biens non disponibles, s'ils sont de
même nature.

» Ainsi, le législateur prévoit un cas où le donataire
pourra retenir l'objet donné jusqu'à concurrence non seulement de la quotité disponible, mais même jusqu'à concurrence de la réserve légale.

» Mais que faut-il faire pour cela? Deux choses : la première, qu'il appartienne à ce donataire quelque chose
comme héritier ; et il ne lui appartient rien en cette qua-

lité, lorsqu'il a renoncé ; il est censé, en ce cas, n'avoir jamais été héritier : sa part entière accroît à ses cohéritiers (art. 785 et 788).

» La deuxième, qu'il y ait dans la succession des biens de même nature que ceux qui lui ont été donnés, ce qui signifie bien qu'il faut qu'il y ait un partage à faire entre lui et ses cohéritiers.

» Or, si la loi exige le concours de ces deux circonstances pour que l'enfant donataire puisse retenir plus que la quotité disponible, il est évident qu'elle le lui défend dans les autres cas, et c'est ici qu'on peut invoquer, avec toute sa force, cette maxime : *Qui dicit de uno, negat de altero.*

» Cependant, au nombre des jurisconsultes par lesquels l'opinion de M. Grenier a été soutenue, il en est un qui invoque ce même article à l'appui de son système, sous le prétexte qu'étant placé au titre de la réduction des dons et des legs, il s'applique évidemment, selon lui, au donataire qui renonce, et qu'il ne peut même s'appliquer qu'à lui, parce que, dit-il, l'action en réduction ne peut avoir lieu que contre un donataire étranger ou contre le successible qui ne vient pas à la succession : autrement l'action en réduction reste, et les biens donnés rentrent dans la masse par l'effet du rapport.

» Je n'ai pas mis cette objection au rang des motifs de décider que les jurisconsultes ont donnés à leur opinion, parce qu'elle porte sur une erreur trop évidente pour avoir besoin d'une réponse sérieuse.

» En effet, si les biens donnés rentrent dans la masse par l'effet du rapport, cela n'empêche pas que les héritiers à réserve n'aient le droit de demander la réduction des libéralités excessives ; ils y sont formellement autorisés par l'art. 921, et c'est par cette demande en réduction qu'ils contraignent l'héritier donataire, avec préciput de l'excédant, au rapport dont l'art. 924 détermine le mode en y appliquant le principe général fixé par l'art. 859.

» Au surplus, si l'on peut encore conserver quelque doute sur le sens de l'art. 924, il suffirait, pour se convaincre qu'il ne s'applique qu'aux donataires venant à la succession pour y prendre la réserve légale en qualité d'héritiers, de remarquer que, lorsque l'art. 924 fut présenté au Tribunat, il y était dit seulement : « la valeur de la portion » qui lui appartiendrait comme héritier dans les biens non » disponibles »; mais que, sur la proposition du Tribunat, il fut ajouté ces mots : « *s'ils sont de même nature* », pour établir une concordance entre cet article et les art. 844 et 859 du titre des successions, qui veulent le rapport en nature, afin *qu'un des héritiers* n'ait pas tous les immeubles, tandis que les autres seraient réduits à des meubles ou à une somme d'argent pour leur portion.

» En voilà, je crois, bien assez pour démontrer : 1° que ce n'est pas par les principes relatifs à la faculté de disposer et à la légitime, qui étaient admis soit en pays de droit écrit, soit en pays coutumier, que la question controversée doit se décider, mais par ceux du Code qui a traité la matière des successions, et surtout la faculté de disposer sous un jour tout nouveau;

» 2° Que sur ce qui concerne particulièrement cette question le Code n'a laissé ni lacune ni obscurité, et qu'il en résulte très expressément que jamais, et en faveur de qui que ce soit, les libéralités ne peuvent excéder la quotité dont la loi permet de disposer; en sorte que, dans le cas même où le père aurait donné à l'un de ses enfants, avec clause de préciput, et la portion disponible, et la part qui lui appartiendrait s'il était héritier, le tout devrait être ré-

duit à la quotité disponible, si l'enfant renonçait à la succession ; parce que la réserve en est une partie qu'il ne
peut recevoir que comme héritier, et dont l'art. 921 autorise, en termes généraux et indéfinis, les héritiers réservataires à demander la réduction, sans distinguer si cette
réserve a été donnée à un étranger ou à un enfant donataire, qui, au surplus, est aux yeux de la loi un véritable
étranger, dès que par sa renonciation il est censé n'avoir
jamais été héritier.

» En vain M. Grenier et les jurisconsultes qui ont essayé
de faire triompher son système répéteraient qu'il faut distinguer entre l'enfant donataire qui intente action pour
demander sa part dans la réserve, lorsqu'il n'en a pas été
saisi par l'effet d'une donation ou d'un legs, et celui qui
repousse par voie d'exception la demande en réduction
formée contre lui.

» Cette manière, très raisonnable sous l'empire d'une
législation qui ne donnait pas au légitimaire le droit de se
plaindre de l'excès des donations, pourvu qu'on laissât sa
légitime intacte, est inapplicable à un ordre de choses dans
lequel la loi donne à l'héritier le droit de revendiquer tout
ce qui excède la portion qu'elle a déclarée disponible, où
elle veut que la portion des enfants qui renoncent accroisse
à leurs cohéritiers.

» En un mot, pour en faire l'application, il faudrait distinguer où le Code n'a pas distingué, créer des distinctions
qu'il n'a pas établies, et cela n'est pas possible; donner à
l'enfant qui renonce ce qu'il aurait eu comme héritier, indépendamment de la quotité disponible, ce serait dire que
les libéralités peuvent excéder la quotité dont il est permis
de disposer, qu'on est saisi d'une partie de la succession
sans être héritier, que les héritiers ne sont pas saisis de

plein droit de tous les *biens*, *droits* et *actions* du défunt, que la part des renonçants ne leur accroît pas; ce serait, en un mot, contrevenir à toutes les dispositions fondamentales du Code en cette matière.

FIN

TABLE.

FIN DE LA TABLE.